C·H·Beck
PAPERBACK

Fabio Wolkenstein

Die dunkle Seite der Christdemokratie

Geschichte einer autoritären Versuchung

C.H.Beck

www.chbeck.de
Umschlaggestaltung: Rothfos & Gabler, Hamburg
Satz: C.H.Beck.Media.Solutions, Nördlingen
Druck und Bindung: Pustet, Regensburg
Gedruckt auf säurefreiem und alterungsbeständigem Papier
(hergestellt aus chlorfrei gebleichtem Zellstoff)
Printed in Germany
ISBN 978 3 406 78238 1

klimaneutral produziert
www.chbeck.de/nachhaltig

Inhalt

Vorwort

Thema des vorliegenden Buches ist das Verhältnis christdemokratischer Parteien zur liberalen Demokratie. Als kritische Analyse einer bestimmten politischen Ideologie und Parteienfamilie wird es wahrscheinlich verdächtigt werden, selbst politisch motiviert zu sein. Anhänger der Christdemokratie werden das Buch vermutlich als *zu kritisch* bewerten, vielleicht sogar eine politische Attacke unter wissenschaftlichen Vorzeichen wittern. Und es wäre kaum überraschend, wenn politische Gegner und Rivalen der Christdemokratie das Buch *zu unkritisch* finden und dem Autor vorwerfen, seinen Gegenstand mit Samthandschuhen angefasst zu haben. In jedem Fall ist davon auszugehen, dass die Neutralität des Autors in Frage gestellt wird.

Dass das vorliegende Buch *nicht* von einem überzeugten Christdemokraten verfasst wurde, bedeutet aber nicht, dass hier polemisch gegen die Christdemokratie angeschrieben werden soll.[1] Obwohl sich mein Erkenntnisinteresse – wie der Titel verrät – primär auf die «dunkle Seite» der Christdemokratie richtet, möchte ich hier weder anklagen noch verzeihen, sondern erst einmal verstehen.[2] Gerade in einer Zeit, in der nationalistische bzw. «populistische» Parteien in ganz Europa versuchen, den Konservatismus neu zu definieren, erscheint ein besseres Verständnis der Christdemokratie als historisch besonders einflussreiche Spielart des Konservatismus zielführender als eine vorschnelle Parteinahme oder die hysterische Jagd nach Aufmerksamkeitsprämien, wie sie in aktuellen Demokratiegefährdungsdebatten oft betrieben werden.[3]

Der gegenwärtig in fast allen Demokratien stattfindende Kampf um die Deutungshoheit über den Konservatismus ist im zweifachen Sinne auch eine Auseinandersetzung um die Bedeutung des Begriffs der Demokratie. Zum einen geht es um die Demokratie als *Herrschaftsform*. Wie soll sie institutionell justiert werden? Liberal und repräsentativ wie bisher? Oder plebiszitär, damit der «Wille des Volkes» in möglichst vielen direkten Abstimmungen uneingeschränkt zur Geltung kommt? Oder doch lieber «illiberal» à la Viktor Orbán, mit einem starken Mann an der Spitze, der im Namen des Volkes exekutiv durchregiert und für Ordnung sorgt? Zum anderen geht es um die *demokratische Praxis*, um die Normen demokratischen Handelns, also etwa um die schwierige Frage, ob gegenüber dem rechten Rand Abgrenzung (wie aktuell von der CDU gegenüber der AfD praktiziert) oder Kooperationsbereitschaft geboten ist. An der Art und Weise, wie konservative Parteien diese Fragen beantworten, lässt sich viel über deren Verhältnis zur Demokratie ablesen.[4]

Wie ich in diesem Buch zeigen will, hat die europäische Christdemokratie recht unterschiedliche Antworten in ihrem Repertoire. Die Uneinigkeit über Wesen und Wert der Demokratie war jedoch seit jeher ein Merkmal (nicht nur) der christdemokratischen Tradition. Über diese Spannungen, die die Christdemokratie historisch begleiteten, zu reflektieren, wirft auch ein Licht auf mögliche Zukunftswege des organisierten politischen Konservatismus in Europa. Denn es ist davon auszugehen, dass konservative Parteien – nicht zuletzt die Christdemokraten – Form und Inhalt unserer Politik weiterhin maßgeblich prägen werden, auch wenn sie an dem einen oder anderen Ort zuletzt in die Defensive gerieten.

Aus historischer Sicht haben konservative Parteien oft eine zentrale Rolle bei der Stabilisierung der Demokratie gespielt. Wie Studien zeigen, hing der Erfolg einer demokratischen Ordnung oft wesentlich davon ab, ob politische Kräfte rechts der Mitte willig waren, die Demokratie und ihre Institutionen aktiv zu verteidigen – oder ob sie aus wahltaktischen oder ideologischen Gründen beschlossen, mit jenen gemeinsame Sache zu machen, die sich nach einem autoritären Staat sehnten.[5] Ein glänzendes Beispiel für den ersten Weg sind die britischen Tories, denen es im 19. Jahrhundert gelang, reaktionäre und antidemokratische Kräfte in die Partei zu integrieren und auf die Demokratie zu verpflichten. Den anderen Weg beschritten hingegen zahlreiche konservative Parteien der Zwischenkriegszeit, die am Ende oft selbst zu quasi-faschistischen Bewegungen mutierten. Eine dieser Parteien war die Christlichsoziale Partei Österreichs, die Vorgängerorganisation der heutigen Österreichischen Volkspartei (ÖVP). Schon dieser kursorische Blick auf die Vergangenheit rechtfertigt die Frage, wie die Christdemokratie eigentlich zur Demokratie und ihren Feinden steht. Das vorliegende Buch möchte darauf eine systematische Antwort geben.

Verglichen mit anderen politischen Ideologien oder Parteienfamilien ist die Christdemokratie nur schlecht erforscht. Es gibt so gut wie keine akademischen Standardwerke, ganz zu schweigen von Sachbüchern für ein breiteres Publikum. Das ist verblüffend. Wie der renommierte Historiker Martin Conway zu Recht bemerkt, sollte die katholisch dominierte Christdemokratie allein schon deshalb ein zentrales Thema in der historisch-politischen Debatte über die Entwicklung Westeuropas nach 1945 sein, weil sie – neben dem Sowjet-Kommunismus – zu den großen Gewinnern der Nachkriegsgeschichte zählt.[6] In Ländern wie Deutschland, Italien, Frankreich und Belgien prägten Christdemokraten nicht nur die Tagespolitik, sondern bestimmten oftmals auch die Verfassungsgebung in den vom Krieg zerrütteten Staaten. Und dann wäre da noch die monumentale Errungenschaft der Europäischen Einigung, die ebenfalls eine eindeutig christdemokratische Handschrift trägt.[7] Mit guten Gründen schreibt der Politologe Jan-Werner Müller: «Müßte man eine einzige ideelle und parteipolitische

Bewegung benennen, die jene politische Welt geschaffen hat, in der die Europäer heute immer noch leben, dann wäre dies die Christdemokratie.»[8]

Dennoch entsteht erst seit den frühen 1990er Jahren in einigen Subdisziplinen der Geschichts- und Politikwissenschaft eine ernstzunehmende Literatur zum Thema, wobei man hier getrost von rein akademischen Arbeiten sprechen kann.[9] In der aktuellen politikwissenschaftlichen Forschung wird die Christdemokratie zudem meist im Zusammenhang mit der Entwicklung der europäischen Wohlfahrtsstaaten adressiert.[10] Dieser besondere Fokus ist nicht nur der prominenten Rolle christdemokratischer Parteien in der Ära des Wirtschaftswunders bzw. während der *Trente Glorieuses* geschuldet, sondern auch dem Anspruch dieser Parteien, als Sammlungsbewegungen ökonomische Konflikte durch einen Klassenkompromiss zu befrieden. Die demokratiepolitische Rolle christdemokratischer Parteien wird dabei allerdings kaum berücksichtigt.

Dieses bloß punktuelle Interesse verblasst im Vergleich mit den unzähligen Studien über Sozialdemokratie, Sozialismus und Kommunismus. Hinzu kommt, dass in einigen der bedeutendsten Arbeiten über die Sozialdemokratie der große historische Gegenspieler, die Christdemokratie, noch nicht einmal beiläufig erwähnt wird.[11] Woher rührt diese selektive Aufmerksamkeit? Es mag klischeehaft klingen, aber Sozialwissenschaftler sympathisieren tendenziell wahrscheinlich eher mit linken Ideologien, was sie dazu führen könnte, andere politische Strömungen in ihrer Breite – vom «Rechtspopulismus» abgesehen – intellektuell zu vernachlässigen. Dass einflussreiche Denker wie Jürgen Habermas die von Christdemokraten geprägte Nachkriegszeit als Ära der «Restauration» verdammten, hat sicher auch seinen Teil zum politikwissenschaftlichen Desinteresse beigetragen.[12]

Deutlich ergiebiger erscheint hingegen die historische Forschung zur Christdemokratie, obwohl auch in der Geschichtswissenschaft erst in den vergangenen drei Jahrzehnten ein lebendiges und vielfältiges Forschungsfeld um die verschiedenen Spielarten des politischen Katholizismus entstanden ist.[13] Viele dieser Arbeiten sind von einer hohen Sensibilität für theologische, soziologische und ideengeschichtliche Fragestellungen geprägt und suchen zudem den Dialog mit den Sozialwissenschaften, allen voran der Politikwissenschaft und der Soziologie.[14] Ferner ist das wachsende Interesse der internationalen Geschichtswissenschaft an der römisch-katholischen Kirche und dem Laienkatholizismus für die Erforschung der Christdemokratie relevant. Gerade in den letzten zehn Jahren erschienen zahlreiche große historische Studien zum Katholizismus im 19. und 20. Jahrhundert, die auch auf die vielfältigen Parteien und Organisationen des politischen Katholizismus und der Christdemokratie eingehen.[15]

Für die Thesen dieses Buches war die historische Forschung zum politischen Katholizismus – neben einer Vielzahl politischer Biografien und Primärquellen[16]– von außerordentlicher Bedeutung. Sie hat den Autor auf einzigartige Weise für das komplexe und angespannte Verhältnis der Kirche und ihrer Gläubigen zur Moderne sensibilisiert. Traditionalistische Glaubensgrundsätze mit dem bürgerlichen Kapitalismus und den politischen Institutionen des säkularen Nationalstaates in Einklang zu bringen, war die große Herausforderung, mit der sich die Katholiken im 19. und frühen 20. Jahrhundert konfrontiert sahen. Die Exponenten des in der zweiten Hälfte des 19. Jahrhunderts aufkommenden politischen Katholizismus, aus dem knapp 100 Jahre später die Christdemokratie hervorgehen sollte, begaben sich deshalb auf die Suche nach einer spezifisch *katholischen Antwort auf die Moderne* und die Trias Industriekapitalismus, Arbeiterbewegung und liberale Demokratie. Einigkeit herrschte auch trotz päpstlicher Interventionen faktisch nie: Einige Katholiken wollten zurück zur Monarchie, andere bevorzugten einen autoritären Ständestaat, wieder andere befürworteten die Demokratie.

Verschiedene Merkmale des historischen politischen Katholizismus begleiten uns bis heute, wenngleich die christlichen Parteien des frühen 21. Jahrhunderts wenig mit ihren Vorläufern aus dem ausgehenden 19. Jahrhundert zu tun haben. Doch scheint insbesondere das Verhältnis der Christdemokratie zur liberalen Demokratie mittlerweile wieder zur Debatte zu stehen. Viktor Orbáns Fidesz-Partei, die sich als christdemokratisch bezeichnet, hat in Ungarn die liberale Demokratie abgeschafft – und es ist bezeichnend, dass diese Partei bis ins Frühjahr 2021 von hochrangigen europäischen Christdemokraten in Schutz genommen wurde. Wer Orbáns Politik den ideologischen Charakter abspricht, macht es sich zu einfach. Politik geht nur selten komplett in zynischer Machtpolitik auf. Sonst hätten der ungarische Premierminister und seine Gefolgsleute auch nicht so viel Erfolg damit, die christliche Religion für ihr autoritäres politisches Projekt zu mobilisieren und dabei Zuspruch von ultrakonservativen Kräften innerhalb der europäischen Christdemokratie (und Applaus von Salvini, Kaczyński und Co.) zu ernten. Ob Politiker *wirklich* an die Dinge glauben, die sie sagen, lässt sich zwar nie mit absoluter Sicherheit feststellen. Dass sie sich innerhalb einer bestimmten ideologischen Tradition verorten und diese über Jahrzehnte konsequent verteidigen, *ohne* an die Richtigkeit ihrer Grundideen zu glauben, dürfte jedoch selten vorkommen.[17] Deswegen muss der neue christliche Illiberalismus, der in Orbáns Partei Gestalt annimmt, auch so ernst genommen werden.

Eine der Thesen dieses Buches lautet, dass das erste Zeitalter der Christdemokratie nach dem Zweiten Weltkrieg eine knapp 20-jährige Anomalie war.[18] Die Nachkriegschristdemokraten waren, im Gegensatz zu ihren unmittelbaren Vorgängern, weitgehend überzeugte Demokraten, die sich für Frieden, Wiederaufbau und Stabilität in Europa einsetzten – zumindest, wenn es um ein gewisses

Setting repräsentativdemokratischer Institutionen ging. Doch auch diese «tugenddemokratische» Christdemokratie hatte eine dunkle Seite, da der autoritäre Geist der Vergangenheit in der Nachkriegszeit noch lange nicht überwunden war, was etwa in der unverhohlenen Bewunderung vieler Christdemokraten für die Ibero-Diktatoren Franco und Salazar und einem manchmal sehr angespannten Verhältnis zur freien Presse (Stichwort Spiegel-Affäre) zum Ausdruck kam. Wenig überraschend war die Demokratie, die von den Christdemokraten der Nachkriegszeit bevorzugt wurde und sich in der starken Führung Adenauers geradezu idealtypisch widerspiegelte, eine stark eingeschränkte, jedenfalls keine gelebte Form der Demokratie. Vom Prinzip der Mehrheitsherrschaft wollte die Christdemokratie damals oft nichts wissen.

Durch die schrittweise Abkehr von ihrer ursprünglich konservativeren Programmatik in der Nachkriegszeit, die in Deutschland vor allem während der langen Ära Kohl vollzogen wurde, erfuhr die Christdemokratie schließlich einen Liberalisierungsschub. Der Preis dafür war ihre ideologische Entkernung, zu der auch die sukzessive Ausdehnung der christdemokratischen Parteienfamilie wesentlich beigetragen hat. Insbesondere in der Endphase des Kalten Kriegs kam es zu einer unaufhörlichen Expansion des transnationalen christdemokratischen Parteinetzwerks, in das eine Reihe konservativer Parteien ohne nennbar christdemokratisches Fundament integriert wurde. Schließlich sollte die von führenden Christdemokraten unterstützte große Osterweiterung der EU im Jahr 2004 erhebliche Bedeutung für das erlangen, was man im heutigen Europa eine christlich-konservative Politik nennen könnte.[19] Mit Ungarn und Polen traten nämlich zwei Länder der EU bei, die ihre eigenen Vorstellungen eines illiberalen christlichen Traditionalismus im 21. Jahrhundert auch gegen supranationalen Widerstand umzusetzen gewillt sind. Ironischerweise präsentieren sie sich dabei als wahre Erben der Nachkriegschristdemokratie: als echte Europäer und letzte Verteidiger des christlichen Abend landes. Und hat Orbán nicht auch ein bisschen Recht, wenn er seine Ziele und Visionen mit denen der klassischen Christdemokratie vergleicht? Darüber möchte das vorliegende Buch Aufschluss geben.

I Einleitung: Die Herausforderungen einstiger Volksparteien

Christdemokratische Strategien

Nach der krachenden Wahlniederlage bei der Bundestagswahl 2021 steht wieder der programmatische Kurs der deutschen Christdemokratie zur Debatte. Soll dieser künftig stärker nach rechts gehen oder soll der moderate Zentrumskurs mit potenziellen Koalitionspartnern links der Mitte fortgesetzt werden? Die österreichischen Christdemokraten haben in den vergangenen Jahren beides versucht. Unter Sebastian Kurz hat die wiedererstarkte Österreichische Volkspartei zunächst von 2017 bis 2019 mit der nationalkonservativen, oft als «rechtspopulistisch» bezeichneten Freiheitlichen Partei (FPÖ) koaliert; seit Anfang 2020 regiert sie nun zusammen mit den Grünen, die nach dem vernichtenden Wahldebakel von 2016 bei den Nationalratswahlen 2019 wieder ins Parlament einziehen konnten. Nach einem deutlichen Rechtsruck im Zuge der sogenannten Flüchtlingskrise von 2015, die Kurz seine erste Kanzlerschaft einbrachte (Stichwort Schließung der Balkanroute), folgte zwar keine größere politische Kursänderung. Dennoch blieben die Christdemokraten offen für eine Regierungszusammenarbeit mit der Partei, die in der politischen Landschaft Österreichs den linken Rand besetzt.

Kurz' ursprünglicher Erfolg beruhte nicht nur auf seinem Schwenk nach rechts in Immigrations- und Integrationsfragen, der überdies auch eine klare Abgrenzung von Angela Merkel bedeutete. Seine Neuinszenierung der ÖVP als stark personalisierte politische «Bewegung» war von ebenso großer Bedeutung. Nachdem Kurz 2017 Parteichef wurde, hatte er die verkrustete und gerade für jüngere Wähler nicht besonders attraktive Volkspartei kurzerhand in «Liste Kurz» beziehungsweise «neue Volkspartei» umbenannt. Das klerikale Schwarz wurde im Parteilogo durch ein dynamisches Türkis ersetzt, und als Kandidaten wurden der Öffentlichkeit statt der üblichen konservativen Berufspolitiker und Vertreter der Bünde nun mehr oder weniger bekannte Persönlichkeiten aus Wissenschaft, Sport und Kultur präsentiert. Die Rechnung ging am Wahltag auf. Und obwohl Kurz inzwischen die Politik verlassen hat und für den deutsch-amerikanischen Tech-Investor Peter Thiel arbeitet, bleibt das «Modell Kurz» eine Blaupause für christdemokratische Erneuerung.

Ein anderes Modell zeitgenössischer christdemokratischer Politik findet man im benachbarten Ungarn. Dort regiert der vielleicht erfolgreichste konservative Politiker unserer Zeit, der umstrittene ungarische Premierminister und Franz-Josef-Strauß-Preisträger Viktor Orbán. Seit 2010 hat Orbán politische Gestaltungsmöglichkeiten, von denen andere christdemokratische Politiker und Parteien in Europa nur träumen können. Durch die Eigenheiten des ungarischen Wahlsystems (und die stabile Zusammenarbeit mit der kleinen *Kereszténydemokrata Néppárt*) verfügt Orbáns Fidesz-Partei sogar über eine Zweidrittelmehrheit im ungarischen Parlament, was der Regierung umfassende Verfassungsänderungen ermöglicht. Von dieser Option hat Orbán auch mehrfach Gebrauch gemacht, um die eigene Machtposition zu zementieren. Zu erwähnen ist vor allem die Verfassungsnovelle von 2013, mit der die Befugnisse des Verfassungsgerichtshofes empfindlich beschränkt (die vormals inhaltliche ist der rein verfahrensrechtlichen Prüfung von Gesetzen gewichen) und Wahlwerbung in privaten (also nicht von Fidesz kontrollierten) Medien verboten wurden.

Orbáns Politik ist kontrovers. Ihm wird vorgehalten, die liberale Demokratie zu torpedieren und Ungarn zu einem quasi-autoritären Regime umbauen zu wollen. Zu diesem Schluss kommen nicht nur politische Gegner links der Mitte, auch führende Rechts- und Politikwissenschaftler (vor allem Juristen stehen normalerweise nicht im Verdacht, Linke zu sein) sind sich in dieser Frage weitgehend einig.[1] So klassifizieren etwa die amerikanischen Politologen Steven Levitsky und Daniel Ziblatt in ihrem vielbeachteten Buch *Wie Demokratien Sterben* Ungarn als ein «mild autoritäres» Regime.[2] Und die an der Universität Princeton lehrende Rechtswissenschaftlerin Kim Lane Scheppele nennt das Land in Anlehnung an das berühmte Monster aus Mary Shelleys Roman einen «Frankenstate» – einen Staat, in dem aus eigentlich demokratischen Verfassungselementen ein autoritäres Monster zusammengestückelt wurde.[3] Auch viele weitere namhafte Beobachter sind der Überzeugung, Ungarn könne längst nicht mehr als Demokratie bezeichnet werden – zumindest nicht als Demokratie ohne einschränkende Adjektive.

Und Orbán selbst? Macht bekanntlich keinen Hehl daraus, dass er in Ungarn eine «illiberale Demokratie» etablieren will. Dem ungarischen Premierminister zufolge ist dieses Vorhaben nicht nur mit den Idealen der Christdemokratie vereinbar – nein, echte christdemokratische Politik *muss* für ihn illiberal sein. Die für Europa überlebenswichtige «Renaissance der Christdemokratie», so Orbán in einer Rede vor Parteifreunden, setze voraus, sich entschieden vom Liberalismus abzuwenden, der «unsere Völker, Nationen, Familien [...], mit anderen Worten: unsere europäische Lebensform, nicht schützen kann.»[4] Folglich sollen die europäischen Christdemokraten, statt eine «antipopulistische Front» gegen Parteien wie die italienische Lega oder den französischen *Rassemblement National* zu bilden, «verantwortungsvolle Antworten» auf die Fragen geben, die «rechtspopulistische» Parteien heute aufwerfen, und für eine Zusammenarbeit mit solchen Parteien offen bleiben. Diese Haltung verortet Orbán selbst in der «konservativen Tradition» der europäischen Christdemokratie. In dieser Tradition stehe laut Ungarns starkem Mann auch die CSU, die er gern mit seiner eigenen Partei vergleicht (O-Ton Orbán: «Wir sind ohne Zweifel die CSU der Europäischen Volkspartei»[5]).

Die neue Achse der Christdemokratie

Unmittelbar nach dem Zweiten Weltkrieg erlebte Europa seinen «christdemokratischen Moment». In zahlreichen Ländern konnten christdemokratische Parteien Wahlen gewinnen oder sich durch große Stimmenzuwächse Zugang zu wichtigen politischen Ämtern sichern. Damals waren die wichtigsten Parteien unbestritten die deutsche Christlich Demokratische Union, der französische *Mouvement Républicain Populaire* und die italienische *Democrazia Cristiana.* Die führenden Politiker dieser Parteien – Konrad Adenauer, Robert Schuman und Alcide De Gasperi – versprachen Stabilität und Frieden und nutzten ihre Macht, um die Europäische Integration voranzutreiben. Auf diese Weise definierten sie gleichsam, was Christdemokratie bis heute bedeutet. Ihr Angebot war so einfach wie überzeugend: Statt ein utopisches politisches Projekt zu bewerben, forderten sie die Rückbesinnung auf christliche Werte, Anstand und Moral. Dabei galt es, als Volkspartei unterschiedlichste Bevölkerungsgruppen anzusprechen.

Rund 75 Jahre später sind es die christdemokratischen Parteien Deutschlands, Österreichs und Ungarns (ob Fidesz wirklich als christdemokratische Partei bezeichnet werden kann, wird noch ausführlich besprochen), die maßgeblich darüber entscheiden, wofür die Christdemokratie heute politisch steht. Die ehemals einflussreichen Parteien der anderen Kernländer der Christdemokratie sind allmählich von der Bildfläche verschwunden. In Italien wurde die einst dominante *Democrazia Cristiana* 1994 im Nachgang des *Tangentopoli*-Korruptionsskandals aufgelöst. Der französische *Mouvement Républicain Populaire* verlor bereits in den

1950er Jahren an politischer Bedeutung und fiel 1967 auseinander. Somit zählen die Unionsparteien, die ÖVP und Fidesz zu den letzten größeren Parteien Europas – von der allein wegen der Größe des Landes relativ marginalen luxemburgischen Chrëschtlech Sozial Vollekspartei abgesehen –, die sich mehr oder weniger emphatisch zur Christdemokratie bekennen. Bei Fidesz kam dieses Bekenntnis erst spät. Orbáns Partei hatte sich ursprünglich dem Liberalismus verschrieben und wurde erst Ende der 1990er Jahre zu einer christlich-konservativen Partei.[6] Die ÖVP und CDU/CSU können hingegen auf eine lange Parteitradition mit angestammten religiös-bürgerlichen Wählermilieus zurückblicken, in denen sich trotz gradueller Desintegration bis heute noch Stammwähler finden. Das führt direkt zu einer weiteren Gemeinsamkeit der drei Parteien: Sie können immer noch relativ große und heterogene Wählergruppen mobilisieren. Zwar kann man die Wahlergebnisse der letzten zwei Jahrzehnte längst nicht mehr mit jenen der Nachkriegszeit vergleichen, als die Parteibindung in allen gesellschaftlichen Gruppen deutlich stärker war und die Christdemokraten regelmäßig über 40 Prozent der Stimmen bekamen. Aber es ist nicht von der Hand zu weisen, dass Union, ÖVP und Fidesz eine alles in allem solide Wahlperformance aufweisen – ein Langzeittrend, der auch dafür spricht, dass die Unionsparteien sich wieder von der Niederlage bei der Bundestagswahl 2021 erholen können.[7] Kurzum: Die deutschen, österreichischen und ungarischen Christdemokraten stechen in der europäischen Parteienlandschaft hervor, obwohl die großen Volksparteien im Allgemeinen und der normative Referenzrahmen christlicher Werte im Besonderen in den letzten vier Jahrzehnten stark an Bedeutung eingebüßt haben.[8]

Was sie darüber hinaus eint: Die verbliebenen christdemokratischen Parteien müssen sich seit einiger Zeit in hohem Maße über ihr Verhältnis zu den medial überaus präsenten nationalkonservativen (oft «rechtspopulistisch» genannten) Kräften definieren, weil teils große Überlappungen in der Wählerschaft bestehen. Die individuellen Positionierungsstrategien unterscheiden sich jedoch enorm. Die CDU fährt gegenüber der AfD bisher eine Strategie der *Abgrenzung*. Die ÖVP zeigt hingegen einerseits *Kooperationsbereitschaft* bis zur Regierungszusammenarbeit und andererseits eine klare Tendenz zur *programmatischen Annäherung*, insbesondere in der deutlichen Bewegung nach rechts in der Flüchtlings- und Migrationspolitik nach 2015. Fidesz setzt wiederum auf *Assimilation*, ja ist selbst zur nationalkonservativen Partei geworden, sodass noch radikaleren Mitbewerbern wie der ursprünglich militant rechtsextremen Jobbik-Partei im politischen System kein Platz mehr bleibt.

Die verschiedenen Strategien im Umgang mit dem organisierten Nationalkonservatismus erlauben auch vorläufige Rückschlüsse auf die moralischen und politischen Möglichkeitshorizonte der drei christdemokratischen Parteien. In Deutschland wäre die ungarische Strategie der Assimilation genauso undenkbar wie die österreichische Strategie der Kooperationsbereitschaft. (Man stelle sich nur einmal die Welle der Empörung vor, wenn die Union auf Bundesebene mit der AfD koalieren würde!) In Österreich ist wiederum eine stärkere «Orbánisierung» der Christdemokratie nur schwer vorstellbar. Dem steht die inzwischen stark verjüngte und liberalere Wählerschaft der ÖVP entgegen. Eine klare inhaltliche Abgrenzung gegenüber der FPÖ wäre aufgrund der wiederholten Regierungszusammenarbeit beider Parteien allerdings ebenso unwahrscheinlich, weil schlicht unglaubwürdig. Und in Ungarn ist nicht zuletzt wegen der oben erwähnten Verfassungsänderungen, die der Fidesz-Partei eine maximale Machtfülle beschert haben, nichts anderes als der Status quo denkbar. Wie fest Orbán in Budapest im Sattel sitzt, zeigte sich Ende März 2020, als Fidesz im Rahmen der Corona-Pandemie ein Gesetz durch das Parlament peitschte, das es dem Ministerpräsidenten ermöglicht, im Rahmen eines Notstandes ohne Zeitbegrenzung per Dekret zu regieren –

und der Regierung, den ausgerufenen Notstand ohne die Zustimmung des Parlaments unbegrenzt zu verlängern.

Wählerpräferenzen und Zukunftsszenarien

Dass christdemokratische Parteien heute viel Zeit und Energie auf ihre Positionierungsstrategien verwenden müssen, erklärt sich vor allem aus den Kernthemen von nationalkonservativen Parteien wie der AfD oder FPÖ. So markieren etwa die Begrenzung der Immigration und der Schutz der nationalen Identität und Souveränität eine neue und gewichtige gesellschaftliche Konfliktlinie, die das Feld der parteipolitischen Repräsentation maßgeblich strukturiert.[9] Demnach werden traditionelle Gegensätze wie Arbeit gegen Kapital oder Stadt gegen Land immer stärker vom Konflikt zwischen «Nationalisten» und «Globalisten» überschattet.[10] In einer bekannten Zuspitzung beschrieb der britische Journalist David Goodhart die rivalisierenden Gruppen als *somewheres* und *anywheres*. Erstere stehen Goodhart zufolge der Globalisierung, Europäischen Integration und dem Multikulturalismus tendenziell skeptisch bis ablehnend gegenüber. Sie wünschen sich, dass in ihrer Heimat alles wieder so wird «wie früher». Letztere können hingegen mit der Nation oder Volkstümelei wenig anfangen, fühlen sich in einer kulturell diversen und «postnationalen» Welt pudelwohl und blicken teils verächtlich auf die vermeintlich reaktionären *somewheres* herab.[11] Obwohl sich alle politischen Parteien auf dieser Konfliktlinie positionieren müssen, steht die Christdemokratie vor besonderen Herausforderungen. Schließlich treten die neuen politischen Mitbewerber rechts der Mitte vor allem zu ihr in Konkurrenz.

Gerade in Deutschland hat diese Entwicklung zu einer regen Debatte über Gegenwart und Zukunft des Konservatismus geführt, wobei die Christdemokratie in der Regel als eine Spielart des Konservatismus gilt. Die CDU sucht nach der Merkel-Ära nach ihrem programmatischen Profil, während Politiker wie Alexander Gauland für die AfD in Anspruch nehmen, die «eigentlich konservative Kraft in Deutschland zu sein.»[12] Der Ausgang dieses Richtungskampfs wird davon abhängen, so fasst der Politikwissenschaftler Thomas Biebricher zusammen, «ob es der AfD gelingt, sich das Label des Konservativen dauerhaft anzueignen und/oder es zumindest dem politischen Konkurrenten erfolgreich abzusprechen, der sich nicht länger vom berüchtigten ‹grün-versifften› Einheitsbrei der Mainstreampolitik abhebe, sondern restlos in ihm aufgegangen sei – oder ob es umgekehrt die Repräsentanten der Christdemokratie fertigbringen, einen respektablen Konservatismus von einem despektierlichen ‹Rechtspopulismus› der AfD abzugrenzen.»[13] Diese Diagnose bringt die aktuellen Herausforderungen der Union (und anderer christdemokratischer Parteien) auf den Punkt. Sollte sie an ihrer Aufgabe scheitern, fährt Biebricher fort, «ist nicht ausgeschlossen, dass Konservatismus über kurz oder lang in Rechtspopulismus kollabiert, die intellektuell-politischen Brandmauern nach rechts abgetragen werden und letztendlich auch einer politischen Kooperation nichts mehr im Wege steht.»[14]

Dass der innerkonservative Konflikt zwischen Christdemokratie und «Rechtspopulismus» bzw. Nationalkonservatismus noch unentschieden ist, trifft gewiss nur auf Deutschland zu. In Österreich und Ungarn hat sich die Christdemokratie ja bereits in eine andere Richtung entwickelt, indem sie die Grenzen zum Nationalkonservatismus zunehmend verwischte. Dennoch wirft die deutsche Debatte zumindest zwei Fragen auf, die für Gegenwart und Zukunft der europäischen Christdemokratie von entscheidender Bedeutung sind. Erstens: Welche Strategie oder Tendenz wird sich in den kommenden Jahren im bevölkerungsreichsten Land der Europäischen Union durchsetzen? Werden sich CDU/CSU nach der Ära Merkel dem Nationalkonservatismus und dessen Wählern annähern oder den liberalen Zentrumskurs beibehalten? Die zweite Frage, auf die dieses Buch eine Antwort geben möchte, ist komplexer: Welche der genannten Strategien ist im Kern eigentlich christdemokratischer? Abgrenzung, programmatisches Entgegenkommen oder gar «orbáneske» Assimilation? Welcher dieser Wege ist am besten mit den Werten, Traditionen und Idealen der Christdemokratie vereinbar?

Wofür steht die Christdemokratie?

Solche Fragen mögen zunächst verkopft und praxisfern wirken. Parteien, so könnte ein Einwand lauten, gehe es am Ende doch – wie allen anderen wichtigen Playern im politischen Betrieb – immer bloß um den Machterhalt. Werte und Prinzipien bildeten nur einen dünnen rhetorischen Firnis, der sich über handfeste Interessen lege. Sie könnten jederzeit verworfen werden, sobald es Wählerstimmen bringe. Aber so primitiv ist Politik dann auch wieder nicht. Alle Parteien haben eine wirkmächtige Tradition, und auch jene mit kurzer Geschichte beziehen sich oftmals mit Aplomb auf die Vergangenheit, vor allem wenn es um programmatische Grundsatzentscheidungen geht.[15] Grundwerte und Gründungsfiguren werden dabei ebenso gerne ins Spiel gebracht wie Einschwörungen auf eine programmatische Essenz, für die man angeblich «immer schon» gekämpft habe. Und weil die Geschichte und Tradition einer Partei für ihre Identität und ihr Selbstverständnis so bedeutsam sind, ist der offene Bruch mit der Vergangenheit riskant. Lähmende innerparteiliche Querelen sind auf Dauer mindestens so gefährlich wie die kalkulierte Abkehr von einer ehemals loyalen Wählerschaft.[16]

Dieser Risiken scheint sich Friedrich Merz bewusst zu sein, der – obwohl er seit neuestem als gemäßigter Politiker der Mitte auftritt – in seinen vielen Kämpfen um den CDU-Vorsitz stets beteuerte, dass er eigentlich nur die «großen und starken Wurzeln der CDU» wiederbeleben wolle.[17] Umarmungsversuche mit Blick auf die AfD-Wählerschaft stehen demzufolge im Einklang mit der Tradition der deutschen Christdemokratie. Als plakatives Beispiel für die entgegengesetzte Deutung der Parteitradition dürfen die Wortmeldungen des inzwischen verstorbenen ehemaligen CDU-Generalsekretärs Heiner Geißler gelten. Er hat die Flüchtlingspolitik der Kanzlerin – die ja laut Merkel-Kritikern wie Merz maßgeblich zum Profilverlust der Union und zum Aufstieg der AfD beigetragen hat – wiederholt als den einzigen mit den christlichen Grundwerten seiner Partei vereinbaren Weg verteidigt. Im Nachgang der Ereignisse von 2015 bezeichnete Geißler die bayerische CSU, die lautstark eine deutlich restriktivere Asyl- und Aufnahmepolitik forderte, sogar als «Totengräberin der Union», die sich auf «derselben geistigen Ebene wie die Orbán-Partei in Ungarn» befinde.[18] Vorschläge wie die Bevorzugung von Flüchtlingen aus dem christlich-abendländischen Kulturkreis, so Geißler in Richtung der Schwesterpartei, seien «das Gegenteil dessen […], was die christliche Botschaft bedeutet. Wer solche Vorschläge macht, hat sonntags in der Kirche nichts verloren und steht im Widerspruch zur Botschaft des Evangeliums, zum Papst als auch zur evangelischen Kirche.»

Historische Wurzeln, die christliche Botschaft, der Papst und das Evangelium – diese Referenzpunkte spielen auch außerhalb der Tagespolitik eine Rolle. So postulierte etwa der bekannte deutsche und in Graz lehrende Theologe Rainer Bucher in einem Beitrag zu Merkels Flüchtlingspolitik: «Angela Merkel positioniert sich dort, wo die Christdemokratie sich erfand: in der Mitte eines nüchternen christlichen Realismus, der sich nicht einschüchtern lässt, weder von der Angst vor dem, was kommt, noch von dem Bisherigen, das offenkundig verschwindet, noch von der Unübersehbarkeit einer Gegenwart, die ständig überrascht.»[19] Dieser nüchterne Realismus war Bucher zufolge «einmal das Charakteristikum der katholischen Christdemokratie gewesen, auch gegen Widerstände der kirchlichen Hierarchie. Heute steht diese Hierarchie, zumindest in der Flüchtlingsfrage anders als die CSU und Teile der CDU demonstrativ hinter Angela Merkel.» Seine Schlussfolgerung: «Vielleicht erleben wir gerade den Anfang der protestantischen Erneuerung der Christdemokratie: nüchtern, realistisch, fast pathosfrei, aber notwendig. Angela Merkel jedenfalls steht dem Papst näher als Horst Seehofer: eine bemerkenswerte ökumenische Konstellation.»

Buchers Kommentar enthält einen wichtigen Zusatz, der uns zu einem besseren Verständnis der Richtungsentscheidungen verhelfen kann, vor denen die Christdemokratie künftig steht:

> Weder die katholische Hierarchie noch die Katholikinnen und Katholiken müssen mehr mit dem modernen Verfassungsstaat versöhnt werden – das war die Leistung der klassischen Christdemokratie. Die katholische Hierarchie muss auch nicht mit den sozialen Herausforderungen der Globalisierung konfrontiert werden: Das tut schon Papst Franziskus. Konfrontiert werden muss das europäische Christentum mit der Erkenntnis, dass es vor der Entscheidung steht, «Christentum» kulturalistisch und damit exklusivistisch, oder programmatisch und damit inklusivistisch zu verstehen: Orbán oder Franziskus, das ist die Frage.

Mit anderen Worten: Das Christentum kann im Sinne reiner Identitätspolitik verstanden werden, als politischer Kampfbegriff zur Abgrenzung von anderen Kulturräumen und Religionen wie dem Islam – oder aber als breiteres normatives Wertefundament, das sich auch in eine säkulare oder interreligiös zugängliche Sprache übersetzen lässt. Und für Theologen wie Bucher und Politiker wie Geißler ist nur die zweite Auffassung auch *wirklich christdemokratisch*. Damit sprechen sie dem Verkünder einer «Renaissance der Christdemokratie» Viktor Orbán zumindest indirekt die Glaubwürdigkeit als Fackelträger einer stolzen europäischen Parteienfamilie ab.

Doch sosehr man mit solchen Stellungnahmen aus politischer Sicht sympathisieren mag – und so wichtig es ist, zwischen dem Christentum als identitätspolitischer Chiffre und dem Christentum als breiterem Wertefundament zu unterscheiden –, erscheint es äußerst fraglich, ob sich der Markenkern der Christdemokratie überhaupt so klar bestimmen lässt. Appelle an den «nüchternen christlichen Realismus», aus dem die Christdemokratie angeblich hervorgegangen sei, unterschlagen das Ausmaß der Umstrittenheit, wann, wo und mit welcher ideologischen Prägung die Christdemokratie eigentlich ihren Anfang nahm. Jede Kritik an der Instrumentalisierung des Christentums im Sinne exklusivistischer (rechter) Identitätspolitik muss zumindest einräumen, dass zahlreiche unbestritten christdemokratische Parteien immer wieder (auch erfolgreich) auf Identitätspolitik gesetzt haben. Ja, die scheinbar über alle Zweifel erhabene Nachkriegschristdemokratie setzte eindeutig identitätspolitische Akzente: Bei der Bundestagswahl 1949, am Ausgangspunkt des «christdemokratischen Moments» in Europa, prangte auf den Wahlplakaten der CDU der Slogan «Rettet die abendländische Kultur» – ein Spruch, der inzwischen zum rhetorischen Repertoire des nationalkonservativen Milieus gehört.

Der von Viktor Orbán und seinem Umfeld so vehement vertretene Antiliberalismus hat innerhalb der christdemokratischen Theorie und Praxis tatsächlich eine große Rolle gespielt. Noch in den späten 1950er Jahren war eine scharfe Abgrenzung zu den Traditionen des liberalen Denkens ein zentraler Aspekt der politischen Selbstbeschreibung deutscher Christdemokraten: «Der Liberalismus galt als unvereinbar mit den Grundsätzen, auf denen die Unionsparteien ruhten.»[20] Zudem wäre die enge Zusammenarbeit mit nationalkonservativen Parteien und Politikern, mit der Orbán liebäugelt,[21] wohl kaum ein schockierender Tabubruch innerhalb der christdemokratischen Parteienfamilie. Schon der

«Kommunistenfresser» Franz Josef Strauß arbeitete in den 1970er Jahren eng mit antidemokratischen und sogar neofaschistischen Parteien in Spanien, Portugal und Italien zusammen.

Dieser Perspektive könnte man entgegenhalten, die Christdemokratie habe sich weiterentwickelt und ihren antiliberalen und antidemokratischen Tendenzen abgeschworen. Schließlich haben alle wichtigen christdemokratischen Parteien den liberalen Verfassungsstaat nach dem Zweiten Weltkrieg anerkannt. Ebenso könnte man heute auf die vielen gemäßigten (vor allem nordeuropäischen) Parteien verweisen, die sich als Mitglieder der Europäischen Volkspartei anscheinend zur Christdemokratie bekennen und vehement für einen Ausschluss von Viktor Orbáns illiberaler Fidesz-Partei eintraten. Wie ich in diesem Buch darlegen möchte, lässt sich jedoch aus keinem dieser Umstände eine lineare Entwicklung der Christdemokratie ableiten. Zwar wurden christdemokratische Parteien in der Vergangenheit insgesamt *demokratischer.* Aber die Geschichte ihrer autoritären Versuchung setzt sich bis heute fort.

Eine andere Geschichte der Christdemokratie

Die konfliktreiche Lage der gegenwärtigen europäischen Christdemokraten soll im Folgenden zum Anlass genommen werden, sie aus historischer Sicht als breiteres politisches Projekt in den Blick zu nehmen. Statt eine bestimmte Strömung innerhalb der Christdemokratie zu verteidigen oder zu kritisieren, soll also zunächst einmal erörtert werden, was die Christdemokratie eigentlich ist, oder besser: was sie alles sein kann.

Ausgehend von der vielleicht größten politischen Herausforderung, mit der die Christdemokratie heute konfrontiert ist – dem Erstarken des Nationalkonservatismus –, liegt das Hauptaugenmerk des vorliegenden Buches auf dem Verhältnis des politischen

Katholizismus zur Demokratie sowie dem historischen Umgang christdemokratischer Parteien und Politiker mit dem, was wir gemeinhin als rechten Rand bezeichnen: mit Faschismus, Antiliberalismus und autoritären Formen des Nationalkonservatismus. Das wichtigste Argument, das ich dabei ins Feld führen möchte, lässt sich auf folgende Formel bringen: Die Distanzierung vom rechten Rand ist – historisch betrachtet – *nicht* der selbstverständliche Modus Operandi der Christdemokratie. Davon zeugt nicht nur die aktuelle Politik eines Viktor Orbán – oder die Bereitschaft der Europäischen Volkspartei (EVP), Orbán und Fidesz bis Februar 2021 immer wieder in Schutz zu nehmen. Auch Franz Josef Strauß' berühmte Aussage, dass es rechts neben der Union «keine demokratische legitimierte Partei» geben solle, bildet die repräsentativen Ansprüche der Christdemokratie seit Ende des Zweiten Weltkriegs besser ab, als man glauben mag. Und das nicht nur in Deutschland.

Andersherum könnte man sagen, das bekannte Strauß-Zitat weise auf eine der großen Leistungen christdemokratischer Volksparteien hin: die politische Integration einer Vielzahl heterogener Gesellschaftsgruppen, *inklusive* nationalkonservativer, reaktionärer und autoritärer Milieus. Dazu mussten sie jedoch große weltanschauliche Gegensätze in sich vereinen und eine Formel finden, die die sozialkatholische Klientel, die Wohlstand für die Arbeiterschicht forderte, ebenso mobilisierte wie das konservative Bürgertum, das die Sozialausgaben niedrig halten wollte – und gleichzeitig zutiefst gläubige Bauern, mächtige Industrielle, nationalkonservative Souveränitätsverfechter und überzeugte Europa-Föderalisten. Vor diesem Hintergrund war ein klares, kantiges politisches Profil hinderlich – also das, was heute so oft eingefordert wird. Deshalb verzichteten die Christdemokraten auch bewusst auf die Formulierung großer, inhaltlich konsistenter Parteiprogramme und vertrauten stattdessen auf die politische Sozialisierung ihrer Anhängerschaft durch Kirchen, Vereine etc. Und sie setzten auf charismatische Führungspersönlichkeiten, die mit rhetorischem Geschick und weltanschaulicher Flexibilität Signale an unterschiedlichste Wählergruppen senden konnten.

Man tut der Christdemokratie nicht ganz Unrecht, wenn man ihr den programmatischen Charakter abspricht. Obwohl innerhalb der verschiedenen christdemokratischen Parteien immer wieder versucht wurde, neue Ansätze mit wiederbelebten alten Konzepten zu verbinden, war die Programmarbeit nie ihre Stärke. Ein christdemokratisches Äquivalent zum Godesberger Programm der SPD oder den sozialliberalen Freiburger Thesen der FDP hat es folglich nicht gegeben. Prominente christdemokratische Politiker sprachen sich demgegenüber immer wieder ausdrücklich *gegen* ein programmatisches Korsett aus. Josef Hermann Dufhues, der in den 1960er Jahren Geschäftsführender Vorsitzender und Mitglied des Präsidiums der CDU war, meinte etwa: «Programme […] sind oft nichts anderes als ein säkularisiertes und taktisch verbrämtes Glaubensbekenntnis, das die benötigen, die sonst keine Weltanschauung haben und die Wirklichkeit mit dem Feigenblatt zudecken müssen.»[22] Nah am Leben, nah an der Praxis, dazu die ethische Grundierung durch das christliche Menschenbild – so sollte christdemokratische Politik aussehen.

Dennoch gab es auch vereinzelt Versuche, eine spezifisch christdemokratische Programmatik oder politische Theorie herauszuarbeiten. In allen Kernländern der Christdemokratie wurde in katholischen Milieus schon im ausgehenden 19. Jahrhundert, umso intensiver dann aber in der Zwischenkriegszeit und unmittelbar nach dem Zweiten Weltkrieg angeregt über Natur und Aufgabe des politischen Katholizismus diskutiert – in zahlreichen Zeitschriften wie *Hochland* (Deutschland), *Terre Humaine* (Frankreich) oder *Croniche Sociali* und *Humanitas* (Italien).[23] In der politischen Praxis hat sich aber nie *eine* bestimmte Richtung durchgesetzt oder als prägend erwiesen. Darunter hätten die Integrations- und Mobilisierungsfähigkeit der Parteien letztlich zu sehr gelitten.

Kurzum: Politisch muss die Christdemokratie als ein *Komplex der Gegensätze* begriffen werden. Dabei geht es ihr weniger um die Auflösung dieser Gegensätze als vielmehr um die Absorption unterschiedlicher Ansprüche und – soweit möglich – um den Ausgleich zwischen ihnen. Wie ich im nachfolgenden Kapitel zeigen möchte, ist dieses Verständnis der Christdemokratie nicht nur mit den Grundgedanken der katholischen Soziallehre vereinbar, von denen die meisten christdemokratischen Parteien inspiriert wurden. Es entspricht auch am ehesten den politischen Aufgaben und Herausforderungen, mit denen sich die Christdemokratie in der Vergangenheit konfrontiert sah – und die sie bis heute bewältigen muss. Mit einem ideologischen Markenkern im Sinne einer «linken» oder «rechten», einer «liberalen» oder «illiberalen» Stoßrichtung hat das aber wenig zu tun. Vielmehr handelt es sich um ein pragmatisches und integratives Politikverständnis, das sich auf der Grundlage allgemeiner normativer Grundsätze rechtfertigen lässt, aber kaum in ein herkömmliches konzeptuelles Korsett zu zwängen ist.[24]

Dieses Politikverständnis, das auf die Integration breiter Milieus, den Ausgleich unterschiedlicher gesellschaftlicher Interessen und Kompromissfindung abzielt, dürfte das einzig echte Spezifikum der Christdemokratie sein. Ihrer normativen Grundhaltung zufolge soll der Pluralismus moderner Gesellschaften – was nicht so sehr eine Vielfalt der Meinungen, sondern eher eine Vielfalt der sozialen Interessen bedeutet – gerade *nicht* überwunden werden. Die Aufgabe der Politik besteht demzufolge darin, diesen Pluralismus durch Kompromisse zusammenzuhalten – oder in Angela Merkels Worten: «zur Mitte hin [zu] integrieren»[25] –, indem sie den kleinsten gemeinsamen ideologischen Nenner findet und allen gesellschaftlichen Gruppen mal mehr, mal weniger Zugeständnisse macht. Dieses Politik- und Gesellschaftsbild verdeutlicht auch, warum die Christdemokratie im Sozialismus bzw. Kommunismus lange Zeit ihren Hauptgegner sah. Letzterem ging es ja um die

Überwindung der Klassengegensätze und eine revolutionäre Neuordnung der Gesellschaft.

Das mag alles am Ende doch bloß nach einer christlich angehauchten Version des Liberalismus klingen – und es ist gewiss auch richtig, dass sich christdemokratische Politik mit dem liberal-demokratischen Verfassungsstaat gut vertragen kann. Es wäre jedoch ein großer Irrtum, das Politikverständnis der Christdemokratie kurzerhand als liberal, geschweige denn notwendigerweise demokratisch einzustufen. Einige christlich inspirierte Politiker haben aus den eben skizzierten Annahmen vielmehr ganz und gar undemokratische und antiliberale Schlussfolgerungen gezogen. Ein eindrückliches Beispiel ist der Versuch der Christlichsozialen Partei Österreichs – der Vorgängerpartei der heutigen ÖVP –, in der Zwischenkriegszeit die parlamentarische Demokratie in einen autoritären «Ständestaat» umzubilden. Dieses dezidiert von der katholischen Soziallehre beeinflusste, antiliberale und antisozialistische Staatsmodell sah vor, dass sich Arbeitgeber und Arbeitnehmer gemäß ihren Berufsständen organisieren sollten, um anschließend einen Interessensausgleich auszuhandeln.[26] In einem ersten Schritt wurde das Parlament – von führenden Christlichsozialen im Geiste des antiliberalen deutschen Staatsrechtlers Carl Schmitt als «Quatschbude» diskreditiert – ausgeschaltet. Danach erfolgte das Verbot auch jener politischer Parteien, deren Ziel eine fundamentale Neuordnung der Gesellschaft war, namentlich der Sozialdemokraten. Die angestrebte harmonische Integration unterschiedlicher gesellschaftlicher Gruppen, deren Vielfalt ja keineswegs überwunden werden sollte, konnte freilich niemals erreicht werden – weder in Österreich noch in Ländern wie Portugal, wo katholische Kräfte ebenfalls einen autoritären Ständestaat verwirklichen wollten.

Die offensichtlichen Unterschiede zwischen den Verfassungsdemokratien der Nachkriegszeit und den autoritären Regimen, die in der Zwischenkriegszeit etabliert wurden und auf der Iberischen Halbinsel bis in die 1970er Jahre Bestand hatten, dürfen nicht über die Kontinuitäten im Politik- und Gesellschaftsverständnis christlicher Parteien hinwegtäuschen. Sie haben maßgeblich zum Aufbau sowohl zunächst der ständestaatlichen als auch später der demokratischen Verfassungsordnungen beigetragen. Folglich inspirierte die katholische Soziallehre nicht nur die Diktaturen von Dollfuß oder Salazar, sondern auch die Präambeln der entscheidend von Christdemokraten mitgeprägten französischen (1946–47), italienischen (1948) und westdeutschen (1949) Verfassungen.[27]

Die Christdemokratie ist also eine politische Tradition, deren grundlegendes Politik- und Gesellschaftsverständnis als demokratisch und zumindest mit bestimmten liberalen Ideen kompatibel ausgelegt werden *kann*, aber nicht zwangsläufig so gelesen werden *muss*. Im Hinblick auf das Verhältnis zum rechten Rand bedeutet das vor allem: Die Christdemokratie kann sich unter Rückgriff auf ihre eigene Vergangenheit und ideologischen Ressourcen weit über die Mitte nach rechts ausstrecken. Sie muss sich nicht verstellen oder verraten, wenn sie die Annäherung an reaktionäre und autoritäre Wähler sucht. Deshalb ist Viktor Orbáns Behauptung, die Christdemokratie sei «per definitionem nicht liberal», sondern «illiberal»,[28] auch die eine Hälfte der Wahrheit. Allerdings hat der Theologe Rainer Bucher genauso Recht, wenn er die «klassische Christdemokratie» dafür lobt, den Katholizismus mit dem liberalen Verfassungsstaat versöhnt zu haben. Dabei war sie selbst aber nie eine liberale Bewegung, im Gegenteil. Um eine Wendung Paolo Pombenis, des Biografen Alcide De Gasperis, zu entlehnen: Die Christdemokratie hat einen entscheidenden Beitrag zum Erfolg des liberalen Verfassungsstaates geleistet, den sie aufgrund ihrer antiliberalen Wurzeln genauso gut hätte bekämpfen können.[29] Ihre Leistung war die Übersetzung ihres antiliberalen Kerns in einen «post-liberalen» katholischen Konstitutionalismus, für den die italienische Nachkriegsverfassung ein paradigmatisches Beispiel ist.[30]

Irgendwie liberal und doch illiberal, gleichzeitig demokratisch und autoritär – irgendetwas kann da doch nicht ganz stimmen! Zugegeben, die Christdemokratie ist kein einfaches Untersuchungsobjekt, wenn man allergisch auf Ambivalenz reagiert. Als Tradition ohne große theoretische oder philosophische Vordenker, deren politische Vertreter stets mit einer gehörigen Portion Pragmatismus und ideologischer Flexibilität ans Werk gingen, entzieht sie sich weitgehend der Systematisierung – zumindest was die «wahre» Substanz ihrer Ideologie betrifft. Nähert man sich der Christdemokratie mit dem Ziel, ihre Geschichte und Gegenwart, ihre Theorie und Praxis zu einem kohärenten großen Ganzen zusammenzufügen, sind Frust und Enttäuschung vorprogrammiert.

Dennoch kann die Christdemokratie als primär *katholische* politische Tradition oder Bewegung begriffen werden, die sich lange an den Lehren der Kirche, etwa den päpstlichen Enzykliken, orientierte. So gesehen erscheinen ihre inneren Widersprüche auch nicht mehr als Anomalien. Denn hat es die katholische Kirche nicht selbst immer schon vermocht, sich pragmatisch jeder Gesellschafts- und Staatsordnung anzupassen, ohne ihre Dogmen und Prinzipien preiszugeben? Ob sich die römisch-katholische Kirche aus taktischen Gründen mit absolutistischen Herrschern oder faschistischen Diktatoren verbündete, war in den Worten ihres gegenrevolutionären Bewunderers Carl Schmitt «Folge und Begleiterscheinung eines politischen Universalismus», den sie als Nachfolgeinstanz des römischen Imperiums erfolgreich fortzusetzen wusste.[31] Die Christdemokratie hat dieses adaptive Talent vermutlich von der Kirche geerbt, obwohl die meisten christdemokratischen Parteien ein distanzierteres Verhältnis zur kirchlichen Hierarchie pflegten. Deswegen konnte die Christdemokratie auch immer wieder auf neue Wert-, Institutionen- und Konfliktkonstellationen reagieren und daraus politisches Kapital schlagen. Und immer werden diese Anpassungsleistungen so präsentiert, als stünden sie mit ihren ureigenen Werten und Überzeugungen im Einklang. Eine lebendige Tradition eben, genau wie der Katholizismus selbst.

II Die antidemokratischen Wurzeln der Christdemokratie

Die Christdemokratie ist ein Komplex der Gegensätze. Sie vereint Widersprüche, ohne sie aufzulösen, und kann sich dynamisch an neue institutionelle und gesellschaftliche Realitäten anpassen. Diese These gilt es nun zu vertiefen, zunächst anhand einer Vorgeschichte der Christdemokratie, die als Fundament für den übrigen Argumentationsgang des Buches dient. Dabei werde ich mich stets zwischen Theorie und Praxis hin- und herbewegen, denn obwohl sich weder der politische Katholizismus noch die spätere Christdemokratie an einer sauber ausbuchstabierten Programmatik orientiert haben, lassen sich beide auch nicht kurzerhand auf eine Vielzahl pragmatischer Einzelentscheidungen reduzieren, die mehr oder weniger kompetente Politiker unter dem Banner einer bestimmten Parteienfamilie getroffen haben. Mit anderen Worten: Christliche Politik war nie entkoppelt von theoretischen und theologischen Debatten über ein geglücktes menschliches Zusammenleben, über das Verhältnis von Staat und Religion und die Natur der Demokratie. Zudem waren zahlreiche führende Christdemokraten selbst aktive Theoretiker des politischen Katholizismus. Die politische Geschichte der Christdemokratie und ihre Ideengeschichte sind also eng miteinander verknüpft.

Auf der Suche nach einer Definition

Wie bereits erwähnt: Eine markante Gesellschaftsvision oder ein klares Zukunftsprogramm scheinen auf den ersten Blick weder der politische Katholizismus noch die Christdemokratie anzubieten. Oft wurde der Christdemokratie deshalb der ideologische bzw. programmatische Charakter abgesprochen, auch von führenden Christdemokraten selbst. Um wieder den ehemaligen Geschäftsführenden Vorsitzenden der CDU Josef Hermann Dufhues zu zitieren: «Programme sind ein Requisit der ideologischen Parteien des 19. Jahrhunderts. Unsere Leitsätze entwickeln sich dynamisch immer wieder aus der Auseinandersetzung mit der Wirklichkeit, also aus Erfahrung.»[1] Ist es vor diesem Hintergrund überhaupt möglich, die ideologischen Grundlagen der Christdemokratie und des politischen Katholizismus näher und systematischer zu benennen?

Der niederländische Politologe Kees van Kersbergen hat versucht, aus der Not eine Tugend zu machen und die Essenz der Christdemokratie im Sinne vier sehr allgemeiner Richtziele zu definieren: *Integration, (Klassen-)Kompromiss, Akkommodation* und *Pluralismus*. Christdemokratische Parteien zeichnet demnach der Wunsch aus, eine Vielzahl sozialer Gruppen – mit Blick auf die Europäische Einigung sogar Nationen – in einen gemeinsamen Herrschaftszusammenhang zu *integrieren* und ihre Konflikte durch *Kompromiss* und *Akkommodation* zu schlichten, allerdings ohne dabei den real existierenden sozioökonomischen *Pluralismus* zu überwinden, aus dem die Konflikte ursprünglich entstanden sind.[2] Das integrative und kompromisssuchende Handeln vieler Christdemokraten mag vielleicht nach ideologiebefreitem Pragmatismus oder gar Opportunismus aussehen; in Wirklichkeit können aber ebendieser Pragmatismus sowie stetige Kompromisssuche und die politische Integration breiter Bevölkerungsschichten durch einen vermeintlich konturlosen politischen Mittelweg als authentischer Ausdruck eines christdemokratischen Grundkonsenses gedeutet werden. «Zur Mitte hin integrieren» (Angela Merkel) ist also Christdemokratie in Reinform, wobei diese Mitte manchmal auch ganz schön weit rechts liegen kann.

Van Kersbergen misst die vier Richtziele an der demokratisch orientierten Christdemokratie der Nachkriegszeit. Dadurch erhalten sie einen moderaten, geradezu progressiven Beiklang. Politische Ziele wie soziale Integration, Klassenkompromiss oder Akkommodation müssen jedoch nicht unbedingt mit demokratischen Mitteln verfolgt werden. Das zeigt zum einen die Geschichte des politischen Katholizismus im 19. und frühen 20. Jahrhundert. Und auch lange nach dem Zweiten Weltkrieg existierten in Europa noch dezidiert autoritäre katholische Regime, die sich der gesellschaftlichen Integration, dem Klassenkompromiss, der Akkommodation von Interessensgegensätzen und damit implizit auch dem Pluralismus verschrieben hatten. Als paradigmatisches Beispiel könnte man hier den portugiesischen *Estado Novo* anführen, dessen autoritär regierender Premierminister, der asketische Technokrat António de Oliveira Salazar (1889–1970), eine korporatistische Staatsform etablierte, die ganz ohne demokratische Freiheiten soziale Gerechtigkeit und gesellschaftliche Harmonie herstellen sollte.[3] Die politische Vision des tiefgläubigen Salazar war direkt von der katholischen Soziallehre beeinflusst, wie sie vor allem in den päpstlichen Enzykliken *Rerum Novarum* (1891) und *Quadragesimo anno* (1931) ausbuchstabiert wurde. Eine wichtige Pointe dieser Texte lag darin, dass sich Ziele wie Integration, Klassenkompromiss, Akkommodation und Pluralismus auch, wenn nicht gar besser ohne die Demokratie erreichen ließen: also nicht allein durch einen grundrechtsbasierten katholischen Konstitutionalismus, sondern mindestens genauso gut durch Formen eines autoritären Korporatismus.

Wenngleich vor allem die Idee eines «autoritären Pluralismus» zunächst zutiefst widersprüchlich klingt, gilt es zu bedenken, dass die programmatische Essenz der Christdemokratie *antimodern* ausgelegt werden kann. Eine solch dezidiert antimoderne und antidemokratische (!) Interpretation des Pluralismus glorifiziert die feudale und in Stände segmentierte Gesellschaft des Mittelalters als Idealbild harmonischer Vielfalt. Diese statische Vision, die jegliche soziale Mobilität ausschloss, wurde in den katholischen Ständestaatstheorien dann lediglich mit Hinblick auf die Natur und Struktur des Staates umformuliert. Anstelle des schwachen monarchischen Staates sollte ein starker autoritärer Staat treten, der eigenhändig die Stände organisiert und damit den Interessensausgleich ermöglicht. Wie noch zu zeigen sein wird, haben zahlreiche christdemokratische Politiker im Laufe ihres Lebens sowohl moderne als auch antimoderne Positionen bezogen. Einige von ihnen hatten sich schrittweise zu einer affirmativen Haltung gegenüber der Moderne und der parlamentarischen Demokratie durchgerungen. Für andere war die Demokratie nur aus pragmatischen Gründen und nur vorübergehend akzeptabel.

Aufgrund dieses Schwankens zwischen Affirmation und Ablehnung von Moderne und Demokratie sollte man unbedingt der Versuchung widerstehen, die Geschichte des politischen Katholizismus teleologisch zu deuten: als eine mehr oder weniger geradlinige Annäherung an die Fundamente des demokratischen Verfassungsstaats. Auch wenn der Zweite Weltkrieg «der langen konterrevolutionären Tradition in Europa ein Ende bereitet»[4] und antidemokratische Impulse innerhalb des politischen Katholizismus weitgehend delegitimiert hatte, verschwand der Konflikt zwischen traditionalistischen und egalitären politischen Kräften auch innerhalb der Christdemokratie nicht über Nacht. Selbst emphatisch antimoderne Sichtweisen blühten hier nach 1945 immer wieder auf. Historiker haben zu Recht darauf hingewiesen, dass bereits die sexuelle Revolution der späten 1960er Jahre den kurz zuvor erreichten Kompromiss zwischen traditionalistisch und egalitär gesinnten Christdemokraten aufgebrochen und beide Gruppen wieder gegeneinander aufgebracht hatte.[5] Und die aktuelle Wiederbelebung des christlichen Autoritarismus in Ungarn und Polen ist nur ein besonders sichtbares Beispiel für das zyklisch wiederkehrende Erstarken traditionalistischer und bisweilen auch demokratiefeindlicher Kräfte innerhalb politischer Parteien, die sich der Verteidigung christlicher Werte verschrieben haben.[6]

Im Folgenden sollen deshalb der Ursprung der vier christdemokratischen Politikziele und die Evolution unterschiedlicher Interpretationstraditionen näher beleuchtet werden. Auf diese Weise lassen sich die zentralen internen Spannungen im politischen Katholizismus benennen, die in aktuellen Debatten über die Zukunft christdemokratischer Politik nachhallen. Es geht dabei vorwiegend um die gültige Interpretation des christdemokratischen Repräsentationsanspruchs: Wie verhält sich die Christdemokratie zur Demokratie? Wie weit darf sie nach rechts ausscheren? Mit wem darf man zusammenarbeiten? Bis zum Ende der Zwischenkriegszeit standen noch grundlegendere Auseinandersetzungen auf der Tagesordnung, etwa zwischen jenen Katholiken, die jede Form moderner Demokratie partout ablehnten, und denen, die sich für eine katholische Neuinterpretation demokratischer Prinzipien einsetzten. Wie zu zeigen sein wird, sind die heutigen Spannungen nur im Lichte der damaligen Konflikte vollends zu verstehen.

Die Theorie integrativer Politik

Ursprünglich waren die vier christdemokratischen Leitziele keine theologisch oder philosophisch begründeten ideologischen Grundsätze. Sie kristallisierten sich vielmehr aus praktischen Notwendigkeiten heraus. Die ersten katholischen Parteien Europas waren von einer derart großen weltanschaulichen Vielfalt geprägt, dass sie sich innerhalb ihrer eigenen Reihen um Integration, Ausgleich und

Kompromisssuche bemühen mussten, um am Ende nicht an den Konflikten zwischen modernen und antimodernen, traditionalistischen und egalitären Katholiken zugrunde zu gehen. Der interne Pluralismus der Parteien war die natürliche Konsequenz aus der Herkunft ihrer Anhänger aus sehr verschiedenen sozialen Schichten und schichtspezifischen Milieus mit konfligierenden materiellen und politischen Prioritäten. Der katholische Glaube war schließlich nie exklusiv an bestimmte Schichten oder Klassen gebunden; Gläubige gab es quer durch die Gesellschaft, und insoweit sie sich zu konfessionellen Parteien bekannten, mussten sich die Parteien zunächst einmal *intern* um den Ausgleich zwischen ganz verschiedenen Gläubigen mit unterschiedlichen Interessen bemühen.

Ein Beispiel für einen gelungenen Ausgleich ist die 1870 gegründete deutsche Zentrumspartei. Sie repräsentierte nicht nur die bürgerlich-aufklärerische Bewegung im deutschen Katholizismus, die sich zu den Errungenschaften des modernen Industriestaates bekannte, sondern auch die tendenziell autoritär und reaktionär gesinnten ländlichen Unterschichten, die sich als eigenständige Bewegung «in ihrer Mischung aus rückwärtsgewandten und modernen, antiliberalen und elementar-demokratischen Elementen am besten als populistisch charakterisieren lässt» – und schließlich auch noch die in den 1870er Jahren parallel zum Aufbruch des Bürgertums entstandene katholische Arbeiterbewegung, die die Befreiung von wirtschaftlicher Not und politischer Bevormundung verlangte.[7] Dem langjährigen Parteivorsitzenden Ludwig Windthorst gelang es derart gut, diese Gruppen zusammenzuhalten, dass selbst der politische Erzfeind Otto von Bismarck seine Bewunderung ausdrückte. Der legendäre Reichskanzler urteilte 1890: «Es gibt nicht zwei Seelen in der Zentrumspartei, sondern sieben Geistesrichtungen, die in allen Farben des politischen Regenbogens schillern, von der äußersten Rechten bis zur radikalen Linken. Ich für meinen Teil bewundere die Kunstfertigkeit, mit welcher der Kutscher des Zentrums [Windthorst; F. W.] all diese auseinanderstrebenden Geister so elegant zu lenken versteht.» In der Weimarer Republik sollte die interne Kohäsion des Zentrums dann jedoch zerbröseln.

Die Integration unterschiedlicher sozialer Gruppen, die einzig der katholische Glaube zusammenhält, war nicht nur in der Frühphase des politischen Katholizismus ein besonderes Merkmal christlicher Parteien. Bis heute sind ihre Mitglieder- und Wählerschaft sehr heterogen und die internen Fraktionen stark organisiert (man denke etwa an die mächtigen *Bünde* in der ÖVP).[8] Die schwierigsten Integrationsaufgaben mussten sicherlich die neugegründeten, emphatisch christdemokratischen Parteien der unmittelbaren Nachkriegszeit meistern. In Italien gelang es Alcide De Gasperis *Democrazia Cristiana*, ihren weitgehend monarchistisch gesinnten katholischen Wählern die Gründung der neuen Republik schmackhaft zu machen. Dazu gehörte auch, dass sie trotz eines klaren Bekenntnisses zum Antifaschismus überzeugte Faschisten in Partei und Staatsapparat eingliederte.[9] Der französische *Mouvement Républicain Populaire* bemühte sich zeitgleich um Positionen, die sowohl der konservativen Bauernschaft als auch der urbanen Arbeiterklasse behagten – also zwei Wählergruppen, deren ökonomische Interessen und Weltanschauung unterschiedlicher nicht hätten sein können.[10] Und in Deutschland gelang es der CDU, die über Jahrhunderte verfeindeten Protestanten und Katholiken unter Adenauers «hohem C» zu vereinen.

Gewiss: All das war nicht etwa das Resultat einer freien und lebendigen internen Diskussionskultur, die die Kompromissfindung zwischen den unterschiedlichen Gruppen erleichterte. Die Nachkriegschristdemokraten waren kaum ein Paradebeispiel für gelebte innerparteiliche Demokratie. Die Ermöglichungsbedingung der Integration war ein gemeinsamer politische Gegner: der Sozialismus bzw. Kommunismus. Ihn galt es mit allen Mitteln in Schach zu halten, darüber waren sich alle Fraktionen, Wähler- und Interessensgruppierungen innerhalb der Christdemokratie einig. In

Hinblick auf die CDU wurde der Antisozialismus als das «Bindemittel der protestantisch-katholischen Kooperation» beschrieben.[11] Denn «allein der Antisozialismus trieb das protestantische Bürgertum in die politischen Arme der im Grunde immer noch zumindest milde verachteten und beargwöhnten Katholiken.»[12] Auch in Bezug auf Italien lässt sich diagnostizieren: «Zusammengehalten wurde die DC vor allem durch ihren politischen Gegner», wobei es sich hier nicht um die für viele Bürger nur schwer greifbare Bedrohung aus Moskau handelte, sondern um «die größte kommunistische Partei Westeuropas, de[n] Partito Communista Italiano.»[13] Die italienischen Kommunisten waren zwar nicht mehrheitsfähig, hatten aber lange Zeit eine reelle Vetomacht. Allgemein standen sie in den Augen vieler Katholiken für die Negation des Christentums in Form einer materialistischen Weltanschauung, die «zwangsläufig zu einer weiteren Überhöhung des Staats- und Machtbegriffs, zur Minderbewertung der ethischen Werte und der Würde des einzelnen Menschen» führt – so Konrad Adenauer in einer berühmten Nachkriegsrede am 24. März 1946 in der Aula der Kölner Universität.[14]

Die katholische Soziallehre

Das führt uns zu einer weiteren Quelle der Essenz christdemokratischer Politik: zur katholischen Soziallehre, die im ausgehenden 19. Jahrhundert parallel mit den ersten katholischen Parteien entstand und diese auch stark beeinflusste. Die katholische Soziallehre war in erster Linie eine theologisch fundierte und antirevolutionäre Antwort auf die sozialen Herausforderungen der bürgerlichen Industriegesellschaft, insbesondere die Ausbeutung und Verelendung der Arbeiterklasse.[15] In Deutschland waren viele Vertreter der katholischen Soziallehre Teil des sogenannten «bürgerlichen Aufbruchs» des Katholizismus.[16] Der Vorreiter der deutschen sozialkatholischen Tradition war der «Arbeiterbischof» Wilhelm Emmanuel von Ketteler (1811–1877), der im Gegensatz zu vielen anderen Geistlichen seiner Zeit bereits in den 1860er Jahren die kapitalistische Gesellschaftsform akzeptiert und sich gleichzeitig für die verstärkte Hinwendung der katholischen Kirche zur sozialen Wohltätigkeit eingesetzt hatte. Diese Versöhnung mit der kapitalistischen Moderne wurde durch eine Naturrechtskonzeption erleichtert, die «zwischen allgemeinen Normen und im historischen Wandel unterschiedlichen Konkretisierungen unterschied. Sie ermöglichte es, sich von der Identifikation mit einem idealistisch überhöhten ständischen Gesellschaftsmodell zu lösen, das unter den Katholiken so großen Anklang gefunden hatte, positive Momente in den Umwälzungen des Industriezeitalters wahrzunehmen und zugleich Impulse zur punktuellen Korrektur des bestehenden Gesellschaftssystems zu entwickeln.»[17]

Das unbestritten wichtigste Dokument der Frühphase der katholischen Soziallehre ist die Enzyklika *Rerum Novarum* (1891) von Papst Leo XIII. (1810–1903), die sich ausführlich mit der «sozialen Frage» auseinandersetzt und zum Schlüsseltext des Sozialkatholizismus wurde. *Rerum* verteidigt zwar in antirevolutionärer Absicht das Eigentum als natürliches Recht, betont aber genauso, dass sein Gebrauch ethischen Normen und Pflichten unterworfen sein sollte. Gleichzeitig wird dem Staat zugebilligt, rechtmäßig «vom Vermögen der Untertanen einen übergroßen Anteil als Steuer» einziehen zu dürfen, um die Handhabung des Eigentumsrechts «mit dem allgemeinen Wohl in Einklang» zu bringen.[18] Diese modernen und geradezu progressiv anmutenden Töne sollten jedoch nicht darüber hinwegtäuschen, dass *Rerum* von einer natürlichen – und naturrechtlich stabilisierten – Ordnung der Ungleichheit ausgeht, einer Hierarchie der Über- und Unterordnung der Berufsstände. Diese soll im Sinne des mittelalterlichen Gerechtigkeitsverständnisses der Kirche als System von Rechten und Pflichten zwischen Herrschern und Beherrschten eingerichtet werden – ein System, das der «Eintracht» und dem Gemeinwohl diene. Die Antwort des Papstes auf die soziale Frage ist also nicht etwa die Abschaffung der Ungleichheit, sondern ihre *harmonische Verwaltung*. Gegen die damals in der Arbeiterschaft immer populärer werdende marxistische Idee des Klassenkampfes wurde folglich explizit Stellung bezogen:

> Ein Grundfehler in der Behandlung der sozialen Frage ist [...], daß man das gegenseitige Verhältnis zwischen der besitzenden und der unvermögenden, arbeitenden Klasse so darstellt, als ob zwischen ihnen von Natur ein unversöhnlicher Gegensatz Platz griffe, der sie zum Kampf aufrufe. Ganz das Gegenteil ist wahr. Die Natur hat vielmehr alles zur Eintracht, zu gegenseitiger Harmonie hingeordnet; und so wie im menschlichen Leibe bei aller Verschiedenheit der Glieder im wechselseitigen Verhältnis Einklang und Gleichmaß vorhanden ist, so hat auch die Natur gewollt, daß im Körper der Gesellschaft jene beiden Klassen in einträchtiger Beziehung zueinander stehen und ein gewisses Gleichgewicht darstellen. Die eine hat die andere durchaus notwendig. So wenig das Kapital ohne die Arbeit, so wenig kann die Arbeit ohne das Kapital bestehen. Eintracht ist überall die unerläßliche Vorbedingung von Schönheit und Ordnung. Zur Beseitigung des Kampfes aber und selbst zur Ausrottung seiner Ursachen besitzt das Christentum wunderbare und vielgestaltige Kräfte.[19]

Diese zentrale Passage enthält bereits das für die Christdemokratie so prägende Bekenntnis zum (Klassen-)Kompromiss. Die Behauptung, Arbeit und Kapital könnten nicht ohneeinander bestehen, ist wiederum als Affirmation einer konservativen – weil Hierarchie und Ungleichheit bewahrenden – Interpretation des Pluralismus zu verstehen. Die Kirche, so Leo XIII. weiter, sei imstande, «die Reichen und die Armen zu versöhnen und einander nahezubringen», denn «ihre Lehren und Gebote führen beide Klassen zu ihren

Pflichten gegeneinander und namentlich zur Befolgung der Vorschriften der Gerechtigkeit»:

> Von diesen Pflichten berühren folgende die arbeitenden Stände: vollständig und treu die Arbeitsleistung zu verrichten, zu welcher sie sich frei und mit gerechtem Vertrage verbunden haben; den Arbeitgebern weder an der Habe noch an der Person Schaden zuzufügen; in der Wahrung ihrer Interessen sich der Gewalttätigkeit zu enthalten und in keinem Falle Auflehnung zu stiften; nicht Verbindung zu unterhalten mit Übelgesinnten, die ihnen trügerische Hoffnungen vorspiegeln und nur bittere Enttäuschung und Ruin zurücklassen. Die Pflichten, die hinwieder die Besitzenden und Arbeitgeber angehen, sind die nachstehenden: die Arbeiter dürfen nicht wie Sklaven angesehen und behandelt werden; ihre persönliche Würde, welche geadelt ist durch ihre Würde als Christen, werde stets heilig gehalten; Arbeit und Erwerbssorgen erniedrigen sie nicht, vielmehr muß, wer vernünftig und christlich denkt, es ihnen als Ehre anrechnen, daß sie selbständig ihr Leben unter Mühe und Anstrengung erhalten; unehrenvoll dagegen und unwürdig ist es, Menschen bloß zu eigenem Gewinne auszubeuten und sie nur so hoch anzuschlagen, als ihre Arbeitskräfte reichen. Eine weitere Vorschrift schärft ein: Habet auch die gebührende Rücksicht auf das geistige Wohl und die religiösen Bedürfnisse der Besitzlosen; ihr Herren seid verpflichtet, ihnen Zeit zu lassen für ihre gottesdienstlichen Übungen; ihr dürft sie nicht der Verführung und sittlichen Gefahren bei ihrer Verwendung aussetzen; den Sinn für Häuslichkeit und Sparsamkeit dürft ihr in ihnen nicht ersticken; es ist ungerecht, sie mit mehr Arbeit zu beschweren, als ihre Kräfte tragen können, oder Leistungen von innen zu fordern, die mit ihrem Alter oder Geschlecht in Widerspruch stehen.[20]

In dieser Passage wird ein mittelalterliches Gerechtigkeitsparadigma auf den Hauptkonflikt der Moderne zwischen Arbeit und

Kapital angewendet. Die vom industriellen Kapitalismus hervorgebrachten Missstände und das Elend der Arbeiterschaft sollen durch die Einhaltung moralischer Pflichten beider Konfliktparteien überwunden werden – wohlgemerkt unter Beibehaltung der kapitalistischen Gesellschaftsstruktur. Die unterschiedlichen Klassen sollen also dadurch versöhnt werden, dass sie gegenseitig den sozialen Frieden wahren, was allein schon wegen der natürlichen Ordnung der Dinge geboten ist. Schließlich hat die Natur laut Leo XIII. «alles zur Eintracht, zu gegenseitiger Harmonie hingeordnet.»

Die Bedeutung von *Rerum* für den politischen Katholizismus und die Christdemokratie ist kaum zu überschätzen. Zwar haben Vorläufer wie Karl von Vogelsang (1818–1890), Franz Hitze (1851–1921) oder der bereits erwähnte Bischof von Ketteler (der von Leo XIII. als «son grand prédécesseur» bezeichnet wurde)[21] schon vor dem Erscheinen der Enzyklika die Grundelemente der katholischen Soziallehre entwickelt. Mit der offiziellen Stellungnahme des Papstes erhielten diese Gedanken aber besonderes Gewicht. Von *Rerum* inspiriert, setzten sich die Sozialkatholiken, von denen viele führende Rollen in politischen Parteien oder Vereinen übernahmen, nun mit noch größerem Nachdruck für die kollektive politische Repräsentation der Arbeiterschaft ein. Der Theologe August Pieper (1866–1942), seines Zeichens Abgeordneter der Zentrumspartei und Verbandsvorsitzender des Volksvereins für das katholische Deutschland, entwickelte beispielsweise ein ambitioniertes «Programm umfassender Demokratisierung von Staat und Gesellschaft, das den Gedanken der Sozialpartnerschaft in den Mittelpunkt stellte und […] auf eine Entzerrung der Klassenspannungen durch wachsenden allgemeinen Wohlstand setzte.»[22] In Italien rief der prominente katholische Soziologe Giuseppe Toniolo (1845–1918), der ein enges Verhältnis zu Leo XIII. pflegte und angeblich direkt an der Ausformulierung von *Rerum* mitgewirkt hatte, zur gewerkschaftlichen Organisation der Arbeiter und korporatistischen Neustrukturierung der Gesellschaft auf – ebenso mit dem Ziel, dem grassierenden Klassenkonflikt im Namen von sozialer Harmonie und Gemeinwohl entgegenzutreten.[23]

Der Einfluss der katholischen Soziallehre auf die christlichen Parteien nahm nach dieser Frühphase um 1900 noch weiter zu. Insbesondere in der Zwischenkriegszeit fanden innerhalb der Parteien und der dazugehörigen Vorfeldorganisationen umfangreiche Diskussionen über die Neuordnung der Gesellschaft unter christlichen Vorzeichen statt, die die Parteiprogrammatik nachhaltig prägen sollten. Im Deutschland der Weimarer Zeit wurden «drei konfligierende Richtungen virulent. Es lassen sich ausmachen die Anhänger der ‹Wiener Richtungen›, denen die Zugewandtheit zur romantischen Ideenwelt und der Rekurs auf Karl Freiherr von Vogelsang […] gemein waren, dann die katholischen Sozialisten und als dritte Gruppe die Solidaristen.»[24] Zu den politisch besonders wirkmächtigen Solidaristen zählten die Jesuiten Gustav Gundlach (1892–1963) und Oswald von Nell-Breuning (1890–1991), die maßgeblich zur 1931 anlässlich des 40. Jahrestages der Veröffentlichung von *Rerum* erschienenen Sozialenzyklika *Quadragesimo anno* beigetragen hatten. *Quadragesimo* sollte in einer Zeit großer politischer Spannungen an die Relevanz der in *Rerum* artikulierten Lehren erinnern und diese weiterentwickeln.[25] Offenbar gegen Nell-Breunings Absicht wurde die Enzyklika schließlich zur zentralen Legitimationsgrundlage für den autoritären Korporatismus eines Salazar und Dollfuß. Der österreichische «Ständestaat» wurde von Historikern sogar als «*Quadragesimo-Anno-Staat*» bezeichnet, und das mit gutem Recht.[26] Bei seiner programmatischen Rede auf dem Wiener Trabrennplatz am Katholikentag 1933 verkündete Dollfuß seine Vision eines «neuen Österreichs», die – mit ihrem verklärten Bild der Eintracht von Herrn und Knecht – weitgehend den Vorgaben der großen Sozialenzykliken entsprach:

> Ständischer Neubau ist die Aufgabe, die uns in diesen Herbstmonaten gestellt ist. Der Berufsstand ist die Ablehnung klassenmäßiger

> Zusammenfassung des Volkes. Berufsauffassung besagt die gemeinsame Arbeit, die die Menschen einigt. Wir wollen dafür in den Organen des öffentlichen Lebens die Voraussetzungen schaffen. Der Mensch will im Betriebe nicht nur eine Nummer sein, sondern will auch als Mensch gewertet und behandelt werden. Ständische Auffassung berechtigt und verpflichtet den Herrn ebenso wie den Knecht. Wir werden daher wieder zurückgreifen müssen auf ältere Formen, aber nicht nur formalistisch, sondern es muss uns zum Bewusstsein kommen, dass die Arbeit die Menschen einigt. Im Bauernhause, wo der Bauer mit seinen Knechten nach gemeinsamer Arbeit abends am gleichen Tisch, aus der gleichen Schüssel seine Suppe isst, da ist berufsständische Zusammengehörigkeit, berufsständische Auffassung. Und verschönert wird das Verhältnis noch, wenn sie beide noch nach Feierabend zum Rosenkranz sich niederknien. Dieses Zusammenhörigkeitsgefühl muss in uns wieder wach werden.[27]

Auch in der Nachkriegszeit ließ sich die christliche Parteipolitik oft von Grundgedanken der Soziallehre leiten. Führende Politiker der neugegründeten christdemokratischen Parteien in Deutschland, Frankreich, Italien und Belgien beriefen sich regelmäßig auf die Ideen, die durch die großen Sozialenzykliken in den Rang päpstlicher Dogmen erhoben wurden, und viele der Parteiprogramme aus dieser Zeit sind deutlich vom Sozialkatholizismus geprägt.[28] Das erste Programm der *Democrazia Cristiana*, deren Parteichef De Gasperi in seinen eigenen politischen Schriften die Bedeutung von *Quadragesimo* für die Christdemokratie unterstrich und zeitweilig sogar mit einer undemokratischen Version des Korporatismus flirtete,[29] forderte etwa die Einrichtung einer eigenen Kammer organisierter Berufsstände zum effektiven Ausgleich der unterschiedlichen Klasseninteressen. Als programmatisch besonders einflussreich erwies sich hier eine innerparteiliche Gruppe um Giuseppe Dossetti, einen der maßgeblichen Exponenten des italienischen Sozialkatholizismus, der von der «Notwendigkeit einer auf den Grundlagen der christlichen Solidarität basierenden Politik» überzeugt war.[30] Die belgische *Christelijke Volkspartij/ Parti Social Chrétien*, deren wallonischer Ableger den Sozialkatholizismus sogar im Namen trägt, war zeitgleich die treibende Kraft beim Aufbau des belgischen Wohlfahrtsstaates der Nachkriegszeit, dessen Organisation an neo-korporatistischen Prinzipien mit starker Arbeiterinteressensvertretung angelehnt war. Dies entsprach vor allem den Wünschen der christlichen Arbeiterbewegung, die eine bedeutende Kraft in der Partei war und sich – von der Soziallehre beeinflusst – für eine Politik des Klassenkompromisses einsetzte.[31]

Ab den 1970er Jahren nahmen die Referenzen an den Sozialkatholizismus in den Programmen der christdemokratischen Parteien wieder ab, was auch mit dem Erstarken (neo-)liberaler Wirtschaftstheorien zusammenhing, die sich gerade im konservativen Spektrum immer größerer Beliebtheit erfreuten.[32] In interkonfessionellen Parteien wie der CDU gab es sogar schon unmittelbar nach 1945 Gegenwind für die Anhänger der katholischen Soziallehre: Protestantische Liberale wie Ludwig Erhard, die entschieden gegen den Korporatismus auftraten, konnten in der Partei nämlich wirtschafts- und sozialpolitische Fragen zentral mitentscheiden. Nichtsdestotrotz blieb die Grundtendenz einer integrativen und kompromisssuchenden Politik den christdemokratischen Parteien eingeschrieben, was nicht zuletzt auch mit der unveränderten Diversität ihrer Anhängerschaft zusammenhing. Außerdem gibt es bis heute bedeutende christdemokratische Politiker, die sich ausdrücklich als Sozialkatholiken verstehen, wie etwa der kürzlich verstorbene Norbert Blüm (1935–2020) oder der ehemalige CDU-Vorsitzende und Kanzlerkandidat der Union Armin Laschet. Letzterer erklärte die «katholische Soziallehre, deren Grundstein Papst Leo XIII. heute vor 125 Jahren in seiner Sozialenzyklika ‹Rerum Novarum› gelegt hat», erst vor wenigen Jahren zur «unerschütterliche[n] Basis, auf der Christdemokraten seit über 70 Jahren erfolgreich Politik gestalten.»[33]

Folglich besteht eine direkte Verbindung zwischen der katholischen Soziallehre und den zentralen Zielen einer integrativen, pluralistischen und kompromissorientierten Politik, die von christlichen Parteien in Europa von Anbeginn verfolgt wurde. Aus der Soziallehre erwächst, wie van Kersbergen schreibt, die «Überzeugung, dass gesellschaftliche Interessenkonflikte politisch beigelegt werden können und müssen, um die natürliche und organische Harmonie der Gesellschaft wiederherzustellen.»[34] Integration und Pluralismus werden dabei in der Regel – und zwar auch im Linkskatholizismus eines Dossetti – konservativ, teilweise sogar reaktionär ausgelegt, je nachdem ob die idealisierte Vorstellung von der harmonischen mittelalterlichen Gesellschaft bloß als lose Inspiration für neue korporatistische Organisationsformen oder als Blaupause einer zu verwirklichenden ständischen Gesellschaft aufgefasst wird. Auf diese wichtigen Unterschiede werde ich gleich noch ausführlich eingehen. Zunächst gilt es noch einmal festzuhalten: Es besteht kein notwendiger Zusammenhang zwischen den Grundsätzen der katholischen Soziallehre und der parlamentarischen Demokratie, wie wir sie kennen. Selbst wenn sie wie bei Pieper oder Toniolo mit demokratischem Pathos vorgetragen werden, setzen die politischen Ambitionen der Sozialkatholiken weder in der Theorie noch in der Praxis Parlamente, Parteien und Wahlen voraus. Mal werden diese Institutionen und Organisationen der liberalen Demokratie ohne Umschweife abgelehnt, mal bleibt man gegenüber der Frage nach der «richtigen» Staatsform agnostisch. Darüber darf auch nicht hinwegtäuschen, dass sich gerade in der zweiten Hälfte des 20. Jahrhunderts so gut wie alle Sozialkatholiken zur parlamentarischen Demokratie bekannt hatten. Denn ihre Einstellungen hatten wenig mit der Soziallehre selbst zu tun.

Das Primärziel der Befriedung sozialer Konflikte, ohne gesellschaftliche Ungleichheit als solche abzulehnen, ist die Quintessenz der spezifisch kirchlichen Vorstellung, man könne gesellschaftliche Widersprüche vereinen (nicht: auflösen). Diese wurde besonders scharfsinnig von Carl Schmitt beschrieben, der selbst ein konservativer Katholik war. Schmitt bezeichnete die römisch-katholische Kirche als *complexio oppositorum* (Komplex der Gegensätze). Seine Pointe war, dass die Kirche aufgrund des universalistischen Geltungsanspruchs ihrer Lehren jeden erdenklichen Gegensatz in sich aufzunehmen anstrebt, ohne diese Gegensätze dialektisch aufzulösen – wie etwa in der marxistischen politischen Philosophie, wo der Klassenkampf zur Überwindung aller Klassengegensätze führen soll. Die Kirche sieht sich dazu imstande, weil ihre Lehren (dem eigenen Selbstverständnis zufolge) über der profanen, materiellen Welt der politischen Konflikte stehen. Nicht umsonst schreibt Leo XIII. in *Rerum*, dass nur die «Betätigung des *übernatürlichen Glaubens* und Erfüllung des *göttlichen Gebotes* der Liebe» «den bestehenden Zwiespalt samt seinen Ursachen [...] beseitigen» können.[35] Die universelle Anerkennung religiöser – also übernatürlicher – Wahrheiten ermöglicht also die Beilegung fundamentaler Konflikte. «Würde nicht aller Streit in kurzer Frist erledigt sein, wenn diese Wahrheiten in der bürgerlichen Gesellschaft zu voller Anerkennung gelangten?»[36]

Ist die Kirche demokratiefähig?

Zum einen setzen die christdemokratischen Leitziele von Integration, (Klassen-)Kompromiss, Akkommodation und Pluralismus nicht notwendigerweise einen demokratischen Staat voraus. Zum anderen können diese Ziele selbst auf radikal unterschiedliche Weise – reaktionär, modern oder «hybrid» – interpretiert werden. Um diesen Zusammenhang zu verdeutlichen, sollen zunächst die unterschiedlichen ideologischen Strömungen innerhalb des politischen Katholizismus skizziert werden, aus denen die heutige

Christdemokratie wesentlich hervorging. Sie lassen sich rückblickend als Versuch lesen, moderne Staatlichkeit und Demokratie für das Christentum «sicher zu machen» (Jan-Werner Müller), wobei dies auch bedeuten kann, jene Institutionen argumentativ auszuhebeln, die in der Demokratie stets für eine gewisse «Unsicherheit» (im Hinblick auf die Frage, wer die Macht ausüben darf) sorgen.[37] Überraschend ist dabei weniger, dass es im politischen Katholizismus viele undemokratische Tendenzen, sondern vielmehr, dass es *auch* demokratische Bewegungen gab. Bis ins 20. Jahrhundert hinein war die katholische Kirche selbst weitgehend antimodern und demokratiefeindlich eingestellt, und das beeinflusste auch die Laien und ihre Parteien. Noch in den 1940er Jahren urteilte der amerikanische Philosoph Sidney Hook deshalb: «Der Katholizismus ist die älteste und größte totalitäre Bewegung der Geschichte.»[38]

Dem könnte man entgegenhalten, die Kirche habe immer auch schon über demokratische Elemente verfügt, was sich allein aus Carl Schmitts Beschreibung der katholischen *complexio* herleiten ließe: Wenn die Kirche jeden Gegensatz in sich zu erfassen sucht, dann muss auch der Gegensatz zwischen Demokratie und anderen, nichtdemokratischen Herrschaftsformen dazu zählen. Schmitt zufolge rühmt sich die Kirche, «alle Staats- und Regierungsformen in sich zu vereinigen, eine autokratische Monarchie zu sein, deren Haupt von der Aristokratie der Kardinäle gewählt wird, und in der doch soviel Demokratie ist, daß ohne Rücksicht auf Stand und Herkunft der letzte Abruzzenhirt […] die Möglichkeit hat, dieser autokratische Souverän zu werden.»[39] Ob das zutrifft, sei dahingestellt. Ganz von der Hand zu weisen ist das Argument einer gewissen demokratischen Durchlässigkeit aber nicht, genauso wie man anerkennen muss, dass die Arbeiten einiger Schlüsselfiguren der mittelalterlichen Theologie demokratisch gelesen werden können. Im politischen Denken von Thomas von Aquin finden sich etwa sowohl hierarchische als auch demokratische Elemente (letztere wurden im 20. Jahrhundert wiederentdeckt).[40] Nichtsdestotrotz war der Klerus in der Mehrzahl immer hierarchisch und dezidiert antidemokratisch gesinnt, sowohl was die Organisation der Kirche als auch die des Staates und der Gesellschaft anging. Dies wirkte sich auch auf den politischen Katholizismus aus.

Politischer Katholizismus nach der Revolution

Beginnen wir zunächst mit der Vorgeschichte des modernen politischen Katholizismus, die auch die Vorgeschichte der Christdemokratie ist. Ganz allgemein gilt: «Der politische Katholizismus ist eine Erscheinung der sich modernisierenden Welt, deren kirchliche Strukturen noch weitgehend von der mittelalterlichen Ordnung geprägt waren.»[41] Er entwickelte sich im Spannungsfeld zwischen antimodernen Päpsten, die jeglichen politischen Emanzipationsbestrebungen feindselig gegenüberstanden, und den oftmals pragmatischen Versuchen einzelner Individuen und Gruppen, die Interessen der Katholiken mit modernen Mitteln wie der parteipolitischen oder gewerkschaftlichen Organisation gegen das liberale Bürgertum und den Sozialismus zu verteidigen. Letztere hatten sich zum Ziel gesetzt, die traditionell-ständische Ordnung umzustürzen, in die die katholische Kirche im *Ancien Régime* integriert war, und sie durch eine freiheitliche Ordnung zu ersetzen. Dieser Vorstoß wurde von vielen Katholiken zunächst als große Bedrohung empfunden, da er einen empfindlichen Machtverlust für die Kirche mit sich bringen würde.

In der vorrevolutionären Zeit bildeten Adel und Klerus gemeinsam eine ausdifferenzierte Hierarchie von Herrschaftsträgern, denen Bürger und Bauern untergeordnet waren. Darüber hinaus sicherten Konkordate mit den absolutistischen Herrschern der katholischen Staaten Mittel- und Südeuropas der Kirche finanzielle Unterstützung und zahlreiche besondere Vorrechte, etwa gegenüber anderen Konfessionen. Die Päpste waren durchweg gewillt, die Herrschaftsansprüche der Monarchen zu akzeptieren, und konnten im Gegenzug von Rom aus Einfluss auf den Klerus und damit auch auf die Gläubigen ausüben. Es kam immer wieder zu Machtkämpfen zwischen den Monarchen und der Kirche; allerdings wurden die geistliche Autorität des Papstes oder der Anspruch der katholischen Kirche, den einzig wahren Glauben zu repräsentieren, so gut wie nie ernsthaft in Frage gestellt. Die diplomatische Koordination zwischen den absolutistischen Staaten und den klerikalen Kräften funktionierte ausgezeichnet. Deswegen war im Ancien Régime für einen «politischen Katholizismus, der kirchliche und religiöse Interessen eigenständig oder auch nur in mehr oder weniger enger Anlehnung an die kirchliche Hierarchie verfolgt hätte, [...] weder politisch noch gesellschaftlich Raum vorhanden, und noch fehlten ihm die Trägerschichten.»[42] Die Kräfte der Moderne, die die Macht der Kirche herausfordern und schließlich den politischen Katholizismus hervorbringen würden, waren noch lange nicht entfesselt.

Durch die Französische Revolution erfolgte ein Bruch mit der Vergangenheit, der das Verhältnis von Kirche und Staat nachhaltig prägen sollte. In den Jahren nach 1789 wurden zahlreiche kirchliche Interessen im Namen von Modernisierung und Demokratie verletzt. Die Konstituante lehnte den Antrag auf eine ausdrückliche Bestätigung des Katholizismus als Staatsreligion ab und erließ eine auf die eigenen Machtansprüche zugeschnittene Zivilkonstitution, ohne davor mit der päpstlichen Kurie über die durch das Konkordat von 1560 rechtlich geregelte Stellung der französischen Kirche zu verhandeln. Kaum überraschend kam es zu einem sich zunehmend verschärfenden Konflikt zwischen dem französischen Staat und der Kirche, in den schließlich auch der Papst eingriff. Pius VI. (1717–1799) verurteilte 1791 die Zivilkonstitution und die Erklärung der Menschen- und Bürgerrechte. Verbittert betonte er, dass die Ideen, die in diesen stark vom Denken der Aufklärung beeinflussten Dokumenten festgehalten waren, mit der katholischen Lehre unvereinbar seien. Das galt vor allem in Hinblick auf den Ursprung der Staatsgewalt, die Religionsfreiheit und gesellschaftliche Ungleichheit. Seine Vorbehalte sollten im gesamten 19. Jahrhundert ihren Nachhall finden.

Die Bedeutung der Französischen Revolution für den politischen Katholizismus ist kaum zu überschätzen. Sie brachte nicht nur die Neukonstituierung des Staates unter modernen und säkularen Vorzeichen mit sich; gleichsam kam es in ihrer Folge zu antiklerikalen Exzessen, wie etwa zur Verfolgung (und späteren Verbannung) der Priester in den Jahren 1793/94. Die radikalen Impulse, die von der Revolution ausgingen, machten auch an der französischen Grenze nicht halt. Im Februar 1798 marschierte Napoleons General Louis-Alexandre Berthier in Rom ein und rief die Römische Republik aus, eine Art Tochterrepublik Frankreichs. Im Zuge dessen wurde der Revolutionsgegner Pius VI. aus Rom vertrieben und nach Frankreich verschleppt, wo er 1799, noch vor dem Ende der kurzlebigen Römischen Republik, starb. Zeitgleich kam es im Heiligen Römischen Reich zur umfangreichen Säkularisation in den rechtsrheinischen Gebieten. Durch den Reichsdeputationshauptschuss von 1803 verlor die katholische Kirche Grundbesitz, Gebäude und Kunstwerte, und zahlreiche Katholiken gerieten unter die Herrschaft evangelischer Landsherren, die wenig Verständnis für ihre Bedürfnisse und Lebensformen aufbrachten.

Die in Gang gesetzten Modernisierungsprozesse, zu denen auch die Entstehung des Industriekapitalismus zählte, stellten Klerus und katholische Laien also vor große Herausforderungen. In einer glänzenden Formulierung beschreibt der Historiker Wilfried Loth die Situation folgendermaßen: «Als Erben einer traditionalen Kultur, die mit vorindustriellen Gesellschafts- und Wirtschaftsverhältnissen vielfältig verflochten war, konnten die Katholiken auf die Herausbildung der modernen Industriegesellschaft grundsätzlich in zweifacher Weise reagieren: mit einer Abwehr, die die Restauration der überwundenen Verhältnisse im Sinn hatte, aber tatsächlich zu einer sektenhaften Ghettoisierung zu führen drohte, oder mit einer Adaption der Moderne, die freilich mit einer Transformation des Katholizismus selbst bezahlt werden musste.»[43] Im frühen 19. Jahrhundert kam für die meisten Katholiken in West- und Mitteleuropa nur der erste Weg – die Abwehrhaltung gegen die Moderne – in Frage. In ihren Augen nahm «die Modernisierung der politisch-gesellschaftlichen und wirtschaftlichen Verhältnisse unter den Leitbildern von Freiheit, Gleichheit und leistungssteigender Konkurrenz […] den Anschein einer Gefahr für den Glauben an, die man ohne Kompromiß und Toleranz bekämpfen zu müssen meinte.»[44] Dementsprechend entstand nach 1815 in den mehrheitlich katholisch geprägten Teilstaaten des neu gegründeten Deutschen Bundes eine große katholische Erneuerungsbewegung, die unter anderem von der Romantik inspiriert war. Teil dieser Bewegung war übrigens auch der 1808 zum Katholizismus konvertierte Friedrich Schlegel (1772–1829), der von Papst Pius VII. sogar zum Ritter des päpstlichen Christusordens ernannt wurde.

Bekanntlich kam es in Frankreich nach Ende der napoleonischen Herrschaft zur Restauration des bourbonischen Königtums und damit auch zur Wiederherstellung der Einheit von Staat und Kirche, die durch die Revolution verloren gegangen war. In der Verfassung von 1814 wurde der Katholizismus wieder zur herrschenden Religion erhoben, und der Staat unterstützte den Wiederaufbau der kirchlichen Organisation. Vor allem gegen Ende der legitimistischen Monarchie, also in den späten 1820er Jahren, gab es aber auch erstmals prominente Versuche, den Katholizismus jenseits von Antimodernismus und modernistischer Selbstaufgabe neu zu definieren. Hauptprotagonist dieser Bewegung war der streng katholische Philosoph und Politiker Hugues Félicité Robert de Lamennais (1782–1854), der sich intensiv mit dem Denken der Aufklärung beschäftigt hatte und sowohl die Revolution als auch die Restauration als gescheiterte politische Projekte bewertete. Um das Bedürfnis der Völker nach einer neuen freiheitlichen Gesellschaftsordnung zu befriedigen, so die Haltung Lamennais' kurz vor dem Sturz des Bourbonenkönigs Karl X., müsse sich der Katholizismus statt mit der Monarchie mit der neuen Bewegung des Liberalismus verbünden. Er witterte, dass im 19. Jahrhundert ein neues Zeitalter heraufziehen würde.

Die Antwort des Papstes ließ nicht lange auf sich warten. 1832 – zwei Jahre nachdem die Julirevolution der Bourbonen-Monarchie ein Ende gesetzt hatte – veröffentlichte Gregor XVI. die Enzyklika *Mirari vos* («ihr wundert euch») als direkte Absage an Lamennais und die bürgerliche Emanzipationsbewegung. Gnadenlos werden darin alle dem Liberalismus zugeschriebenen Freiheiten und die Trennung von Staat und Kirche verurteilt. Ein kleiner Ausschnitt: Der Papst spricht hier vom «seuchenartigen Irrtum» der Gewissensfreiheit, verdammt die «nie genug zu verurteilende und zu verabscheuende Freiheit der Presse» genauso wie die «sich unverschämt gebärdende Wissenschaft» – und all jene, die «leidenschaftlich in verworfener, zügelloser Gier nach ungehemmter Freiheit darauf ausgehen, alle Rechte der Obrigkeiten ins Wanken zu bringen», werden gewarnt: «Die Erfahrung bezeugt es und seit uralter Zeit weiß man es: Staatswesen, die in Reichtum, Macht und Ruhm blühten, fielen durch dieses eine Übel erbärmlich zusammen, nämlich durch zügellose Meinungsfreiheit, Redefreiheit, Neuerungssucht.»[45] Mit *Mirari* wandte sich der reaktionäre Gregor XVI. freilich nicht nur gegen Lamennais' Vorschlag einer Fusion von Katholizismus und Liberalismus, sondern auch gegen die dünne Schicht des Bürgertums, die sich 1831 im Kirchenstaat erhoben hatte. Forderungen nach größerer politischer Selbstbestimmung und nationaler Neuordnung galt es in seinen Augen mit aller Energie zu bekämpfen.[46]

Von 1848 zum *Syllabus errorum* und *Non expedit*

Bis Mitte des 19. Jahrhunderts war der Grundtenor im Katholizismus also entschieden antimodern und reaktionär. Einzelne katholische Intellektuelle wie Lamennais bemühten sich zwar immer wieder um eine stärkere Kompromissbereitschaft der Kirche gegenüber liberal-bürgerlichen Kräften; sonderlich erfolgreich waren diese Initiativen aufgrund des Widerstands aus Rom aber nicht. Die Kirche war infolge der Französischen Revolution vor allem darauf bedacht, zur Abwehr der bürgerlichen Modernisierer «die Verbindung der Monarchie mit dem ständisch-feudalistischen Denken zu bewahren.»[47] Ein politischer Katholizismus im Sinne katholischer Parteien oder Massenbewegungen konnte zu diesem Zeitpunkt aber schon alleine deswegen nicht entstehen, weil in den meisten europäischen Staaten weder rudimentäre demokratische Institutionen noch gesicherte staatsbürgerliche Freiheitsrechte existierten. Dies änderte sich im Revolutionsjahr 1848. Nun standen auch den Katholiken mehr Möglichkeiten zur Verfügung, sich zu organisieren. Für den deutschen Katholizismus erwies sich die neu errungene Vereinsfreiheit als besonders bedeutsam. Sie trug wesentlich zur Formierung eines katholischen Milieus bei, das später den Nährboden für die 1870 gegründete Zentrumspartei bilden sollte. Die oben erwähnte Bewegung des «bürgerlichen Aufbruchs» der deutschen Katholiken, deren Vertreter wichtige Beiträge zur Entwicklung des Sozialkatholizismus leisteten, geht in Ansätzen ebenfalls auf die Zeit um 1848 zurück.[48]

In Italien führten die Ereignisse von 1848 letztlich zu einer Verhärtung der Frontstellung der Kirche gegen die Moderne. Als sich Pius IX. im Frühjahr 1848 weigerte, im Konflikt zwischen Sardinien-Piemont und Österreich päpstliche Truppen gegen Österreich marschieren zu lassen, wurde er immer stärker von der bürgerlich-liberalen Nationalbewegung angefeindet. Nachdem 1849 von den Anhängern Giuseppe Mazzinis die *Repubblica Romana* ausgerufen wurde, flüchtete er schließlich nach Gaeta und bat die europäischen Mächte um eine militärische Intervention zur Wiederherstellung des Kirchenstaates. Knapp zwei Monate später folgten Frankreich und Spanien Pius' Aufruf und besiegelten das Ende der Römischen Republik. Nach seiner Rückkehr nach Rom verfolgte der Papst eine stramm antiliberale und antimoderne Linie. Höhepunkt war die direkt an das Denken von Gregor XVI. anknüpfende Enyzklika *Quanta cura* von 1864, der ein förmlicher *Syllabus errorum* beigelegt wurde. Dieser bezeichnet praktisch alle modernen, aufklärerischen Ideen – Volkssouveränität, die Trennung von Kirche und Staat, Glaubensfreiheit, Pressefreiheit, Rationalismus – als Irrtümer. In einem fast trotzigen Ton schließt der *Syllabus* mit Irrtum Nummer 80: «Der Römische Papst kann und soll sich mit dem Fortschritt, mit dem Liberalismus und mit der neuen Menschheitsbildung versöhnen und befreunden.»[49] 1874 ging Pius IX. noch weiter und verbot mit der Bulle *Non expedit* (auf Deutsch etwa: «es ist nicht angebracht») den italienischen Katholiken die Teilnahme an demokratischen Wahlen.

Eine katholische Partei?

Pius IX., der zu Beginn seines Pontifikats noch Sympathien für die Ambitionen des liberalen Bürgertums bekundet hatte, war also zum harten Reaktionär geworden.[50] Dies sollte erhebliche Konsequenzen für die weitere Entwicklung des politischen Katholizismus in der zweiten Hälfte des 19. Jahrhundert haben. In Baden und Hessen formierten sich noch in den späten 1860er Jahren erste politische Gruppierungen unter dem Namen «katholische Volkspartei», und bis 1866 gab es eine katholische Fraktion im preußischen Abgeordnetenhaus. Diese ersten Gehversuche des organisierten politischen Katholizismus waren nicht zuletzt deshalb möglich, weil das deutsche Episkopat die Absage des Papstes an die Moderne zurückhaltend auslegte. 1870, kurz vor der Gründung des Kaiserreiches, bildete sich im preußischen Abgeordnetenhaus die auf die Wahrung der Rechte der Kirche fokussierte «Fraktion des Zentrums» unter der Führung des erzkonservativen Diplomaten Karl Friedrich von Savigny. Bei den Reichstagswahlen im März 1871 trat die Zentrumspartei als erste breite katholische Bewegung – und möglicherweise erste «echte» christdemokratische Partei – im politischen Raum in Erscheinung.

Mit 18,6 Prozent der Stimmen wurde das Zentrum auf Anhieb zur zweitgrößten Fraktion hinter den Nationalliberalen. Der neuen Partei war «vielerorts gelungen, die Unterschichten für sich zu mobilisieren, sowohl die ‹rückständigen› als auch die Industriearbeiter.»[51] Unterstützung kam aus unterschiedlichsten katholischen Kreisen, allen voran aus dem Prekariat. Die Nationalliberalen fühlten sich dadurch genauso in ihrer Machtstellung bedroht wie der protestantische Reichskanzler Bismarck. In der neuen katholischen Partei erblickten sie eine staatsfeindliche Kraft, die mit ihrem Programm der scheinbar unbedingten Bindung an den Papst in Rom die Einheit der Nation gefährdete. Dazu kam die Sorge, der organisierte Katholizismus könnte die katholischen Minderheiten des neuen Nationalstaates – vor allem die Elsässer und die Polen – gegen Berlin aufhetzen. «Ich habe», so Bismarck 1872 im preußischen Abgeordnetenhaus, «die Bildung dieser Fraktion nicht anders betrachten können, als im Lichte einer Mobilmachung der Partei gegen den Staat.»[52] Diese Ängste gaben in den 1870er und 1880er Jahren den Anstoß für den preußisch-deutschen «Kulturkampf» zwischen Katholiken und liberalen, protestantischen und säkularen Kräften. Bismarck und seine Verbündeten unternahmen in diesen Jahren den Versuch, das politische Projekt der Zentrumspartei und den deutschen Katholizismus im Allgemeinen mit restriktiven Gesetzen und Erlässen zu torpedieren, etwa indem kirchliche Orden (mit Ausnahme von Krankenpflegeorden) verboten wurden. Ziel war die Desorganisation des Kirchenwesens.

Dass der deutsche Katholizismus am Ende *gestärkt* aus dem Kulturkampf hervorging, darüber besteht ein breiter Konsens. Die Kohäsion der katholischen Milieus mit ihren zahlreichen Vereinen – der berühmteste war wohl der Volksverein für das katholische Deutschland – wuchs beträchtlich, und das Zentrum konnte sich als dauerhafter Machtfaktor etablieren. Bismarck zahlte einen hohen Preis für seine Versuche, die Katholiken zu unterdrücken. Für den Reichskanzler kam erschwerend hinzu, dass sein katholischer Gegenspieler Ludwig Windthorst kein «ultramontaner», also konsequent papsttreuer Eiferer war, sondern ein bürgerlicher Konstitutionalist. Er war zwar antipreußisch gesinnt, aber konnte mit dem liberalen Verfassungsstaat gut leben – was hinsichtlich des radikalen Antimodernismus von Pius IX. bei den Katholiken jener Zeit keine Selbstverständlichkeit war, zumal das Erste Vatikanische Konzil (1869–1870) mit der Verkündung der Unfehlbarkeit des Papstes dem Heiligen Stuhl die «volle Kontrolle über den Gebrauch der bürgerlichen Freiheiten durch die Katholiken sicherte.»[53] Windthorst repräsentierte in der Tat einen relativ modernen Katholizismus, der auf der Unabhängigkeit der Partei von der kirchlichen Hierarchie bestand. Mit dieser Position stand er im Zentrum bei weitem nicht alleine: «Kein Zentrumsabgeordneter [...] wollte sich von einem Bischof oder Papst vorschreiben lassen, wie er im Reichstag abzustimmen hatte.»[54] Die Distanzierung von Rom sollte im 20. Jahrhundert auch in anderen Ländern zu einem wichtigen Markenzeichen christdemokratischer Parteien werden.

Nach dem Tod von Pius IX. im Jahr 1878 wurden allmählich auch andere Signale aus Rom gesendet. Der neugewählte Pontifex Leo XIII. versicherte Kaiser Wilhelm I. umgehend in einem persönlichen Schreiben, dass die Katholiken dem Staat Gehorsam leisten würden, wenn man ihnen nur erlaube, gleichzeitig auch den Geboten ihres Glaubens zu folgen. Dieser primär pragmatischen Akzeptanz säkular-staatlicher Autoritätsansprüche verlieh Leo XIII. auch in der Enzyklika *Immortale Dei* (1885) Ausdruck. In einer zumindest partiellen Abkehr von den Ideen des Vorgängerpapstes heißt es darin beispielsweise: «Auch das ist an sich durchaus nicht zu tadeln, dass das Volk mehr oder weniger Anteil empfängt am öffentlichen Leben; ja, zu gewissen Zeiten und in Folge gewisser gesetzlicher Bestimmungen kann solches nicht nur dem Staate zum Vorteile gereichen, sondern selbst für die Bürger eine Pflicht werden.»[55] (Das *Non expedit* wurde jedoch nicht aufgehoben.) In der späteren Enzyklika *Rerum Novarum* billigte Leo XIII. – wie weiter oben bereits ausgeführt – dem modernen Staat das Recht zu, Steuern zu erheben, solange die Einnahmen im Sinne des Gemeinwohls verteilt würden, was aus traditionalistischer Sicht immerhin eine Verletzung des Naturrechts auf Eigentum durch eine moderne, säkulare Instanz bedeutete. Der neue Papst war sicherlich kein Freund der Moderne, er zeigte sich aber bereit, die Positionen des Vatikans an die neue politische Lage in Europa anzupassen.[56]

Zur erfolgreichen Bildung katholischer Parteien kam es im ausgehenden 19. Jahrhundert freilich noch nicht überall. In der Dritten Französischen Republik (ab 1870) gab es einige erfolglose Versuche, katholische Interessen parteipolitisch zu bündeln. Hier sind zunächst die Initiativen von Jacques Piou (1838–1932) und Albert de Mun (1841–1914) zu erwähnen, die in den 1890er Jahren mit gemischten Reaktionen seitens der Katholiken quittiert wurden und erst mit der Gründung der *Action libérale populaire* im Jahre 1901 Fahrt aufnahmen. De Mun war ursprünglich ein erzkonservativer, antisemitischer Legitimist und flirtete mit einer reaktionären Auslegung des katholischen Korporatismus, wie von seinem Bekannten François-Réne de La Tour du Pin vertreten, der wiederum vom österreichischen Mittelalterromantiker Karl von Vogelsang inspiriert war. In den 1890er Jahren näherte er sich, inspiriert von *Re-*

rum Novarum, einer «progressiveren» Position an und schien gewillter, den modernen Staat zu akzeptieren. Nebenbei entstanden in Frankreich zahlreiche regionale Parteibildungsinitiativen, die ebenfalls strikt konservativ und antisemitisch ausgerichtet waren. Diese konnten bestenfalls sporadische Erfolge feiern. Und auch Marc Sangniers (1873–1950) sozialkatholische Bewegung *Le Sillon* («die Furche»), die 1894 gegründet wurde und sich für die Versöhnung und Integration der Arbeiterbewegung mit dem Christentum stark machte, entwickelte sich nie zur politischen Partei weiter. Der *Sillon* wurde später übrigens wegen seiner modernen und prorepublikanischen Ausrichtung vom Vatikan angefeindet.

Der Historiker John Boyer führt als mögliche Erklärung für das Scheitern katholischer Parteibildungsversuche in der Dritten Französischen Republik an, dass das republikanische Regime bei seinem Versuch der Löschung aller religiöser Spuren aus dem öffentlichen Leben deutlich erfolgreicher war als Bismarck mit seinen Kulturkampfgesetzen.[57] Anders als im preußisch-deutschen Kulturkampf waren die französischen Katholiken nicht mit einem konfessionellen Gegner konfrontiert, sondern mit einem Staat, dessen Selbstverständnis zutiefst antiklerikal war – und der mit diesem Selbstverständnis die öffentlichen Institutionen und die öffentliche Meinung zu beeinflussen wusste. Durch die 1880–1881 erlassenen laizistischen «Jules Ferry-Gesetze» wurde die Kirche aus dem Schulwesen ausgeschlossen, christliche Symbole an öffentlichen Gebäuden entfernt, und auch sonst wurde von staatlicher Seite alles getan, um die mehrheitlich monarchistisch gesinnten Katholiken in die Defensive zu drängen. Jegliche Versuche des Episkopats, sich besser zu organisieren, um so möglicherweise den Boden für eine größere katholische Bewegung zu bereiten, wurden zudem durch restriktive Versammlungsgesetze unterbunden. Kurz gesagt: Die Bedingungen für die Formierung einer katholischen Partei waren denkbar ungünstig.

Auch in Italien kam es vor 1900 nicht mehr zur Gründung einer katholischen Partei. Den Großteil des 19. Jahrhunderts versuchte der Vatikan, die italienische Nationalbewegung (*Risorgimento*) mit ihren Einheitsbestrebungen zu bekämpfen und die Integrität des Kirchenstaates zu bewahren. Dass die Nationalbewegung 1870 im Zuge des deutsch-französischen Krieges schließlich auch Rom besetzte, wurde von den intransigenten, vatikantreuen Katholiken als Sakrileg gesehen. Sie formierten sich zur sogenannten «Kongressbewegung», deren Name auf den ersten katholischen Kongress in Venedig (1884) zurückgeht. Das erklärte Ziel der Kongressbewegung war, mittels neuer kirchlicher und katholischer Initiativen die gesamte Gesellschaft zu durchdringen und damit die Kirche sozusagen «bottom-up» gegen den neuen Nationalstaat zu verteidigen. Eine Partei wurde aber allein schon deshalb nicht gegründet, weil die unversöhnlichen Katholiken den neuen Staat und die (damals in Hinblick auf das Wahlrecht freilich noch sehr eingeschränkte) Demokratie ablehnten – und das päpstliche *Non expedit* war ja auch noch in Kraft. Außerdem kam es ähnlich wie in Frankreich und Deutschland zu Repressionen, gegen die sich die Kongressbewegung als wenig widerstandsfähig erwies.

Inspiriert von *Rerum Novarum*, entstand in den 1890er Jahren schließlich die gemäßigte, arbeiterfreundliche «Christlich-demokratische» Bewegung mit ihrer Führungsfigur Priester Romuald Murri. «War die Kongressbewegung ganz darauf ausgerichtet, mit Unterstützung von Papst und Kirche die überkommene Gesellschaft entgegen negativen Entwicklungen, für die man die Französische Revolution und den Liberalismus verantwortlich machte, zu erhalten bzw. wiederherzustellen, so wurde von christlich-demokratischer Seite die Mitverantwortung der Katholiken für die Suche nach zeitgemäßen Lösungen der neuentstandenen gesellschaftlichen Probleme gefordert.»[58] Hier engagierte sich auch der junge Luigi Sturzo (1871–1959), der sizilianische Priester und «Klerikalsozialist», der nach dem Ersten Weltkrieg den *Partito Popolare* gründen sollte – Italiens erste christdemokratische Partei. Die politische Ausrichtung der Christlichen Demokraten war aber nicht nur der konservativen Kongressbewegung ein Dorn im Auge, auch die Kurie wandte sich gegen die neue Bewegung, obwohl diese alles andere als vatikankritisch eingestellt war und sich direkt an den Lehren von Leo XIII. orientierte. Es sollte nicht das letzte Mal sein, dass der Vatikan progressiveren katholischen Bewegungen enge Grenzen zu setzen versuchte. Am Ende setzten sich jedenfalls die Konservativen durch, «denen eine Partei von Katholiken unter christlich-demokratischen Vorzeichen alles andere als willkommen gewesen wäre.»[59]

Die Gründung einer funktionstüchtigen katholischen Partei glückte im 19. Jahrhundert ansonsten nur noch in zwei weiteren Ländern. In Österreich-Ungarn gelang es durch das Geschick einzelner Politiker, der wichtigste unter ihnen war der ursprünglich aus dem liberalkatholischen Milieu stammende Anwalt Karl Lueger. Dieser gründete 1890 in Wien die Christlichsoziale Partei (CS).[60] Diese war ein «unstetes Amalgam aus religiös motiviertem Protest und sozioökonomischer Unzufriedenheit.»[61] Das sehr restriktive Wahlrecht Österreich-Ungarns kam ihr jedoch entgegen: Da zahlreiche größere Bevölkerungsgruppen, allen voran die gesamte Arbeiterklasse, von Wahlen ausgeschlossen waren, konnte die konservativ-katholische Gruppierung sich ganz auf die heterogenen bürgerlichen und kleinbürgerlichen Schichten konzentrieren, die für ihre laute, antisemitische Protestrhetorik empfänglich waren. Hannah Arendt schrieb über die CS: «Friedrich Engels bemerkte einmal, dass die Hauptprotagonisten der antisemitischen Bewegungen seiner Zeit Adelige waren, und ihr Chor der heulende Pöbel des Kleinbürgertums. Das gilt auch […] für den österreichischen Christlichen Sozialismus.»[62] Luegers CS war von 1895 bis 1905 die dominante politische Kraft in Wien und Niederösterreich, und nach 1905 fusionierte sie mit katholischen Bauernorganisationen in den westlichen Kronländern. Über ein kohärentes Programm verfügte sie einstweilen nicht, vielmehr glich die Partei einer Sammlungsbewegung und bot liberalen Katholiken, aber auch Monarchisten und reaktionären Mittelalterromantikern eine politische Heimat.

Die belgische *Parti catholique/Katholieke Partij* war die dritte katholische Partei von nennenswerter Größe und Relevanz, die vor 1900 gegründet wurde. Wie bei der CS werden in unterschiedlichen Quellen unterschiedliche Gründungsjahre angeführt. Gewählt werden konnte sie erstmals 1884. Sensationell gewann sie auf Anhieb 60 Prozent der Stimmen und blieb bis 1914 durchgehend an der Macht. Im Gegensatz zu Italien, Frankreich und Deutschland erlebte Belgien im 19. Jahrhundert nahezu keine interkonfessionellen Spannungen, und auch der Konflikt zwischen Staat und Kirche war verhältnismäßig gedämpft.[63] Durch den *guerre scolaire* von 1879 – eine hitzige Auseinandersetzung zwischen den Liberalen und der Kirche über die Säkularisierung belgischer Schulen – wurden konservativ-katholische Gruppen jedoch aufgestachelt. Dies spielte der *Parti catholique/Katholieke Partij* in die Hände. Ideologisch konnte sie die beiden Hauptströmungen des belgischen politischen Katholizismus, einen reaktionären Ultramontanismus und eine liberalere, an die Ideen von Lamennais angelehnte Richtung, unter einem Dach vereinen. Da die Partei dank ihrer ausgezeichneten Wahlergebnisse der Kirche zahlreiche Vorrechte sichern konnte und sie bei der Errichtung eines großen Netzwerks an konfessionellen Schulen und Vereinen unterstützte, hielten sich die reaktionären Kräfte mit Kritik an diesem Kurs weitgehend zurück.[64] Trotz ihrer antidemokratischen Überzeugungen akzeptierten sie den liberalen Staat, weil er in Gestalt der herrschenden katholischen Partei ihre Interessen auf Dauer zu sichern versprach.

Zwischen Autoritarismus und Demokratie (1900–1945)

Aus heutiger Sicht wirken die meisten historischen Vorläufer der Christdemokratie antiquiert und kurios. Mit ihren monarchistischen Tendenzen und der oft unqualifizierten Ablehnung der Moderne scheinen sie in der Tat wenig mit den heutigen christdemokratischen Parteien zu tun zu haben. Freilich gab es auch moderne, prodemokratische Kräfte: Die Bewegung des bürgerlichen Aufbruchs im deutschen Katholizismus, für die Ludwig Windthorst paradigmatisch steht, akzeptierte die Demokratie nicht nur aus rein pragmatischen Gründen als einen *fact of life*, mit dem man nun eben irgendwie umgehen müsse, sondern wollte Katholizismus und Demokratie proaktiv zusammenführen (der CDU-Politiker Hans-Gert Pöttering bezeichnete Windthorst deshalb als «Begründer der Christlichen Demokratie in Deutschland»[65]). Ein ähnliches Vorhaben verfolgten wohl auch einige Vertreter der «Christlich-demokratischen» Bewegung in Italien. Ansonsten war der politische Katholizismus vor 1900 allerdings in erster Linie antimodern und demensprechend antidemokratisch eingestellt und folgte damit der Ausrichtung des Vatikans.

Wie schon an mehreren Stellen angedeutet, war es vor allem die 1891 erschienene Sozialenzyklika *Rerum Novarum*, die im politischen Katholizismus neue Akzente setzte. Mit der offiziellen Stellungnahme des Papstes zur «Arbeiterfrage» avancierte die zuvor primär von Laien entwickelte Soziallehre gewissermaßen zur programmatischen Grundlage für katholische Bewegungen und Parteien. *Rerum* war folglich ein Meilenstein des politischen Katholizismus, der all jene Katholiken inspirierte, die nach einer dezidiert christlichen Alternative zu Sozialismus und Liberalismus suchten. Die Sozialenzyklika hatte so gut wie allen Katholiken etwas anzubieten: Sie konnte antimodern und modern interpretiert werden, als qualifizierte Toleranz moderner Staatlichkeit *oder* Affirmation der produktiven Zusammenarbeit von Staat und Kirche zum Wohle aller. Man konnte die Schrift arbeitgeber- und arbeitnehmerfreundlich auslegen, als Manifest der Nächstenliebe und als kompromisslose naturrechtliche Rechtfertigung gesellschaftlicher Ungleichheit. Dieses große Spektrum möglicher Interpretationen eröffnete ein weites Feld konkreter politischer Optionen, die bereits kurz nach der Veröffentlichung von *Rerum* in katholischen Kreisen quer durch Europa intensiv diskutiert wurden.

Die verschiedenen nationalen Debatten trugen maßgeblich dazu bei, dass sich in der ersten Hälfte des 20. Jahrhunderts auch unterschiedliche Strömungen des politischen Katholizismus herausbildeten. Deren Ziele und parteipolitische Manifestation sollen im Folgenden diskutiert werden, um die Nachkriegschristdemokratie anschließend historisch einordnen zu können.[66] Denn sie war im Wesentlichen das Produkt des Scheiterns einiger früherer Tendenzen im politischen Katholizismus sowie der pragmatischen Zusammenarbeit unterschiedlicher Kräfte innerhalb des katholischen Lagers, die sich vor 1945 mit großer Skepsis oder sogar Verachtung gegenüberstanden. Oft handelten die internen Dispute von der Rolle des Staates und dem Wert der Demokratie, der bei weitem nicht von allen erkannt wurde. Der reaktionäre politische Katholizismus des 19. Jahrhunderts warf seinen Schatten weit ins 20. Jahrhundert hinein.

Es darf als ausgesprochen gewiefter strategischer Schachzug gelten, dass Papst Leo XIII. in der Enzyklika Rerum Novarum eine katholische politische Theorie *für die Moderne* entwarf, deren Inhalte ausschließlich aus *vormodernen Quellen* abgeleitet wurden. Sein philosophisch-theologisches Großprojekt, für das *Rerum* und die frühere Enzyklika *Aeterni Patris* (1879) exemplarisch sind, war eine Wiederbelebung der Lehren des mittelalterlichen Scholastikers Thomas von Aquin (1225–1275). Dadurch wollte er verhindern, dass der Katholizismus des ausgehenden 19. Jahrhunderts mit der säkularen Philosophie der Aufklärung infiltriert wird.[67] *Re-*

rum, deren Argumentation insbesondere auf den 2. Teil von Thomas von Aquins Hauptwerk *Summa Theologiae* zurückgreift, wurde damit auch zum Schlüsseltext eines neuen Thomismus, der für den politischen Katholizismus bis 1945 von großer Bedeutung sein würde. Wie noch zu zeigen sein wird, war diese neue katholische Philosophie nicht zuletzt für den grundrechtszentrierten Verfassungsstaat prägend, der als eine der zentralen Errungenschaften der Nachkriegschristdemokratie gilt.

Mit der Gründung einer Vielzahl katholischer Parteien nach 1900 nahmen die verschiedenen Interpretationen der neuen katholischen politischen Theorie organisatorisch-institutionelle Formen an. Die neuen, oft sehr ideologischen (und im Gegensatz zur Nachkriegschristdemokratie weniger pragmatischen) Parteien bildeten gleichzeitig Diskussionsforen, in denen christliche Politik diskutiert und weiterentwickelt werden konnte. Und sie gaben jenen Katholiken, die selbst nicht parteipolitisch organisiert waren, die Gelegenheit, sich aktiv politisch zu beteiligen oder die neuen kollektiven Repräsentationsorgane von außen zu kritisieren – was die Debatte über den politischen Katholizismus ebenfalls bereicherte. In diesem Kontext bildeten sich allmählich vier Hauptströmungen des politischen Katholizismus heraus, die man als *demokratischen Zentrismus*, *demokratischen Konservatismus*, einen *autoritären modernen* und einen *autoritären antimodernen Konservatismus* beschreiben kann.

Vier Spielarten des politischen Katholizismus

Die wichtigste Kraft des vor 1945 letztlich recht erfolglosen *demokratischen Zentrismus* war der 1919 gegründete *Partito Popolare Italiano* (PPI). Sein Gründervater und wichtigster Ideengeber war der schon im Zusammenhang mit der «Christlich-demokratischen» Bewegung der 1890er Jahre erwähnte Luigi Sturzo. Der erste An stoß für die Parteigründung war die Lockerung des *Non expedit* durch die Enzyklika *Il Fermo Proposito* (1905) seitens Pius X. 1919 wurden dann die Partizipationsbeschränkungen von Benedikt XV. komplett aufgehoben. Damit war der Weg für Sturzo frei, und nun gab auch «der vatikanische Staatssekretär Kardinal Gasparri seine Zustimmung zur Bildung ‹einer Partei von Katholiken unter sich›, während sich Sturzo verpflichtete, nicht im Namen des Vatikans zu sprechen und die Partei auch nicht ‹christlich› oder ‹katholisch› zu nennen.»[68] Sturzos Ansinnen war vollständige Autonomie gegenüber Kurie und Klerus – nicht etwa ein von der Kirche aufgezwungener Kompromiss. Inspiriert von der deutschen Zentrumspartei, sah er in der Unabhängigkeit seiner Partei von den Vorgaben der kirchlichen Hierarchie die einzige zeitgemäße katholische Organisationsform. Dass der PPI sich nicht als Partei *der* Katholiken, sondern als Partei *von* Katholiken verstand, fand sogar Eingang ins Parteiprogramm.

An den Maßstäben seiner Zeit gemessen, war der PPI eine durch und durch demokratische Partei – man könnte ihn ohne weiteres als erste echte christdemokratische Partei der Geschichte bezeichnen. Zwar gab es einen rechten Flügel, der auf engere Beziehungen mit den kirchlichen Autoritäten drängte. Die Abschaffung der Demokratie zugunsten einer klerikal-autoritären Ordnung forderte zunächst aber niemand, obwohl Sturzo auch auf die Lehren des antidemokratischen Korporatismustheoretikers Karl von Vogelsang zurückgriff.[69] Vielmehr war der PPI eine moderne, klassenübergreifende Volkspartei mit teilweise geradezu linken Forderungen. In seinem Programm zählten etwa «Verhältniswahlrecht, Lehrfreiheit, Dezentralisierung der Verwaltung, Steuerreform, Recht auf Arbeit, Verbesserung der Bedingungen der Industrie- und Agrararbeiter sowie die Freiheit der Gewerkschaften […] zu den wesentlichen Punkten.»[70] Ganz im Sinne der christdemokratischen Kernziele war die Partei innerhalb des Rahmens der liberalen Demokratie bestrebt, «die Annäherung und Einigung verschiedener Gesellschaftsklassen zu ermöglichen, da sie sämtliche Komponenten aus allen sozialen Schichten vereinte. [...] Die gemeinsame Verbindung dieser verschiedenen Komponenten bestand letztlich im Katholizismus und in der demokratischen Ausrichtung.»[71]

Neben den Sozialisten wurde der PPI 1919 aus dem Stand zur zweitgrößten Partei. Sehr langlebig war das Experiment mit dem katholischen Zentrismus aber nicht. Bereits 1922, nach dem faschistischen «Marsch auf Rom», erhielt Mussolini den Auftrag zur Regierungsbildung. Dabei schlug er den «Popolari» eine Regierungsbeteiligung vor, und diese willigten ein. Die Abgeordneten des PPI und Sturzo glaubten zunächst selbst an die Möglichkeit, den Faschismus durch den Zwang zur parlamentarischen Kooperation zähmen und demokratisieren zu können – ein Irrglaube, wie sich bald herausstellen sollte. Erschwerend kam hinzu, dass sich das Verhältnis zwischen der Partei und dem Vatikan unter Pius XI. (Pontifikat von 1922 bis 1939) deutlich verschlechterte. Obwohl der Papst ihn persönlich wertschätzte, wandte er sich schließlich «gegen Sturzo und unterstützte politische Gruppierungen, die fraglos bereit waren, mit Mussolini zusammenzuarbeiten.»[72] Nach der Abspaltung des Rechtsaußenflügels und der schweren Wahlniederlage von 1924 war das Schicksal der «Popolari» nach nur fünf Jahren besiegelt. Sturzo, der 1924 ins englische Exil ging, trat weiterhin in den transnationalen Netzwerken katholischer Parteien und Bewegungen offensiv für den demokratischen Zentrismus ein und wandte sich entschieden gegen die autoritären Staatsvisionen eines Dollfuß oder Salazar.[73] Im Gegensatz zu vielen anderen katholischen Politikern erlag er nie der Versuchung des Autoritarismus.

Der 1924 in Frankreich gegründete *Parti Démocrate Populaire* (PDP) war, wie der Parteiname schon vermuten lässt, vom PPI und Sturzos demokratischem Zentrismus inspiriert. Seine Gründungsmitglieder und der erste Parteivorsitzende George Thibout waren keine Gegner der republikanischen Staatsform, sondern wollten die Katholiken ein für alle Mal mit der modernen Demokratie versöhnen. Damit stand der PDP in der Tradition eines modernen politischen Katholizismus, der auch Lamennais oder die sozialkatholische Bewegung *Sillon* zuzurechnen sind. Sonderlich erfolgreich war die Partei jedoch allein schon deshalb nicht, weil die französischen Katholiken zutiefst gespalten waren: Die konservativen, monarchistischen Katholiken konnten eine prorepublikanische Partei nicht akzeptieren, während die republikanischen Katholiken dem legitimistischen Gedankengut feindselig gegenüberstanden. Außerdem existierte in Frankreich eine regionale Zersplitterung der Interessen und Milieus. Als wichtige Stärkung des PDP sollte sich die Verurteilung der reaktionären und antisemitischen katholischen Bewegung *Action Française* durch Pius XI. im Dezember 1926 erweisen. Nachdem die von Charles Maurras angeführte Bewegung, mit der der Vatikan zunächst sympathisiert hatte, in Ungnade gefallen war, wandten sich viele Katholiken von ihr ab. Diese Chance konnte der PDP nutzen. 1928 fand die für ihn erfolgreichste Wahl statt, bei der er 19 Sitze gewinnen konnte – was bei einer Gesamtheit von 606 Sitzen wohlgemerkt nicht viel war. Der PDP wurde dennoch an der Regierung beteiligt und «bildete dabei den sozialen Flügel einer gemäßigten Mehrheit, ohne allzu großes Gewicht zu erlangen.»[74] Bereits bei den Wahlen von 1932 ging die Zahl der Abgeordneten allerdings auf 16 zurück, und danach driftete die Partei in die Bedeutungslosigkeit ab. Damit war der nächste Versuch, in Frankreich eine gemäßigt-demokratische katholische Partei zu etablieren, gescheitert.

Weitere nennenswerte Parteien, die sich vorbehaltlos zum demokratischen Zentrismus bekannt hatten, gab es nicht. Selbst das Zentrum, das den Zentrismus vermeintlich im Namen hatte, wurde bloß «unter dem Druck der Tatsachen und nicht aufgrund der einheitlichen Überzeugung von Führung und Massengefolgschaft» zu einer der verfassungstragenden Parteien der Weimarer

Republik.[75] Die meisten Zentrumspolitiker konnten sich schon aus Rücksicht auf die monarchistischen Wähler und Repräsentanten der Partei nicht dazu durchringen, den neuen demokratischen Staat mit Enthusiasmus zu begrüßen. Trotzdem setzten sich in den meisten katholischen Parteien einzelne Personen für einen demokratischen katholischen Zentrismus ein. Ein besonders schillerndes Beispiel war der Österreicher Ernst Karl Winter, der sich Ende der turbulenten 1920er Jahre vom antisemitischen Monarchisten zum prodemokratischen Sozialkatholiken wandelte. Winter wurde im April 1934 von seinem alten Freund Engelbert Dollfuß – der zwei Monate zuvor das Parlament ausgeschaltet hatte, um einen autoritären Ständestaat zu etablieren – zum Wiener Vizebürgermeister bestellt. Einmal im Amt, attackierte er das von der Christlichsozialen Partei etablierte Regime. Er sprach sich für die Wiedereinführung freier Wahlen aus und forderte trotz starken politischen Gegenwinds die Kombination von korporatistischer Interessensvertretung und parlamentarischer Demokratie – ein Arrangement, das im Grunde in der nach 1945 gegründeten Zweiten Österreichischen Republik entstanden ist.[76] Winters Ansichten entsprachen in vielerlei Hinsicht denen des französischen Philosophen Jacques Maritain, der zwar nie parteipolitisch aktiv war, aber großen Einfluss auf den politischen Katholizismus der Zwischen- und Nachkriegszeit hatte. Ihn werden wir später noch näher kennenlernen.

In der ersten Hälfte des 20. Jahrhunderts existierte noch keine katholische Partei, die geschlossen die Position eines *demokratischen Konservatismus* vertrat. Es gab jedoch einige konservative katholische Politiker, die die Demokratie aus mehr oder weniger pragmatischen Gründen akzeptierten *oder* tatsächlich überzeugte Republikaner waren. Letztere waren gegenüber den pragmatischen Opportunisten oft in der Unterzahl. Im deutschen Zentrum zählten zu den «echten» Republikanern etwa der 1921 ermordete Matthias Erzberger sowie Josef Wirth, der seine Parteigenossen sogar zur Gründung einer «Republikanischen Union» aufrief. Und dann war da noch der politisch rechts von Erzberger und Wirth stehende junge Konrad Adenauer. Er ist rückblickend tatsächlich so etwas wie das Paradebeispiel eines konservativen katholischen Demokraten. Adenauer war tiefgläubig und ein Verfechter traditioneller Werte, gleichzeitig aber überzeugter Republikaner. Legendär ist sein Konflikt mit Kardinal Michael von Faulhaber auf dem Deutschen Katholikentag von 1922. Adenauers Biograf Werner Biermann notiert, wie entrüstet Adenauer reagierte, als der Kardinal in seiner Rede im Namen aller deutschen Katholiken der Weimarer Republik jedwede Legitimität aberkannte:

> Der Kölner Katholik Adenauer, durch Faulhaber aufs äußerste provoziert, macht vor den dreihunderttausend versammelten Glaubensbrüdern dem Münchner Oberhirten klar, dass hinter seinen Äußerungen keineswegs die Gesamtheit der deutschen Katholiken steht; er beschreibt die Forderungen des Kardinals als «Äußerungen örtlicher Natur». […] Und Adenauer ruft aus, ja, in der Republik gebe es selbstverständlich «viel Schatten», aber diesen Schatten könne es nur geben, «weil es viel Licht gibt.»[77]

Viel verbreiteter als Adenauers Haltung war die pragmatische Zweckehe mit der Demokratie. Wie schon erwähnt, war das auch die vorherrschende Position unter den Politikern des Zentrums. Beispielhaft dafür ist die Rede von Carl Trimborn am ersten Reichsparteitag des Zentrums 1920. Trimborn hielt darin fest, dass das Zentrum die Republik nicht etwa unterstützt habe, «weil wir allgemein die Republik im Vergleich zur Monarchie für die bessere Staatsform halten, sondern nur deshalb, weil das Lebensinteresse des Vaterlandes gebot, sich auf den Boden der durch die Revolution geschaffenen tatsächlichen Verhältnisse zu stellen. Hätten wir es nicht getan, so wäre dem vierjährigen Kriege, der uns schon an den Rand des Abgrunds gebracht, ein langer blutiger Bürgerkrieg gefolgt.»[78] Der konservative Trimborn, der auch der Idee der Restauration der Monarchie etwas abgewinnen konnte, sprach gewiss aus Überzeugung. Die Repräsentanten des Zentrums hatten jedoch auch strategische Gründe, nicht als enthusiastische Republikaner aufzutreten. Denn: «Ein vorbehaltloses Bekenntnis zur Republik [...] hätte einen noch größeren Teil der Wählerschaft vom Zentrum entfremdet und damit voraussichtlich zu einem Verlust des taktischen Handlungsspielraums der Partei als Mehrheitsbeschafferin auf Reichsebene geführt.»[79] Gerade die weiterhin monarchistisch eingestellten Rechtskatholiken, die die Weimarer Verfassung «wegen ihres Bekenntnisses zur Volkssouveränität als ‹Verfassung ohne Gott› ablehnten»,[80] hätte das vor den Kopf gestoßen.

Diese strategische Ambivalenz ließ sich mit theoretisch-programmatischen Argumenten rechtfertigen. Wie der Theologe Rudolf Uertz rekonstruiert hat, vertraten die Cheftheoretiker der Zentrumspartei, die Moraltheologen Joseph Mausbach und Peter Tischleder, ein modifiziertes Naturrechtsdenken, das das Gemeinwohl als oberste Rechtsnorm festlegt, aber hinsichtlich der Staatsform neutral bleibt. Von diesem Standpunkt aus konnten «letztlich keine Vorzugsregeln für die Demokratie formuliert werden. Denn der Grundsatz hieß: Monarchie, Aristokratie und Demokratie können allesamt legitime Ordnungen sein, sofern sie dem öffentlichen Interesse nicht entgegenstehen.»[81] Mit anderen Worten: «[D]ie Verbindung von Gemeinwohlordnung, Demokratie, Volkssouveränität und pluralistischer Willensbildung konnte praktisch und theoretisch nicht geleistet werden.»[82] Dies entsprach der von Leo XIII. in Bezug auf die Idee der «christlichen Demokratie» artikulierten Regel, dass «die Gebote des Naturgesetzes und des Evangeliums [...] von jeder Form staatlicher Verfassung unabhängig sein [müssen], weil ihr Rechtscharakter über die Wechselfälle des menschlichen Lebens erhaben ist; aber sie müssen auch mit jeder

Staatsform vereinbar sein, soweit diese nicht der Sittlichkeit und Gerechtigkeit widerstreitet.»[83] So gesehen ist es auch kein Zufall, dass die Sozialenzykliken ebenfalls kaum Folgerungen für die Staats- und Rechtsordnung enthalten.

Auch die österreichischen Christlichsozialen wurden hauptsächlich aus pragmatischen Gründen zu Anhängern der nach dem Ersten Weltkrieg etablierten Ersten Republik. Die von Prälat Ignaz Seipel (1876–1932) angeführte Partei war zu ihrer Zeit eine der konservativsten katholischen Parteien Europas. In den letzten Jahren der Monarchie hatte sie sich «in allen gesellschaftspolitischen Fragen auf eine strikt klerikale Linie festgelegt.»[84] Im Gegensatz zu den Parteien des demokratischen Zentrismus verstand man sich als «weltlicher Arm der früher durch das [Habsburger; F. W.] Herrscherhaus in ihrer gesellschaftlichen Vormachtstellung gestützten katholischen Kirche.»[85] Das bedeutete im Übrigen auch, dass der teilweise stramme Antisemitismus der Partei (im Parteiprogramm von 1926 heißt es wörtlich: «die Christlichsoziale Partei bekämpft die Übermacht des zersetzenden jüdischen Einflusses auf geistigem und wirtschaftlichem Gebiete»[86]) als Bestandteil der vorkonziliaren Tradition des kirchlichen Antijudaismus verbrämt wurde. Bei Seipel oder dem Wiener Kardinal Gustav Piffl war das ursprüngliche Bekenntnis zur Republik jedenfalls primär ein Produkt ihrer «aus dem thomistischen Lehrgebäude abgeleitete[n] akkomodative[n] Einstellung, die ihnen ein hohes Maß an Flexibilität ermöglichte.»[87] Die dem politischen Katholizismus innewohnende Tendenz zu Akkommodation und Kompromiss eröffnete ihnen die Möglichkeit, eine eigentlich skeptisch und argwöhnisch betrachtete Staatsform anzuerkennen. Eine solide Basis für eine demokratische, verfassungstreue Partei war das freilich nicht. Wenige Jahre später drifteten die Christlichsozialen auch folgerichtig in den autoritären Konservatismus ab.

Vor 1945 trat der demokratische katholische Konservatismus auch in Irland in Erscheinung. 1932 war dort der konservative

Katholik und Vorsitzende der Partei Fianna Fáil, Éamon de Valera, Premierminister geworden. Er hatte wenig mit dem antidemokratischen Zeitgeist der 1930er Jahre am Hut und war, anders als viele seiner katholischen Zeitgenossen, auch nicht bereit, die demokratische Verfassung von 1922 durch eine autoritär-korporatistische zu ersetzen. Stattdessen wollte de Valera seine Macht nutzen, um eine neue, demokratische und dennoch genuin katholische Verfassung zu verwirklichen. 1937 war das Werk vollbracht, und es sollte zu einem Meilenstein des dezidiert religiösen Verfassungsdenkens werden, das im restlichen Europas erst in der Nachkriegszeit Bedeutung erlangte. Die neue irische Verfassung nahm zahlreiche Kernideen der katholischen Soziallehre auf und gab ihnen eine demokratische Wendung. Der Grundtenor blieb jedoch erzkonservativ: Artikel 41 erhebt das traditionalistische Ideal der Kernfamilie in Verfassungsrang, inklusive Scheidungsverbot (!) und Einschränkung des Wirkungsbereichs der Frau auf die häusliche Sphäre.[88] Aus demokratischer Perspektive sollte die maßgebliche Formulierung die Betonung der Menschenwürde in der Präambel sein – «the dignity and freedom of the citizens» –, die als antiautoritäres Prinzip gedacht war und die deutschen und italienischen Verfassungsdiskurse der unmittelbaren Nachkriegszeit vorwegnimmt.[89] De Valeras Verfassung repräsentierte in gewisser Weise die allmähliche Öffnung der katholischen Kirche für Demokratie und Menschenrechte in den Jahren um den Zweiten Weltkrieg, wenngleich sie immer noch zu pluralistisch ausgerichtet war, um das Placet der Kurie zu erhalten.

Dass die meisten katholischen Politiker der Zwischenkriegszeit die Demokratie bestenfalls aus pragmatischen Gründen akzeptiert haben – und die Zustimmung zu den neuen Republiken auch immer zurücknehmen konnten –, ist nicht überraschend. Aus historischen Gründen standen viele Katholiken der Monarchie näher als Staatsformen, die auf dem säkularen Prinzip der Volkssouveränität fußen. Und der Vatikan tat bis in die 1940er Jahre hinein we nig, um dieser Präferenz entgegenzusteuern. Erstaunlicher ist, dass auch gemäßigte und durch und durch prodemokratische Katholiken in ihrer Affirmation der Demokratie oder des Republikanismus eine historisch kontingente, temporäre Anpassungsleistung sahen. Jacques Maritain, der vielleicht einflussreichste christdemokratische Philosoph überhaupt und ab ca. 1930 ein demokratischer Zentrist, bemerkte etwa, es sei «offensichtlich», dass das «Christentum und der christliche Glaube niemals der Demokratie […] oder einer anderen politischen Form untergeordnet werden können.» Es sei «wichtig», so Maritain weiter, «nicht so zu tun, als ob […] der christliche Glaube jeden Gläubigen dazu verpflichtet, ein Demokrat zu sein […]. [D]er demokratische Impuls entstand in der menschlichen Geschichte als *zeitweilige Manifestation.*»[90] Maritains Argument lässt erahnen, warum auch einige Christdemokraten der Nachkriegszeit es nicht so ernst nahmen mit der Demokratie – oder präziser: warum es ihnen keineswegs schwerfiel, auch von der liberalen Demokratie abweichende Regierungsformen zu akzeptieren. Dazu mehr im nächsten Kapitel.

Der *autoritäre, moderne Konservatismus* war die erfolgreichste Variante des politischen Katholizismus vor 1945. Spätestens ab 1930 waren autoritäre Staats- und Gesellschaftsvisionen im europäischen politischen Katholizismus Mainstream.[91] Der Ruck nach rechts begann schon Ende der 1920er Jahre. In den meisten katholischen Parteien und Bewegungen setzten sich schrittweise erzkonservative und antirepublikanische Kräfte gegen ihre gemäßigteren, prodemokratischen Widersacher durch. Und viele Katholiken, die die Demokratie zunächst aus pragmatischen Gründen akzeptiert hatten, wandten sich nun wieder von ihr ab. In ihren Augen hatten die liberalen Demokratien der Zwischenkriegszeit versagt. Sie waren den destruktiven Begleiterscheinungen der Weltwirtschaftskrise und infolgedessen auch immer erfolgreicheren Attacken totalitärer politischer Bewegungen (Kommunismus, Nationalsozialismus) schutzlos ausgeliefert. Der in diesem Kontext entstehende katholische Autoritarismus war jedoch ein neues Phänomen, insoweit er auf der Akzeptanz moderner Staatlichkeit beruhte.[92] Hatten viele konservative Katholiken sich seit der Französischen Revolution das Ancien Régime zurückgewünscht, sahen sie nun den autoritär regierten modernen Staat als geeignetes Instrument zur Verwirklichung ihrer politischen Ziele. Es handelte sich also um einen dezidiert *modernen* Autoritarismus, der kategorisch von Monarchismus und Mittelalterromantik zu unterscheiden ist.

Eine eher ungewöhnliche Variante des autoritären modernen Konservatismus war das Konzept der «autoritären Demokratie», das die Parteiführung des deutschen Zentrums um 1930 entwickelte.[93] Diese eigentümliche Verbindung von Autoritarismus und Demokratie, die vom Zentrumspolitiker und Reichskanzler Heinrich Brüning (1885–1970) ab Ende März 1930 praktiziert wurde, «galt als Möglichkeit einer zeitgemäßen Lösung der Staats- und Verfassungskrise.»[94] Konkret handelte es sich dabei um ein Regieren durch Notverordnungen, ein «Durchregieren» bzw. «Vorbeiregieren» am parlamentarischen Prozess und damit am Hauptgegner SPD. Brüning hatte schon «vor der Ernennung zum Reichskanzler die Reichweite der präsidialen Notstandsbefugnisse geprüft und sich der Bereitschaft des Reichspräsidenten versichert, sie anzuwenden.»[95] Wie viele seiner Parteigenossen sah er den Griff zu weitreichenden *emergency powers* nicht als kurzfristige, den Umständen geschuldete Abkehr von der parlamentarischen Demokratie, sondern als ersten Schritt zu einer autoritären Präsidialdemokratie, die den Weimarer Parlamentarismus ein für alle Mal ersetzen sollte. (Heute würde man Brünings Vision wohl als «illiberale Demokratie» bezeichnen.) Auf diese Weise konnte die Parteiführung des Zentrums auch den «immer lauteren Forderungen aus Kreisen der Mitglieder nach Beschränkungen der ‹Parteienwillkür›» Rechnung tragen.[96] Der Grundstein für die von Brüning konsequent vollzogene Abkehr von der liberalen Demokratie wurde schon mit der Wahl des konservativen Prälaten Ludwig Kaas zum Parteivorsitzenden des Zentrums im Dezember 1928 gelegt. Damit kam es zu einem ersten «Verblassen des verfassungspolitischen Profils» der Partei, was 1933 in der Zustimmung des Zentrums zu Hitlers Ermächtigungsgesetz kulminierte.[97]

Der deutsche Versuch, eine «autoritäre Demokratie» zu etablieren, war im europäischen Vergleich ein Sonderweg. Die meisten katholischen Parteien und Bewegungen wollten in den 1930er Jahren die Demokratie durch ein korporatistisches Regime ersetzen. Das galt etwa für die belgische *Parti catholique/Katholieke Partij*, die luxemburgische Rechtspartei, die niederländische *Roomsch-Katholieke Staatspartij*, die Christlichsoziale Partei in Österreich – und darüber hinaus für Mussolinis Faschisten und die Regime Francos und Salazars auf der iberischen Halbinsel. Der Korporatismus hatte in dieser Periode also Hochkonjunktur.[98] Dafür waren einige einflussreiche Neuformulierungen der katholischen Soziallehre ausschlaggebend. Der mit Abstand einflussreichste Text ist die im Mai 1931 veröffentlichte Sozialenzyklika *Quadragesimo anno*. Wie alle Enzykliken ist *Quadragesimo* in einem sehr allgemeinen Ton gehalten und lässt dementsprechend unterschiedliche Lesarten zu. Unbestritten ist: Die darin dargelegten Ideen sind deutlich moderner als die idealisierten Mittelalterbilder vieler früherer Sozialkatholiken. Zwar wird – in Anlehnung an *Rerum Novarum* und ebenso in antisozialistischer und antikommunistischer Absicht – die «Erneuerung einer ständischen Ordnung» als «das gesellschaftspolitische Ziel» definiert.[99] Dieses Ziel kann laut *Quadragesimo* aber nicht organisch, also durch das eigenständige Wirken der gesellschaftlichen Gruppen, erreicht werden; es bedürfe dazu der Intervention eines starken Staates:

> Bei der Zuständereform denken wir zunächst an den Staat. Nicht als ob alles Heil von der Staatstätigkeit zu erwarten wäre; der Grund ist ein anderer. In Auswirkung des individualistischen Geistes ist

> es so weit gekommen, dass das einst blühend und reichgegliedert in einer Fülle verschiedenartiger Vergemeinschaftungen entfaltete menschliche Gesellschafsleben derart zerschlagen und nahezu ertötet wurde, bis schließlich fast nur noch die Einzelmenschen und der Staat übrigblieben.[100]

Dementsprechend müssen «Staatsmänner und gute Staatsbürger dahin trachten, aus der Auseinandersetzung zwischen den Klassen zur einträchtigen Zusammenarbeit der Stände [sich] emporzuarbeiten.»[101] Entstehen soll soziale «Einheit in wohlgegliederter Vielheit. Eine rechte gesellschaftliche Ordnung verlangt also eine Vielheit von Gliedern des Gesellschaftskörpers, die ein starkes Band zur Einheit verbindet.»[102]

Die Sozialenzyklika hatte direkten Einfluss auf die Politik katholischer Parteien. In den zutiefst religiösen und konservativen Kreisen, aus denen sich ihre Eliten und Wähler rekrutierten, wurden päpstliche Schriften ja nicht bloß als unverbindliche Reflexionen über theologische Fragen angesehen; vielmehr wurde ihnen der Charakter von autoritativen Handlungsanweisungen zugeschrieben. Als beispielsweise der Luxemburger Theologe Jean-Baptiste Esch, genannt «Batty», 1937 der katholischen Rechtspartei ein Reformprogramm vorlegte, notierte er in den Leitlinien des Programmes: «Im Allgemeinen erstreben wir den christlich-berufsständischen Staat: und zwar *auf Grund der päpstlichen Rundschreiben.*»[103] Die «Stärkung der Autorität» sowie die «Dezentralisierung der Gewalt durch berufsständischen Aufbau» und die «Neureglung des Verhältnisses von Kirche und Staat mit vollständig christlicher Kulturpolitik», die Batty Esch vorschwebten, mussten als Versuch gelesen werden, den Worten des Heiligen Vaters Folge zu leisten.

Interessanterweise wird in *Quadragesimo* zur Frage der «richtigen» Staatsform gar keine Stellung bezogen. Die Enzyklika kurzerhand als Blaupause für einen autoritären Staat abzustempeln, wäre also ungerecht. Glaubt man ihrem eigentlichen Hauptautor Oswald von Nell-Breuning, kann die gewünschte ständische Ordnung sogar in Kombination mit demokratischen Institutionen verwirklicht werden (was dann in der Nachkriegszeit auch geschah). Im autoritären Klima der frühen 1930er Jahre tendierte die gängige Interpretation jedoch eher in Richtung der politischen Experimente von António de Oliveira Salazar (1889–1970) in Portugal und Engelbert Dollfuß (1892–1934) in Österreich. Beide errichteten etwa zeitgleich autoritär-korporatistische Regime und kamen damit der Verwirklichung von *Quadragesimo* näher als viele andere. Der nüchterne Ökonom Salazar ersetzte mit dem Verfassungsreferendum von 1933 die Republik durch den korporatistischen *Estado Novo*, den er bis 1968 diktatorisch regierte. Dollfuß hebelte nach der Ausschaltung des Parlamentes im März 1933 Schritt für Schritt den Rechtstaat aus und führte nach dem Bürgerkrieg von 1934 eine neue, «ständestaatliche» Verfassung ein. Die beiden Diktatoren begriffen ihre neugeschaffenen Regime als *katholische* Regime, deren Organisation an die Prinzipien der christlichen Soziallehre angelehnt war. Dafür empfingen sie enthusiastisches Lob von all jenen europäischen Katholiken, die ein für alle Mal mit den sozialen und politischen Strukturen der liberal-demokratischen Welt brechen wollten.[104] Pius XI. war übrigens nachweislich begeistert vom österreichischen Ständestaat, was nicht zuletzt daran lag, dass das 1933 zwischen Österreich und dem Heiligen Stuhl geschlossene Konkordat, das der katholischen Kirche größere Einflussnahme auf den Staat ermöglichte, im neuen Regime Verfassungsrang erlangte. Der österreichische Ständestaat bot dem Vatikan ideale Bedingungen, effektiv kirchliche Machtansprüche geltend zu machen.

Dollfuß' «*Quadragesimo-Anno*-Staat» (Paul Misner) ist ein Paradebeispiel für den neuen autoritären katholischen Konservatismus der 1930er Jahre, wenngleich es nie gelang, die angestrebte ständische Ordnung auch wirklich zu realisieren.[105] Die Verfassung von 1934, die in der Präambel das republikanische Bekenntnis («Österreich ist eine Republik. Ihr Recht geht vom Volk aus.») durch ein Bekenntnis zur Allmacht Gottes ersetzte («Im Namen Gottes, des Allmächtigen, von dem alles Recht ausgeht [...]»), definierte sieben Berufsständische Hauptgruppen: Land- und Forstwirtschaft, Industrie und Bergbau, Gewerbe, Handel und Verkehr, Geld-, Kredit und Versicherungswesen, freie Berufe und öffentlicher Dienst. Das Ziel war, Arbeitgeber und Arbeitnehmer der jeweiligen Wirtschaftszweige in einer ständischen Organisation zusammenzufassen und ihren Interessengegensatz damit zu überwinden. In antisozialistischer Stoßrichtung ging es dem ständestaatlichen Denken um die Ausschaltung des Klassenkampfes. In der Praxis unterlagen allerdings schon die zur Vorbereitung der neuen berufsständischen Staatsordnung «etablierten Interessensorganisationen (Bünde) [...] so beträchtlichen staatlichen autoritären Eingriffen und Einschränkungen, dass sie niemals im Stande waren, die ihnen ideologisch zugedachte Rolle auch wirklich zu spielen.»[106] Am Ende kam es weder zur Verwirklichung eines funktionstüchtigen Korporatismus, noch wurden die sozialen Interessenskonflikte überwunden. Im Gegenteil: Die Zeit nach 1933 war von einer unübersehbaren ökonomischen «Schieflage zulasten der Arbeiterschaft» geprägt.[107] Salazars Estado-Novo-Korporatismus hinkte seinen Ausgleichsversprechen genauso hinterher.[108]

Diese Schieflage war zum einen ein Produkt der Weltwirtschaftskrise, deren verheerende Auswirkungen zu Beginn der 1930er Jahre auch in Österreich deutlich spürbar wurden. Durch Massenentlassungen erreichte die Arbeitslosigkeit ungekannte Ausmaße, und die einschneidenden Kürzungen von Gehältern und Löhnen trafen diejenigen, die noch eine Arbeit hatten, ins Mark. Zum anderen trug der spezifische ökonomische Konservatismus des Dollfuß-Regimes aber dazu bei, dass sich die ohnehin prekäre Lage der Arbeiter und Angestellten weiter verschlechterte. Statt eine aktive und allgemeine Beschäftigungspolitik zu betreiben oder zumindest ein wohlfahrtsstaatliches Sicherheitsnetz zu garantieren, versorgte der Ständestaat hauptsächlich die Arbeitgeberseite. Protektionistischen Maßnahmen zugunsten der Landwirtschaft, des Gewerbes, der Banken und der Industrie – der Kernklientele des Regimes – standen massive Beschränkungen des Zugangs zu basalen Sozialleistungen wie Arbeitslosengeld und Notstandshilfe gegenüber.[109] Mit der Ausgleichs- und Gemeinwohlorientierung der christlichen Soziallehre hatte das wenig zu tun. Deutlich näher an der Linie des Vatikans war die Realität der Familienpolitik im katholischen Ständestaat. Wie von Pius XI. in der Enzyklika *Casti connubii* (1930) vorgesehen, war «die gesellschaftliche Aufgabe der Frau [...] in erster Linie auf die Familie, die Arbeit im Haushalt und die Kindererziehung ausgerichtet. Demgegenüber stand die männliche Prädominanz für den außerhäuslichen Bereich, für politische Funktionen ebenso wie für den Arbeitsmarkt.»[110] Diese vermeintlich gottgewollte Rollentrennung führte zur Benachteiligung der Frauen in allen Gesellschaftsbereichen. Bereits in der Schule wurden die Bildungsmöglichkeiten für Mädchen in Hinblick auf ihre zukünftigen Rollen als Hausfrauen und Mütter beschränkt. Dieser «väterliche» (James Chappel) katholische Modernismus, der die Akzeptanz moderner Staatlichkeit mit der autoritären Instandhaltung traditioneller Wertordnungen koppelte, sollte auch die Nachkriegschristdemokratie prägen.[111] Der oben angeführte Artikel 41 der irischen Verfassung von 1937 nimmt diese Entwicklung vorweg.

Dass sich in Österreich überhaupt ein autoritäres katholisches Regime etablierte, hatte nicht unwesentlich mit der veränderten Haltung von Dollfuß' Vorgänger Ignaz Seipel zu tun.[112] Je mehr sich die Auseinandersetzung zwischen Christlichsozialen und Sozialdemokraten in der zweiten Hälfte der 1920er Jahre zuspitzte, desto mehr sympathisierte Seipel, der die Republik zunächst ja nur aus pragmatischer Flexibilität akzeptiert hatte, mit autoritären Lösungen. Die Enzyklika *Quadragesimo* interpretierte er konsequent antidemokratisch: «Gesellschaftlicher Neuaufbau und berufsständische Gliederung gingen beim späten Seipel Hand in Hand mit der Beseitigung des bisherigen demokratischen Parteienstaates.»[113] Diese Interpretation wurde vermutlich wegen Seipels Status als Übervater der Partei praktisch widerspruchslos angenommen. Damit war die Grundlage für Dollfuß' autoritäres Experiment geschaffen. Entgegenkommend wirkte dabei natürlich auch die seit den späten 1920er Jahren immerzu wachsende Skepsis bürgerlicher Kreise gegenüber dem liberal-demokratischen Parlamentarismus. Verstärkt wurde diese Skepsis nicht nur von der – gelinde gesagt – unproduktiven Verschärfung des Parteienkonflikts zwischen Sozialdemokraten und Christlichsozialen. Eine breite antidemokratische katholische Publizistik und das autoritär-ständische Lehrprogramm des Universitätsprofessors Othmar Spann, dessen Wiener Vorlesungen gerade unter der jungen katholischen Intelligenz zum Pflichtprogramm gehörten, taten ein Übriges.[114]

Der *autoritäre, antimoderne Konservatismus* der ersten Hälfte des 20. Jahrhunderts war streng genommen keine neue Strömung des politischen Katholizismus, sondern die Fortführung des reaktionären Gedankenguts aus dem 19. Jahrhundert. Neu war lediglich die Vehemenz, mit der die autoritären, antimodernen Katholiken den modernen Staat und die liberale Demokratie attackierten. Die nach dem Ersten Weltkrieg gegründeten Republiken waren das ultimative Feindbild jener, die sich die Monarchie oder gar das Heilige Römische Reich zurückwünschten. In den katholischen Parteien wurde diese Haltung nie zur offiziellen Parteilinie, obwohl ihre konservativsten Unterstützer stets die Monarchie der Demokratie vorzogen (und auch ein Machtpragmatiker wie der Zentrumspolitiker und Reichskanzler Brüning notierte beiläufig in seinen Memoiren, dass sein Fernziel eigentlich immer die Restauration der Monarchie gewesen sei[115]). Im Umfeld der zahlreichen neugegründeten katholischen Bewegungen florierte hingegen der autoritäre, antimoderne Konservatismus. Dasselbe galt für die intellektuellen Kreise, die die Parteien mit frischen Ideen versorgten. Hier musste man sich nicht staatstragend und verantwortungsvoll geben. Man konnte seine Überzeugungen offen kundtun.

Eine dieser antimodernen Bewegungen war die 1926 von Pius XI. als mit dem katholischen Glauben unvereinbar verurteilte *Action Française*. Unter Charles Maurras entwickelte sich diese zu einer immer radikaleren antirepublikanischen, antisemitischen und dezidiert monarchistischen Gruppierung, die in der Forschungsliteratur auch oft als faschistisch eingestuft wird. Bevor die *Action* mit der Verurteilung durch den Heiligen Stuhl an politischer Bedeutung verlor, bildete sie so etwas wie die intellektuelle Avantgarde des reaktionären Katholizismus in Europa. Jacques Maritain, der später zum demokratischen Zentrismus überlaufen, die Väter der italienischen Verfassung inspirieren und die Allgemeine Erklärung der Menschenrechte mitschreiben sollte,[116] wurde in der Bewegung sozialisiert. Geistiger Vordenker der *Action* war einstweilen der Ständestaatstheoretiker François-Réne de La Tour du Pin (1834–1924), der zuvor schon Albert de Mun beeinflusst hatte. Gleichzeitig verfolgte man begeistert den italienischen Faschismus und sah auch zunächst in Pius XI. einen Verbündeten, weil er sich in seinen frühen Enzykliken *Ubi arcano Dei consilio* (1922) und *Quas primas* (1925) erneut gegen den modernen Staat ausgesprochen hatte. Wohlgemerkt tendierte nicht nur der Papst in den frühen 1920er Jahren in diese Richtung: Die reaktionäre Idealisierung des Mittelalters «spielte eine übergroße Rolle in der Geisteshaltung katholischer Eliten, die […] darin eine Strategie sahen, ihre verschwindenden Privilegien zu bewahren.»[117]

In Österreich gründete der spätere Wiener Vizebürgermeister Ernst Karl Winter 1927 die «Österreichische Aktion». Winter, zu dem Zeitpunkt noch überzeugter Monarchist und Antisemit, war von Maurras' *Action Française* elektrisiert und wollte auf heimischem Boden eine ähnliche Bewegung etablieren – der Name ist also kein Zufall. Zu den Schlüsselfiguren dieses losen Verbundes zählten auch der in der Wiener Landesleitung der Christlichsozialen Partei tätige Legitimist Hans Karl Zeßner-Spitzenberg und der katholische Publizist Alfred Missong, der 1945 die ÖVP mitgründen (und Dollfuß einen «leidenschaftlich[en] Demokrat[en]» nennen) sollte.[118] Zwar bezogen die Theoretiker und Begründer der «Aktion» unterschiedliche Positionen innerhalb des konservativen Katholizismus, sie waren sich mit Blick auf ihre prinzipielle Ablehnung von Liberalismus, Republikanismus und Kapitalismus jedoch einig. Dabei verorteten sie sich in der Tradition von Karl von Vogelsang, dem großen Helden der neoromantischen katholischen Soziallehre, der auch den Franzosen de La Tour du Pin beeinflusste. Für viele Mitglieder der «Aktion» war die Ursünde der Christlichsozialen Partei, dass sie schon in den 1890er Jahren von Vogelsangs Sozialreform-Programm abgerückt war und die pragmatische und in ihren Augen «opportunistische» Linie Karl Luegers übernahm.[119] Trotz intensiver Publikationstätigkeit war der konkrete politische Einfluss der Gruppe um Winter aber gering. Selbst unter den konservativsten Katholiken verloren die legitimistischen Ideen zunehmend an Relevanz. An die Stelle früherer Restaurationsbestrebungen trat jetzt der Ruf nach einem autoritären, ständisch organisierten Staat, den Österreich auch bekommen sollte. Ernst Karl Winter, der allmählich zum Demokraten und Menschenrechtsverfechter mutierte, wurde anschließend zu einem seiner schärfsten Kritiker. Dieser ideologische Schwenk antizipierte die weitere Entwicklung des politischen Katholizismus in Europa.

Aufbruch in die Nachkriegszeit

Zusammenfassend lässt sich sagen: Der politische Katholizismus des 19. und frühen 20. Jahrhunderts war nicht gerade von Demokratiefreundlichkeit geprägt. Mit Ausnahme der politisch früh gescheiterten demokratischen Zentristen und einer kleinen Minderheit konservativer Republikaner bekannten sich nur wenige Katholiken vorbehaltlos zur Demokratie. Und die Parteien und Bewegungen, die sich als Vertreter der Katholiken (oder als von katholischen Lehren «inspiriert») verstanden, vertraten in der Regel die gleiche Geisteshaltung. Sie gaben sich als halbherzige Demokraten, teils weil sie wirklich halbherzige Demokraten waren, teils um ihre monarchistischen Unterstützer nicht zu vergraulen. Und von dort war es kein langer Weg zur Unterstützung einer «autoritären Demokratie» oder eines diktatorisch regierten Ständestaats, der insbesondere in den 1930er Jahren die bevorzugte Organisationsform katholischer Parteien war. Die erzkonservativen Signale des Vatikans während des Pontifikats von Pius XI. verstärkten diese Tendenzen. Wenngleich der späte Pius XI. sich zu einer laschen Kritik des Faschismus durchringen konnte, hatte er lange Zeit enthusiastisch Autokraten wie Mussolini und Dollfuß unterstützt und war den demokratisch eingestellten Popolari in den Rücken gefallen. Der Kampf gegen Demokratie und Parlamentarismus wurde vom Papst persönlich legitimiert, ja regelrecht ermutigt.

Dieser kursorische Rückblick ist nicht bloß eine Fußnote in der Geschichte der Christdemokratie. Die nach 1945 gegründeten Parteien wiesen in der Regel eine hohe personelle und ideologische Kontinuität mit den Parteien und Milieus des demokratischen und autoritär-modernen Konservatismus auf. Nur in Italien, wo die verschiedenen Spielarten des autoritären katholischen Konservatismus durch den Faschismus weitgehend delegitimiert waren, bildete sich eine christdemokratische Partei heraus, die ihre Wurzeln eher im Zentrismus als im demokratischen oder autoritären Konservatismus hatte. Als neugegründete Sammlungsbewegung musste diese aber auch ehemalige Faschisten und Reaktionäre integrieren, die noch wenige Jahre zuvor demokratische Institutionen bekämpft hatten. Erleichtert wurden solche Integrationsleistungen zweifellos durch die geteilte Erfahrung von Krieg und Totalitarismus – auch in anderen europäischen Ländern. Die dunkle Seite katholisch-konfessioneller Politik sollte jedoch nicht über Nacht verschwinden. Eine gewisse Ambivalenz oder sogar Skepsis gegenüber der Demokratie als Herrschaftsform blieb vorerst bestehen. Zwar war die Nachkriegschristdemokratie deutlich demokratischer als ihre historischen Vorläufer. Von einer sukzessiven Vergrößerung des Handlungsspielraums demokratischer Mehrheiten hielten die führenden christdemokratischen Politiker nach 1945 allerdings wenig. Manche von ihnen bewunderten sogar insgeheim die verbliebenen autoritären Regime, wie etwa die katholisch inspirierten Diktaturen auf der iberischen Halbinsel.

III Selbstbewusste Volksparteien, gute Demokraten?

Die Zäsur des Zweiten Weltkriegs hatte auch massive Auswirkungen auf den politischen Katholizismus. Während der Kriegsjahre spielten die europäischen Katholiken eine ambivalente Rolle. Spätestens Ende der 1930er Jahre, als der Großteil Europas von Hitler-Deutschland überrollt wurde, liefen viele von ihnen zum Nationalsozialismus über oder kollaborierten mit den Nazis. «Attraktivere» Alternativen wie ein autoritärer Ständestaat schienen zu diesem Zeitpunkt nicht mehr realisierbar. Es gab jedoch auch zahlreiche Katholiken, die Widerstand leisteten, und einige, die aufgrund ihrer Überzeugungen von den Nazis ermordet wurden.[1] In jedem Fall mussten in den letzten Kriegsjahren auch die größten Demokratieskeptiker unter den Katholiken anerkennen, dass nicht nur der Totalitarismus des deutschen Schreckensregimes, sondern auch die autoritären Lösungen der Zwischenkriegszeit diskreditiert waren. Bei aller Sympathie für undemokratische Ständestaatsvisionen innerhalb katholischer Milieus – und die gab es weiterhin – war eine Rückkehr zu den politischen Experimenten der 1930er Jahre keine Option. Schon Pius XII., der 1939 zum Papst gewählt wurde, hatte in den letzten Kriegsjahren vorsichtig demokratiefreundliche Töne angeschlagen – ein einmaliger Schritt in der Geschichte des Katholizismus. In diesem Kontext begannen sich jene politischen Parteien zu formieren, die wir heute mit der Christdemokratie verbinden.

Dass das Kriegsende den Anbeginn einer neuen Ära christlicher Politik markierte, war so gut wie allen älteren katholischen Parteien Europas bewusst. Viele strebten deshalb eine Neugründung oder zumindest eine Namensänderung an. Die Parteien wollten damit nicht nur einen symbolischen Bruch mit ihrer autoritären Vergangenheit vollziehen und ihre demokratische Gesinnung unterstreichen. Es ging ihnen auch um eine Erweiterung ihres Repräsentationsanspruchs. Die neuen christlichen Parteien sollten keine katholischen Sekten mehr sein, keine im engeren Sinne papsttreuen konfessionellen Parteien. Vielmehr sollten sie Volksparteien sein, die der gesamten Gesellschaft ein politisches Angebot machen. So wurde etwa die belgische *Parti catholique/Katholieke Partij* (PC/KP) 1945 als *Parti Social Chrétien/Christelijke Volkspartij* (PSC/CVP) neugegründet,[2] während die niederländische *Roomsch-Katholieke Staatspartij* sich in *Katholieke Volkspartij* (KVP) umbenannte. Aus der österreichischen Christlichsozialen Partei wurde bekanntlich die Österreichische Volkspartei (ÖVP). Die neuen Parteien inszenierten sich im Gewande eines modernen christlichen Humanismus: «Nous voulons avant tout sauver l'homme» – «Wir wollen allem voran den Menschen schützen», verkündete etwa die PSC/CVP.[3] Das korporatistische Gedankengut wurde in der Regel sozialpartnerschaftlich uminterpretiert: Regelmäßige Tarifverhandlungen zwischen Arbeitgebern und Arbeitnehmern sollten den Klassenkompromiss erwirken, den die ständischen Versammlungen der Zwischenkriegszeit nie zustande gebracht hatten.[4]

Erleichtert wurde die Neupositionierung der Parteien auch durch eine größere Distanz zur Kirche, wobei der Impuls zur Distanzierung wesentlich von der Kirche selbst ausging: «Anders als in der Zwischenkriegszeit, in der der politische Katholizismus vielerorts zu einer entscheidenden Größe aufgestiegen war, verzichtete die katholische Kirche nun […] auf ein direktes parteipolitisches Engagement. Stattdessen förderte sie gezielt den bereits in der Zwischenkriegszeit begonnenen Auf- und Ausbau der katholischen Laienbewegung im Rahmen der *Katholischen Aktion*» – was sich aber nur indirekt auf die Parteien auswirkte.[5] Freilich zog sich der Klerus nicht vollständig aus dem politischen Geschehen zurück. In Belgien setzte sich beispielsweise der mächtige Kardinal Jozef-Ernest van Roey, eine Ikone des katholischen Widerstandes gegen die Nazis, öffentlich für die PSC/CVP ein. Unmittelbar nach dem Krieg rief er alle Katholiken dazu auf, die neue christliche Partei zu unterstützen. «Die Beziehungen der Österreichischen Volkspartei (ÖVP) zur katholischen Kirche waren ähnlich eng, bewegten sich jedoch eher im ideellen als im organisatorischen Bereich.»[6] Und in Italien übte die Kirche wenig überraschend starken Einfluss auf die neue *Democrazia Cristiana* (DC) aus, die bereits 1943, am Ende der Mussolini-Ära, von ehemaligen Mitgliedern des *Partito Popolare* sowie von Aktivisten der *Azione Cattolica* und der *Federazione Universitaria Cattolica Italiana* gegründet wurde. Während der Vatikan den Popolari in den 1920er Jahren die Unterstützung verweigerte hatte, begrüßte der neue Papst Pius XII. die Gründung der DC enthusiastisch.[7] Zu einem politischen Arm des Vatikans schwang sich die DC allerdings nie auf, darauf achteten ihre Gründer sehr genau.[8]

Die deutschen Unionsparteien waren im europäischen Vergleich ein Sonderfall. Trotz einiger personaler Kontinuitäten mit dem Zentrum gingen weder CDU noch CSU aus bereits vor dem Krieg existierenden Parteien hervor. Die Union vereinte neben ehemaligen Zentrumsfunktionären auch Liberale aus der Deutschen Demokratischen Partei (DDP) und der Deutschen Volkspartei (DVP) sowie Konservative aus der Deutschnationalen Volkspartei (DNVP). Die Besonderheit der Unionsparteien bestand jedoch in der interkonfessionellen Zusammenarbeit zwischen Katholiken und Protestanten. Deren Ermöglichungsbedingung war der «gemeinsame Bewusstseinshaushalt» (Reinhart Koselleck), den die geteilte Kriegserfahrung gestiftet hatte.[9] Weltanschaulich hatten die beiden Konfessionsgruppen zunächst wenig gemein: Die Katholiken im Westen und Süden der späteren Bundesrepublik forderten einen von den Grundsätzen der Sozialenzykliken inspirierten «christlichen Sozialismus», während sich die protestantischen Gründerkreise in Norddeutschland in erster Linie für den Schutz des Privateigentums vor dem grassierenden «Marxismus» stark machten.[10] Als wären die ideologischen Gräben zwischen Katholiken und Protestanten nicht tief genug gewesen, stand der interkonfessionellen Annäherung auch die 1928 veröffentlichte Enzyklika *Mortalium animos* im Wege, die den Katholiken jegliche Beteiligung an der ökumenischen Bewegung verbot.[11] Und dennoch glückte das Experiment, vor allem weil man zunehmend im Kommunismus einen gemeinsamen Gegner erkannte.[12]

Vorsichtiges Umdenken im Vatikan

Es kann kein Zweifel daran bestehen, dass die Versuche katholischer Parteien, sich als demokratische Volksparteien neu zu erfinden, stark von der Kriegserfahrung der Katholiken beeinflusst waren. Ob man sich als Katholik nun den Nazis angeschlossen, «nur» mit ihnen kollaboriert, ob man entschieden Widerstand geleistet oder einfach irgendwie versucht hatte, unbeschadet über die Runden zu kommen – in den frühen 1940er Jahren konnte sich niemand der Gewalt des Weltkrieges entziehen. Davon zeugen nicht zuletzt die Biografien prominenter christdemokratischer Politiker der Nachkriegszeit, etwa die des widerwillig für Hitler in den Krieg ziehenden Franz Josef Strauß[13] oder des DC-Mitgründers Alcide De Gasperi, der geschützt, aber politisch stark eingeschränkt einem gewöhnlichen Beruf nachging (De Gasperi arbeitete in den 1930er Jahren in der Bibliothek des Vatikans). Die meisten führenden katholischen Politiker der Epoche kamen deswegen rasch zu dem Schluss, dass die europäische Nachkriegsordnung eine um jeden Preis *menschlichere* Ordnung sein müsse. Dieser Gedanke sollte auch die neuen Parteien prägen. 1946, als Deutschland noch in

Trümmern lag, hielt der spätere Kanzler Adenauer in einer bedeutenden Rede an der Universität Köln fest:

> Der Fundamentalsatz des Programms der CDU, der Satz, von dem alle Forderungen unseres Programms ausgehen, ist ein Kerngedanke der christlichen Ethik: die menschliche Person hat eine einzigartige Würde, und der Wert jedes einzelnen Menschen ist unersetzlich.[14]

Dass sich Adenauer hier emphatisch auf die christliche Ethik und Menschenwürde bezog, mag nicht besonders überraschend oder interessant erscheinen. Schließlich hielt er seine Rede in einem in jeder Hinsicht zerstörten Land, zu einem Zeitpunkt, als es für die meisten Deutschen, wie ein anderer prominenter christdemokratischer Politiker in seinen Erinnerungen notiert, «um das Überleben ging, ums Essen, Heizen, die Behausung, das Wiederfinden der nächsten Angehörigen, kurz gesagt um die nackte Existenz.»[15] Die Besinnung auf zivilisatorische Grundwerte war also mehr als naheliegend. Dennoch sind Adenauers Worte mehr als die Post-Krisen-rhetorik eines erfahrenen Politikers, der eben auch gläubiger Katholik war. Ihre ganze Bedeutung ist nur vor dem Hintergrund einer gewichtigen programmatischen Entwicklung innerhalb der katholischen Kirche zu begreifen, die ihren Anfang bereits in den späten 1930er Jahren genommen hatte. In den letzten Lebensjahren des erzkonservativen und ursprünglich profaschistischen Papstes Pius XI. setzte im Vatikan nämlich ein vorsichtiges Umdenken ein, weg vom Faschismus und hin zur Affirmation universeller Menschenrechte. Der Nachfolger Pius XII. akzeptierte – natürlich unter Vorbehalt – sogar die Demokratie, was man freilich nicht überbewerten darf: Die römisch-katholische Kirche wurde nicht urplötzlich promodern oder demokratisch, das ist sie bis heute nicht; dennoch kam es zu einer spürbaren Modernisierung des «offiziellen» katholischen Denkens, die sowohl die Programmatik der neugegründeten christdemokratischen Parteien als auch die Nachkriegsverfassungen stark beeinflussen sollte.

Zentral für diesen bemerkenswerten Sinneswandel war die Neuinterpretation des Begriffs der «Würde» bzw. «Menschenwürde», dessen besondere Bedeutung bereits in den bahnbrechenden Sozialenzykliken *Rerum Novarum* (1891) und *Quadragesimo anno* (1931) hervorgehoben wurde.[16] In der von Pius XI. veröffentlichten Schrift *Quadragesimo*, die ja eine Reflexion über die Lehren von *Rerum* war, wurde Würde noch in erster Linie als Attribut bestimmter *Gruppen* oder *Kollektive* verstanden – etwa die Würde der Arbeiterschaft.[17] Darin kam der für die katholische Soziallehre grundlegende Gedanke zum Ausdruck, dass der Mensch von Natur aus immer in größere soziale Gebilde eingebettet ist, die es zu bewahren gelte. Zur folgenschweren Umdeutung der Idee der Menschenwürde dahingehend, dass *jeder einzelne* Mensch eine einzigartige Würde habe, kam es dann aufgrund der Gewaltexzesse des Nationalsozialismus und Kommunismus, von denen einige bereits Mitte der 1930er Jahre bekannt wurden. Einflussreiche Laien wie der französische Philosoph Joseph Vialatoux stießen in diesem Zusammenhang wichtige Debatten über die Essenz der Menschenwürde an, die auch vom Klerus ernst genommen wurden, und beharrten auf einer grundlegenden Neuorientierung.[18] Laut Vialatoux war die Idee individueller Menschenwürde nicht nur die adäquate christliche Antwort auf den Totalitarismus, sondern auch auf das spirituell entleerte säkulare (Menschen-)Rechtsdenken des Liberalismus. 1937 äußerte sich Pius XI. in ähnlicher Weise, zuerst in der Enzyklika *Mit brennender Sorge*, die das Hitler-Regime offen verurteilte, und dann einen Monat später in der antikommunistischen Enzyklika *Divini redemptoris*, in der der Papst erstmals ausdrücklich von der «Würde des Individuums» spricht.[19]

Divini redemptoris ist von epochaler Bedeutung, weil hier kein einfacher katholischer Gelehrter, sondern der Pontifex persönlich die Idee der individuellen Menschenwürde artikuliert. Zudem war

Pius XI. ja nicht gerade ein Vertreter des gemäßigten Sozialkatholizismus, dessen meist intellektuelle Anhänger (wie Vialatoux oder Jacques Maritain) gegenüber einer Individualisierung des Würdebegriffes aufgeschlossen waren. Im Gegenteil: Pius XI. war ein zutiefst konservativer, in Zügen sogar reaktionärer Papst, und es spricht im Nachhinein Bände über seinen Wertekompass, dass er zwar kräftig gegen Kommunismus und Nationalsozialismus austeilte, über den Faschismus aber kaum ein Wort verlor. Sein Hauptgegner war eindeutig der Kommunismus: Dieser beraube «den Menschen seiner Freiheit, der geistigen Grundlage seiner moralischen Lebensführung; der Persönlichkeit des Menschen nimmt er jede Würde und jeden moralischen Halt im Aufruhr blinder Instinkte. Was das Verhältnis des Einzelmenschen zur Gemeinschaft angeht, so anerkennt er keinerlei naturgegebene Rechte der menschlichen Persönlichkeit, dass sie nach ihm nichts anderes ist als ein einfaches Rad im Gefüge einer Maschine.»[20] Die Formulierung «naturgegebene Rechte der menschlichen Persönlichkeit» ist hier wohlgemerkt nicht nur Ausdruck eines christlichen moralischen Universalismus, der die europäischen Nachkriegsverfassungen ebenso prägen sollte wie die Allgemeine Erklärung der Menschenrechte von 1948.[21] Sie hat auch eine antiliberale Konnotation. Ganz bewusst wird nämlich nicht vom *Individuum* gesprochen – ein Begriff, der mit dem säkularen liberalen «Atomismus» assoziiert wurde –, sondern von der menschlichen *Persönlichkeit.*

Eugenio Pacelli, der 1939 zum Papst gewählt wurde, setzte die Linie seines Vorgängers fort.[22] Als Pius XII. sorgte er in den Kriegsjahren vor allem mit seinen Weihnachtsrundfunkbotschaften für Aufsehen, die sich gegen den Totalitarismus im Allgemeinen und den Nationalsozialismus im Besonderen richteten. Weltweit bekannt wurde nicht zuletzt die Ansprache vom 24. Dezember 1942, die den Untertitel «grundlegende Normen für eine innere Ordnung der Staaten und Völker» trug. Darin bekundete Pius XII. seine Sorge um die «Hunderttausenden, die, persönlich schuldlos, bisweilen nur um ihrer Nationalität oder Abstammung willen dem Tode geweiht oder einer fortschreitenden Verelendung preisgegeben sind»[23] – gemeint waren insbesondere die Juden in Osteuropa –, und formulierte gleichzeitig «Grundforderungen der friedlichen Gemeinschaftsgestaltung.» Die erste dieser Forderungen akzentuiert abermals den Begriff der Würde:

> Wer will, dass der Stern des Friedens über dem menschlichen Zusammenleben aufgehe und leuchte, der helfe zu seinem Teil mit an der Wiedereinsetzung der menschlichen Persönlichkeit in die ihr durch Gottes Schöpferwillen von Anbeginn verliehene Würde; der wehre dem maßlosen Zusammentreiben der Menschheit zu einer seelenlosen Masse.[24]

Wie der Menschenrechtshistoriker Samuel Moyn gezeigt hat, bildeten diese Stellungnahmen des Papstes eine wichtige Brücke zwischen den humanistischen Überzeugungen der in den 1930er Jahren weitgehend marginalisierten moderaten, antifaschistischen Katholiken und der Verwendung des Begriffs der Menschenwürde nach 1945.[25] Und damit ist nicht nur Adenauers Kölner Rede von 1946 gemeint, sondern etwa auch der Art. 1(1) des Grundgesetzes, nach dem die Würde des Menschen «unantastbar» ist.

Wahre und falsche Demokratie

Die Betonung eines individualisierten Verständnisses der Menschenwürde ging Hand in Hand mit einer noch erstaunlicheren Entwicklung im politischen Denken der Kirche: Wohl als erster Papst überhaupt äußerte sich Pius XII. *positiv* über die Demokratie. 1944 warf er in seiner Weihnachtsrundfunkansprache die Frage auf, «nach welchen Gesetzen» sich eine politische Ordnung «richten muss, um den Namen einer wahren und gesunden Demokra tie, die den Bedürfnissen der jetzigen Stunde angepasst ist, zu verdienen.»[26] Das allein war schon eine epochale Konzession: Mit seiner Frage räumte der Papst schließlich ein, dass es eine akzeptable, ja wünschenswerte Form der Demokratie geben könne – was zuvor von so gut wie allen Päpsten abgestritten wurde. Was aber zeichnet die «wahre und gesunde» Demokratie aus? Und was unterscheidet sie von der «falschen» Demokratie? Zur Beantwortung dieser Frage räumt Pius XII. der Unterscheidung zwischen «Volk» und «Masse» einen zentralen Stellenwert ein: «Das Volk lebt und bewegt sich durch sein eigenes Leben; die Masse ist an sich untätig, sie kann nur von außen her bewegt werden.»[27] Der Staat kann sich dementsprechend der «elementaren Gewalt der Masse» bedienen, «wenn er sie geschickt leitet und benutzt»; und damit ist das Schicksal der Demokratie schon besiegelt, insbesondere wenn «der Staat dem Ehrgeiz eines einzigen oder einiger Führer, die künstlich durch ihre egoistischen Leidenschaften geeint sind, unterworfen ist» – so wie in Hitler-Deutschland oder der Sowjetunion unter Stalin. Denn «dann kann es dahin kommen», dass der Führer «mit Unterstützung der Masse, die er nur noch eine Maschine sein lässt, dem besseren Teil des Volkes seine willkürlichen Beschlüsse aufzwingt. Dadurch wird das allgemeine Wohl schwer und nachhaltig verletzt, und diese Verwundung ist nicht leicht zu heilen.» Deshalb ist «die Masse [...] der Hauptfeind der wahren Demokratie und ihres Ideals von Freiheit und Gleichheit.»[28]

Mindestens genauso gefährlich wie die Manipulierbarkeit der Masse ist laut Pius XII. der «Staatsabsolutismus» gewisser politischer Eliten. Gemeint ist hier die Tendenz, dem modernen säkularen Staat absolute Autorität und Souveränität zuzuschreiben. Oder in den Worten des Papstes: der irrige «Grundsatz, dass die Autorität des Staates unbegrenzt ist und dass ihr gegenüber, – auch dann, wenn sie ihren machtgierigen Bestrebungen freien Lauf lässt und so die Grenzen von Gut und Böse überschreitet – kein höheres, moralisch verpflichtendes Gesetz angerufen werden kann.» Dementgegen ist

> [e]ine gesunde Demokratie, die auf den unveränderlichen Grundlagen des Naturgesetzes und der geoffenbarten Wahrheiten beruht, […] entschieden der politischen Verderbtheit entgegengesetzt, die der Gesetzgebung des Staates eine zügel- und grenzenlose Macht zubilligt, und die aus dem demokratischen Regime selbst, trotz der trügerischen gegenteiligen Erscheinung, ganz klar ein System des Absolutismus macht.[29]

Hier muss man hinzufügen: Während der «Absolutismus des Staates» von der Kirche traditionell mit dem *Liberalismus* identifiziert wurde (der bekanntlich im 19. Jahrhundert zahlreiche bürgerliche Bewegungen befeuerte, die den politischen Einfluss des Klerus zurückdrängen wollten), bezieht sich der Begriff des Staatsabsolutismus in der Weihnachtsansprache Pius' XII. primär auf den *Totalitarismus.* Gleichzeitig sahen aber viele Katholiken den Totalitarismus als ein Produkt des Liberalismus. Diese Einschätzung findet sich prominent in *Divini redemptoris*, wo es über den totalitären Kommunismus heißt: «Der Liberalismus hat den Weg bereitet»![30] Die «wahre» Demokratie ist also *weder* die liberale Demokratie, die die Rolle des Staates überhöht, *noch* die «Führerdemokratie», als die sich der Totalitarismus fälschlicherweise ausgibt. Sie ist eine Demokratie, «die der menschlichen Würde entspricht, im Einklang mit dem Naturgesetz und den Plänen Gottes, die Er in der Offenbarung aufgezeigt hat, zu guten Ergebnissen gelangen kann.»[31]

Das ist zugegebenermaßen nicht besonders konkret oder greifbar, aber zumindest gibt Pius XII. an, was er unter einer *falschen* Demokratie versteht und – noch wichtiger – dass er sich eine mit katholischen Lehren vereinbare Form der Demokratie im Prinzip vorstellen kann. Zahlreichen Zeitgenossen war die historische Bedeutung dieses Sinneswandels durchaus bewusst. Die englische

Journalistin Anne O'Hare McCormick bezeichnete die Weihnachtsansprache des Papstes in der *New York Times* folglich als ein «extraordinary document», in dem das Kirchenoberhaupt entschlossen die «Demokratie zur besten und sichersten Regierungsform erklärte.»[32] Darüber hinaus verliehen die Wortmeldungen des Papstes zur Demokratie – genau wie die früheren Aussagen zur Menschenwürde – den Theorien einflussreicher Laien wie Jacques Maritain und Emmanuel Mounier mehr Gewicht. Diese hatten schon vor dem Krieg einen katholischen Humanismus verteidigt, der gerade in den Reihen jener gemäßigter Katholiken Anklang fand, die später mehrheitlich die Programmatik der neuen christdemokratischen Parteien definieren würden.[33] In Maritains Werken *Humanisme Intégrale* (1936) und *Christianisme et démocratie* (1942) sind tatsächlich bereits alle Themen vorhanden, die Pius XI. und Pius XII. in ihren Enzykliken und Weihnachtsansprachen aufgreifen sollten – von der naturrechtlichen Begründung der individuellen Menschenwürde über die Kompatibilität der Demokratie mit den katholischen Lehren bis hin zum fortgesetzten Antiliberalismus.[34] Nun wurden diese Ideen zur offiziellen Doktrin des Vatikans – ein Vorgang, der 1965 auch vom Zweiten Vatikanischen Konzil bestätigt wurde.[35]

Ohne die Aufrichtigkeit im päpstlichen Umdenken in Zweifel zu ziehen: Rückblickend ist vor allem befremdlich, wie wenige Gläubige dem Vatikan nach 1945 vorwarfen, im Laufe der 1930er Jahre unterschiedliche Formen des Faschismus und Autoritarismus unterstützt zu haben. Der Historiker Johannes Großmann beschreibt die Lage akkurat: «In den Augen der meisten Italiener hatte sich die Kirche durch ihre Zugeständnisse an das faschistische Regime nicht kompromittiert. Der päpstliche Beistand für die aufständischen Nationalisten im Spanischen Bürgerkrieg, das Konkordat mit Hitlerdeutschland und das Einvernehmen mit dem Vichy Regime wurden nach dem Zweiten Weltkrieg verharmlost oder zu Strategien kirchlicher Selbstbehauptung und Resistenz umgedeutet. Vergessen waren die Agitation der katholischen Ligen in der französischen Dritten Republik, die ambivalente Haltung deutscher Pfarrer und Bischöfe gegenüber der Weimarer Republik oder die wohlwollende Einstellung der Kirche gegenüber dem autoritären ‹Ständestaat› in Österreich, wenn es um die Frage nach Schuld und Verantwortung, nach Ursprüngen und gesellschaftlichem Nährboden der totalitären Versuchung ging.»[36] Dieser allgemeine Verdrängungsprozess erleichterte es der Kirche, einen moralischen und politischen Führungsanspruch zu stellen. Davon profitierten auch die neuen christdemokratischen Parteien.

Der christliche «dritte Weg»

Die antitotalitäre und antiliberale, aber eben auch prodemokratische Haltung katholischer Eliten beeinflusste die Programmatik der neuen christdemokratischen Parteien erheblich. In Ländern wie Frankreich, Belgien und Italien nutzten führende christdemokratische Politiker die Schriften Maritains und Mouniers zur Ausbuchstabierung eines christlich inspirierten «dritten Wegs» zwischen Liberalismus und Kommunismus. Im Grundsatzprogramm der belgischen PSC/CVP von 1946 kommt beispielsweise die «Versklavung» des Menschen zur Sprache, die «heutzutage» entweder von den liberalen «Mächten des Geldes» oder dem «administrativen Cäsarismus» des marxistischen *État totalitaire* vorangetrieben werde.[37] Die Freiheit des Menschen, so das Programm weiter, könne nur in einer christlichen Demokratie verwirklicht werden, die die menschliche Persönlichkeit gleichermaßen gegen die egoistischen Exzesse des Liberalismus und die bürokratische Repression des Kommunismus verteidigt. Alles in allem liest sich das Nachkriegsmanifest der PSC/CVP wie eine Paraphrase der Philosophie Maritains. Damit standen die belgischen Christdemokraten keineswegs allein auf weiter Flur.[38]

Wenngleich es aus heutiger Sicht schwer vorstellbar ist, gilt es gesondert hervorzuheben: Durch ihre sowohl antikommunistische als auch antiliberale Ausrichtung waren die meisten der neugegründeten christdemokratischen Parteien wirtschaftspolitisch Mitte-Links-Parteien. Einige wollten überraschenderweise direkt an britische (!) Traditionen des demokratischen Sozialismus anknüpfen. Die ÖVP definierte sich unmittelbar nach dem Krieg etwa als «sozial engagierte Sammelpartei», die ideologisch in wesentlichen Punkten der britischen Labour Party nahestehe.[39] Trotz des relativ «linken Ansatzes einzelner ÖVP-Funktionäre» war diese politische Selbstverortung «angesichts der personellen Kontinuität, die die Partei mit den Christlichsozialen und dem Austrofaschismus verband», freilich «auf Dauer weder innen- noch außenpolitisch aufrechtzuerhalten.»[40] Auch in Italien nahmen die prägenden Vordenker der DC nicht nur auf Philosophen wie Maritain und Mounier Bezug: Ihre programmatischen Vordenker Giuseppe Dossetti, Amintore Fanfani und Giorgio La Pira, die auch an der neuen italienischen Verfassung mitschreiben sollten, waren ebenfalls große Bewunderer des Labour-Politikers Stafford Cripps und zutiefst vom fulminanten Wahlsieg der Labour Party 1945 beeindruckt, die damals mit einem ambitionierten Programm zur umfassenden ökonomischen Neugestaltung der Gesellschaft angetreten war.[41] Aus ihrer Sicht sollten sich die italienischen Christdemokraten die Labour Party zum Vorbild nehmen, denn durch den Zusammenbruch des Faschismus war es möglich geworden, eine neue, gerechtere soziale Ordnung aufzubauen.

Warum diente ausgerechnet die britische Labour Party vielen wirtschaftlich linksstehenden Christdemokraten als Vorbild, nicht aber die kontinentaleuropäischen Arbeiterparteien? Vieles spricht für die Erklärung, dass das politische Selbstverständnis der Labour Party seit ihrer Gründung stark von der Ideologie des christlichen Sozialismus geprägt wurde,[42] während dic ideologische Triebkraft der meisten sozialistischen oder sozialdemokratischen Parteien auf dem Kontinent ein streng säkularer, materialistischer und nicht selten offensiv antiklerikal auftretender Marxismus war. Bereits bei der historischen Gründungstagung der Vorläuferpartei der heutigen Labour Party (der *Independent Labour Party*) in Bradford 1893 wurde ein großer Gottesdienst abgehalten, und bis weit ins 20. Jahrhundert hinein waren führende Labour-Aktivisten gläubige Christen. Die Anhänger der Labour-Church-Bewegung sahen die Arbeiterbewegung als «Mittel zur Verwirklichung des Sozialismus und damit des Reichs Gottes auf Erden.» Ihnen zufolge war das «göttliche Leben [...] in der Arbeiterbewegung und ihrem Kampf um die Verwirklichung der Wahrheit der universellen Brüderlichkeit gegenwärtig.»[43] Obwohl der vorwiegend protestantische britische christliche Sozialismus wenig mit der katholischen Soziallehre gemein hatte, gab es große Überschneidungen mit den wirtschafts- und sozialpolitischen Ambitionen kontinentaler Christdemokraten.

In Deutschland kam es – möglicherweise aufgrund des antiprotestantischen Reflexes vieler führender katholischer Christdemokraten – zu keiner nennenswerten Annäherung an Labour-Gedankengut. Trotzdem waren auch die Unionsparteien ursprünglich in ökonomischen Fragen links. Ein faszinierendes Dokument dieser ideologischen Frühphase ist das Ahlener Programm vom 3. Februar 1947, dessen maßgeblicher Autor niemand geringeres als Konrad Adenauer war.[44] In den legendären Eingangssätzen des Programmes heißt es:

> Das kapitalistische Wirtschaftssystem ist den staatlichen und sozialen Lebensinteressen des deutschen Volkes nicht gerecht geworden. Nach dem furchtbaren politischen, wirtschaftlichen und sozialen Zusammenbruch als Folge einer verbrecherischen Machtpolitik kann nur eine Neuordnung von Grund aus erfolgen. Inhalt und Ziel dieser sozialen und wirtschaftlichen Neuordnung kann nicht

> mehr das kapitalistische Gewinn- und Machtstreben, sondern nur das Wohlergehen unseres Volkes sein.[45]

Man darf diese Botschaft gewiss nicht überbewerten. Es handelte sich beim Ahlener Programm um kein offizielles Grundsatzprogramm der CDU, sondern nur um eine knappe «programmatische Erklärung» des «Zonenausschuss[es] der CDU für die britische Zone» (so das Originaldokument). Als solches entsprach es «vor allem den Ansichten zahlreicher katholisch-sozialer Christdemokraten, jedoch nicht denen der CDU insgesamt.»[46] Trotzdem verdeutlichte das Programm, was die Sozialkatholiken scheinbar dachten – und das stand im Einklang mit den ideologischen Tendenzen, die sich zeitgleich in anderen christdemokratischen Parteien Europas bemerkbar machten, in denen die sozialen Katholiken die treibende Kraft waren. Dass das Ahlener Programm am Ende nur eine ideologische Übergangsphase in der CDU darstellte, muss kaum näher dargelegt werden.[47] Spätestens in den 1949 verabschiedeten Düsseldorfer Leitsätzen wurde ein deutlich kapitalismusfreundlicherer Weg eingeschlagen, mit dem sich auch die wirtschaftsliberalen protestantischen Christdemokraten identifizieren konnten.

Obwohl sich die meisten christdemokratischen Parteien in den Nachkriegsjahrzehnten mehr und mehr von ihrer ursprünglichen Kapitalismuskritik abwandten (eine Entwicklung, die bekanntlich auch ihre sozialdemokratischen Rivalen durchliefen), war der christliche «dritte Weg» zwischen Liberalismus und Kommunismus eine enorm wirkmächtige Idee. Schließlich war die Christdemokratie nach 1945 die dominante politische Kraft in Kontinentaleuropa und damit in der einzigartigen Position, ihre sozial- und wirtschaftspolitischen Vorstellungen direkt umsetzen zu können. Die meisten Parteien konzipierten das von der Soziallehre inspirierte Ideal eines «sozialen Kapitalismus» im Sinne eines leistungsfähigen Wohlfahrtsstaates neu, der sowohl privates Eigentum schützen als auch ein gewisses Maß an sozialer Gerechtigkeit herstellen sollte.[48] Einerseits wurden die alten korporatistischen Harmoniefantasien in sozialpartnerschaftliche Ausgleichsmechanismen übersetzt, die neben den demokratischen Institutionen existieren sollten. Andererseits machten die Christdemokraten das «konservative, heteronormative Familienbild», das den Mann als natürlichen Ernährer und die Frau als Mutter und Erzieherin definiert, zum Leitprinzip ihrer Sozialpolitik im Allgemeinen und Familienpolitik im Besonderen.[49] Das Resultat war eine bis in die 1960er Jahre stabile bürgerliche Gesellschaftsordnung, in der – wie heutzutage selbst manch eingefleischter Linker bewundernd schreibt – «die Machtverhältnisse zwischen den Klassen ausgeglichen waren wie niemals vorher im Kapitalismus.»[50]

Eine «postliberale» Verfassung

Ist der politische Katholizismus nach 1945 also ein für alle Mal demokratisch geworden? Hat die Erfahrung von Krieg und Totalitarismus jeglichen autoritären und reaktionären Tendenzen den Nährboden entzogen? Richtig ist, dass die offen antidemokratischen Strömungen innerhalb des politischen Katholizismus ins Hintertreffen geraten waren. Das galt zumindest für die stark von den Auswirkungen des Zweiten Weltkriegs betroffenen Länder Kerneuropas, also Deutschland, Italien, Frankreich, Belgien, die Niederlande, Luxemburg und Österreich. Auf der Iberischen Halbinsel waren hingegen immer noch autoritäre Regime mit betont katholischem Anstrich an der Macht. Oft wird zudem vergessen, dass die neuen christlichen Parteien auf dem Kontinent markant *antiliberale* Positionen vertreten haben, die weit über den bereits erwähnten Antikapitalismus hinausgingen. In der Tat war die demonstrative Ablehnung des Liberalismus ein zentrales Merkmal der politischen Ideologie der jungen Christdemokraten, das in den ersten Nachkriegsjahren auch ihre Politik wesentlich beeinflusste. Es lohnt sich, kurz darüber zu reflektieren, da das Verhältnis von Christdemokratie und Liberalismus heute wieder zur Diskussion steht – und zwar wesentlich aufgrund der in Ungarn ausgerufenen «illiberalen Demokratie», die der ungarische Premierminister Viktor Orbán bekanntlich als das wahrhaft christdemokratische Demokratiemodell anpreist: «Die Christdemokratie ist nicht liberal […]. Sie ist illiberal, wenn man so möchte.»[51] Und das ist aus historischer Sicht nicht ganz falsch.

Ein glänzendes Beispiel für die illiberalen Ingredienzien der europäischen Nachkriegschristdemokratie ist die 1947 verabschiedete italienische Verfassung, die in wesentlichen Zügen von Politikern der DC formuliert wurde. Sie war ausdrücklich als Gründungsdokument einer «postliberalen Demokratie» gedacht, dessen Grundlage nicht das vermeintlich toxisch individualistische Rechtsdenken des säkularen Liberalismus sein sollte, sondern das christliche Naturrechtsdenken und der von Maritain und Mounier propagierte «Personalismus».[52] Der Kreis der jungen katholischen Intellektuellen um Giuseppe Dossetti und Giorgio La Pira setzte sich im verfassungsgebenden Prozess aktiv dafür ein, dass Schlüsselformulierungen der neuen demokratischen Verfassung in religiös konnotierter Sprache gehalten werden. Das war bestimmt nicht immer einfach, da im Verfassungsausschuss auch Kommunisten und Sozialisten vertreten waren, denen die gewünschten katholischen Referenzen vermutlich widerstrebten. Dennoch waren die Christdemokraten erfolgreich, was bereits in Artikel 2 der neuen Verfassung sichtbar wird. Demzufolge anerkennt und gewährleistet die neue Republik «die unverletzlichen Rechte des Menschen, sei es als Einzelperson, sei es innerhalb der gesellschaftlichen Gebilde, in denen sich seine Persönlichkeit entfaltet», und fordert die «Erfüllung der unabdingbaren Pflichten politischer, wirtschaftlicher und sozialer Verbundenheit.» Im Begriff der «Persönlichkeit» und der Hervorhebung der sozialen Verankerung des

Menschen samt den daraus erwachsenden Pflichten manifestiert sich das katholische Gedankengut der christdemokratischen Verfassungsväter.

Es ist verlockend, den Hinweis auf die christliche Sprache der italienischen Verfassung als reine akademische Spitzfindigkeit abzutun, die für die substanzielle Bedeutung des Verfassungstextes letztlich kaum Bedeutung hat. Konkret könnte der Einwand lauten, dass die hochtönenden Verkündungen über die unverletzlichen Rechte des Menschen und die Entfaltung der Persönlichkeit nichts weiter als *Umformulierungen liberaler Prinzipien* seien. So berechtigt diese Skepsis zunächst erscheinen mag, verkennt sie die besondere Bedeutung der Sprache von Verfassungen. «Da die Verfassung nicht nur für das Gemeinwesen insgesamt, sondern auch für jeden Einzelnen existentielle Bedeutung hat», bemerkt etwa der renommierte Rechtshistoriker Michael Stolleis, «kommt es auf die ‹Bedeutung› sprachlicher Ausdrücke an.»[53] Alle, die unter einer Verfassung leben, so Stolleis, praktizieren laufend Verfassungsrecht: «[S]ie reden und handeln, nutzen Freiräume, praktizieren Partnerschaften und Familie, erziehen Kinder, bilden Vereine, versammeln sich und ‹protestieren›», kurzum: sie nutzen «Menschen- und Bürgerrechte […] und reden über Rechte und Pflichten. Dieses Reden ist die Kommunikation über die Regeln, aus denen das Gemeinwesen besteht und die es zusammenhalten.»[54] Deshalb macht es auch einen Unterschied, ob eine Verfassung in einer dezidiert religiösen Sprache daherkommt, die vielleicht nur für Gläubige als solche identifizierbar ist, ihnen aber ermöglicht, sich explizit auf das christliche Fundament des Staates zu beziehen – oder in einer neutralen säkularen Sprache gehalten ist, die solche Interpretationen erschwert oder verunmöglicht. Das wussten auch die *professorini* («jungen Professoren») um Dossetti: Sie wollten dem neuen Italien eine christliche Identität geben, die ein gemeinsamer Bezugspunkt für alle Bürger sein sollte.

Außerdem muss man die Verfassung in ihrer Gesamtheit bewerten. Ihr «postliberaler» Charakter erschließt sich erst nach der Addition ihrer unterschiedlichen Elemente. Erstens – und hier sollte jeder Liberale aufhorchen – ist die Verfassung stark von einem «positiven» Freiheitsbegriff geprägt, also einer Freiheit *zur* Aufrechterhaltung des Gemeinwohls (statt der «negativen» Freiheit *von* Verpflichtungen).[55] Artikel 4 nimmt beispielsweise jeden Staatsbürger in «die *Pflicht*, nach den eigenen Möglichkeiten und nach eigener Wahl eine Arbeit oder Tätigkeit auszuüben, die zum materiellen oder geistigen Fortschritt der Gesellschaft beiträgt.» Der spätere italienische Premierminister Aldo Moro, damals ein junger Bewunderer von Dossetti, bekräftigte diese Haltung bei einer Debatte der verfassungsgebenden Versammlung: «Die Freiheit in einem demokratischen System zielt nicht auf den freien Willen des Einzelnen ab, sondern auf die volle Entfaltung der eigenen Werte sowie auf die positive Zusammenarbeit der Individuen zur Erreichung des Gemeinwohls.»[56] Zweitens verpflichtet die Verfassung die neue Republik (in Artikel 3) darauf, «die Hindernisse wirtschaftlicher und sozialer Art zu beseitigen, die durch eine tatsächliche Einschränkung der Freiheit und Gleichheit der Staatsbürger der vollen Entfaltung der menschlichen Persönlichkeit und der wirksamen Teilnahme aller Arbeiter an der politischen, wirtschaftlichen und sozialen Gestaltung des Landes im Wege stehen.» Dieses sozioökonomische Glücksversprechen geht deutlich über das hinaus, was landläufig als «liberal» gilt; speziell die Akzentuierung der *Arbeiter* klingt eher nach einem sozialistischen Parteiprogramm. Tatsächlich bestätigt sich hier die Bereitschaft der jungen Christdemokraten um Dossetti, bei der Niederschrift der Verfassung «mit Sozialisten und Kommunisten zusammenzuarbeiten, um den liberalen Individualismus zu überwinden.»[57]

Trotz dieser linken wirtschaftspolitischen Akzente, die mit der katholischen Soziallehre bestens vereinbar sind, ist die italienische Verfassung aber bei weitem keine «linke» Verfassung (und schon gar kein «kommunistisches Dokument», wie der ehemalige Premierminister Silvio Berlusconi wiederholt behauptete).[58] Unter Androhung des Vatikans, sich öffentlich für *andere* Parteien als die DC einzusetzen – gemeint war vor allem die extreme Rechte! –, bemühten sich die Christdemokraten darum, die 1929 zwischen Mussolini und dem Heiligen Stuhl geschlossenen Lateranverträge in die Verfassung zu integrieren.[59] Das berüchtigte Konkordat garantierte die Souveränität des Staates der Vatikanstadt und regelte die Beziehung zwischen der Kirche und dem italienischen Staat, was konkret bedeutete, dass der Katholizismus zur Staatsreligion erhoben wurde und sämtliche Vorrechte einer solchen genoss. Auf beeindruckende Weise setzten die Christdemokraten die Forderungen des Vatikans gegen den Widerstand der Sozialisten und Kommunisten durch, wobei bei weitem nicht alle Wünsche der päpstlichen Lobby erfüllt wurden.[60] Die Historikerin Giuliana Chamedes hat dies ausführlich dokumentiert: «Der Vorschlag, die Ehe als unauflöslich zu definieren, scheiterte an drei Stimmen (194 zu 191), sehr zum Ärger der katholischen Geistlichen in Italien, die wütend waren, dass die ‹Religion und die christliche Familie› verraten worden waren. Die Artikel zur Schulbildung scheiterten ebenfalls an internen Konflikten [in der verfassungsgebenden Versammlung, F. W.]. Der Verfassungsartikel, der schließlich von der Versammlung akzeptiert wurde, etablierte die Gleichwertigkeit zwischen religiösen und staatlichen Schulen, betonte aber auch, dass diese Gleichwertigkeit nur insofern bestehen könne, als sie keine finanziellen Verpflichtungen für den Staat mit sich bringe.»[61]

Da die Christdemokraten in den meisten gesellschaftlichen Fragen «durchweg konservativ»[62] waren, sind in der Verfassung überdies eine Reihe traditionalistischer Wertvorstellungen kodifiziert (die auch von den anderen am Verfassungsprozess beteiligten Parteien akzeptiert wurden). Das betrifft vor allem das Verständnis der Familie und die damit verbundene Ambivalenz bezüglich der Rolle und Rechte der Frauen. Zugegeben: Die in Artikel 29 vorgelegte Definition der Familie als «natürliche, auf die Ehe gegründete

Gemeinschaft» ist einigermaßen neutral gehalten, wenn man in Betracht zieht, dass die Verfassung in den späten 1940er Jahren geschrieben wurde. Doch der Artikel wurde – genau wie alle anderen die Ehe betreffenden Verfassungsartikel – von allen politischen Kräften im Lichte einer Vorstellung interpretiert, wonach die Frau in erster Linie Ehefrau und Mutter sei.[63] Auch die linken Parteien leisteten bis in die 1970er Jahre den Vorgaben der katholischen Kirche Folge, was politisch zu Lasten der Gleichstellung der Frauen ging. Ursprünglich wollte die Lobby des Vatikans das konservativ-katholische Familienbild noch expliziter in der Verfassung verankert sehen: «Blind gegenüber der wachsenden Arbeitsmarktbeteiligung der Frauen und der Tatsache, dass Frauen im Juni 1946 gerade zum ersten Mal in der italienischen Geschichte ihr Wahlrecht ausgeübt hatten, unterstrich die vom Vatikan ausgearbeitete Alternativverfassung die Rolle des Mannes als *pater familias* und die ‹häusliche Aufgabe der Frau›.»[64] Der Heilige Stuhl wollte insbesondere die Zerstörung der Kernfamilie durch Säkularisierung und technologischen Fortschritt verhindern, was sich mit den Zielen einiger prominenter Christdemokraten deckte. Der spätere Minister Guido Gonella erklärte etwa am ersten Parteitag der DC 1946:

> Eine unsichtbare und stille Bombe hat die Familieneinheit zerstört. Die Familie, wenn sie nicht schon zerstreut ist, versammelt sich eher um das Radio, das ein ohrenbetäubendes und dumpfes Fenster zur Welt ist, als um den heimischen Herd. Es ist eine Illusion, und die anwesenden Frauen sollten das besser verstehen als die Männer, zu versuchen, die Familie von innen heraus zu verteidigen. Der Staat mit seinen Kriegen wird dir deinen Mann oder deinen Bruder wegreißen, und die atheistische Erziehung oder die Korruption der Straßen werden die Seele deines Kindes stehlen. Die Familie ist eine Festung, die nicht von innen heraus verteidigt werden kann. Sicherlich müssen wir ihre innere Verteidigung aufbauen, aber wir müs-

> sen auch hinausgehen und den Feind in offener Schlacht bekämpfen.[65]

Wer in Gonellas Augen der «Feind» war, muss kaum weiter erläutert werden: Liberalismus und Kommunismus, zwei korrosive säkulare Ideologien, die sich gegenseitig verstärken.

Addiert man all diese Elemente, entsteht vielleicht nicht das Bild einer «illiberalen» Verfassung wie der ungarischen, die allein von Viktor Orbáns Fidesz-Partei konzipiert wurde (ein direkter Vergleich wäre aufgrund des unterschiedlichen historischen Kontexts ohnehin irreführend). Aber man bekommt ein Gefühl für die Substanz des prononcierten Antiliberalismus der frühen italienischen Christdemokraten. So links die wirtschaftspolitischen Überzeugungen der jungen katholischen Intellektuellen um Dossetti, Fanfani und La Pira auch waren, so traditionalistisch fielen die meisten gesellschaftspolitischen Standpunkte der Partei aus. Die *professorini* repräsentierten die sozialkatholische Avantgarde, während die DC auch einen lauten rechten Flügel hatte, dessen Vertreter «in den Jahren von 1945 bis 1948 ihre Stimme für eine Partei des Vatikans erhoben» und schließlich «für eine Koalition der DC mit den Monarchisten und falls notwendig auch mit den Neofaschisten» plädierten, um «einen starken antikommunistischen Block zu bilden.»[66] Außerdem war der erste Parteivorsitzende der DC, der staatsmännische Alcide De Gasperi (1881–1954), ein Mann des 19. Jahrhunderts, dessen politischer *track record* sich nicht gerade wie der eines in der Wolle gefärbten Demokraten oder Liberalen ausnahm. De Gasperi, der schon als Abgeordneter im Reichsrat der Österreichisch-Ungarischen Monarchie tätig war, befürwortete nämlich nicht nur in den 1920er Jahren eine enge Zusammenarbeit der Popolari mit Mussolinis Faschisten. Er äußerte sich auch begeistert über das Verbot der Sozialdemokratischen Partei Österreichs (die ihm zufolge «die Jugend ihres Landes entchristlicht und fanatisiert, und ihre politische Macht nutzt, um die Familie zu zerstören und den Glauben zu ersticken») durch das Dollfuß-Regime im Februar 1934 und war lange Zeit der Meinung, dass die katholische Kirche sich unbedingt mit Hitler gutstellen solle.[67] Gegen Ende des Krieges bekannte sich De Gasperi schließlich jedoch – wie viele andere Katholiken – offen zur Demokratie und widerstand sogar «dem Druck des Vatikans, die Option eines autoritären katholischen Staats offenzuhalten.»[68]

Antimaterialismus und Antiprotestantismus

Neben der italienischen DC waren die deutschen Unionsparteien nach dem Krieg die führende christdemokratische Kraft in Europa. Anders als die DC – zu deren Gründern einflussreiche programmatische Denker wie Dossetti zählten, für die die Christdemokratie ein geistiges Großprojekt war – hielten sich die Unionsparteien mit ambitionierten ideologischen Ankündigungen zurück.[69] Diese bewusste Abstinenz hatte ihre Gründe, schließlich waren die Deutschen nach Kriegsende «erschöpft, […] hatten die Nase voll von aufpeitschender Rhetorik, Mobilisierungsappellen, utopischen Heilsversprechen. Sie wollten Ruhe, Sicherheit, ein erträgliches Auskommen, wollten politisch entpflichtet, entlastet werden.»[70] Unter Adenauer traf die CDU damals exakt den Ton der Zeit. Der berühmte Slogan der Bundestagswahl 1957 – «Keine Experimente!» – ist paradigmatisch für die Selbstpräsentation der Partei. Das heißt aber nicht, dass die deutsche Nachkriegschristdemokratie keine politische Ideologie und Programmatik gehabt hätte, dass sie ein reines Stabilitätsprojekt ohne klare politische Linie gewesen sei. Im Gegenteil: So ideologisch aufgeladen wie in den ersten Jahren nach Kriegsende war die deutsche Christdemokratie danach vielleicht nie wieder.[71] Natürlich musste man sich oft kompromissbereit zeigen und leisetreten, um den zunächst sehr fragilen interkonfessionellen Frieden aufrechtzuerhalten.

Eine politische Vision gab es aber auf jeden Fall, und diese trug eher rheinländisch-katholische als norddeutsch-protestantische Züge.

Die amerikanische Historikerin Maria Mitchell, deren Buch über die Unionsparteien im Gegensatz zu vielen anderen, auf Deutsch veröffentlichten Studien nicht davor zurückschreckt, empfindliche Themen anzusprechen, definiert die Programmatik der frühen Adenauer-Union als eine vorwiegend *negative* Agenda, deren Kernelemente die emphatische Ablehnung «des Nationalsozialismus, des Liberalismus, der Emanzipation der Frau, des Säkularismus und nicht zuletzt des Marxismus» waren.[72] Die Parallelen zum Wertekanon der DC sind auffällig: Ähnlich wie den italienischen Christdemokraten ging es den führenden Köpfen der CDU um eine neue Form der Politik, um die nach dem Zivilisationsbruch des Weltkrieges so notwendige Re-Christianisierung Deutschlands voranzutreiben und den Vormarsch der säkularen Ideologien des Liberalismus und Kommunismus entschlossen zu bekämpfen.[73] In ihren programmatischen Debatten verwendeten prominente Christdemokraten gerne den Begriff «Materialismus» als eine Chiffre für alle Übel des Säkularismus. Exemplarisch dafür ist eine leidenschaftliche Rede Konrad Adenauers aus dem Jahre 1946. Darin erklärt der legendäre Patriarch der CDU, wie der Materialismus zum Totalitarismus geführt habe:

> Nach der Gründung des Kaiserreichs unter preußischer Vorherrschaft wandelte sich der Staat aus seinem ursprünglich lebendig gefügten Wesen mehr und mehr in eine souveräne Maschine. Die […] schnell zunehmende Industrialisierung, die Zusammenballung großer Menschenmassen in den Städten und die damit verbundene Entwurzelung der Menschen machten den Weg frei für das verheerende Umsichgreifen der materialistischen Weltanschauung im deutschen Volk. Die materialistische Weltanschauung hat zwangsläufig zu einer weiteren Überhöhung des Staats- und Machtbegriffs,

> zur Minderbewertung der ethischen Werte und der Würde des einzelnen Menschen geführt.[74]

«Materialistische Weltanschauung» heißt hier vor allem «Marxismus», denn Adenauer bezieht sich offensichtlich auf die durch Industrialisierung und Urbanisierung gewachsene Arbeiterbewegung. Wie viele andere deutsche Katholiken seiner Generation identifizierte er zudem den preußischen «Staatsabsolutismus» (so der markige Ausdruck von Pius XII.) als ursprünglichen Irrtum, der dem Marxismus nicht nur zum Erfolg verholfen, sondern dessen Staatsverständnis gleichsam präfiguriert habe. Bereits im preußischen Kaiserreich habe man sich laut Adenauer auf die schiefe Bahn zum Totalitarismus begeben, denn wer «eine Zentralisierung der politischen und der wirtschaftlichen Macht beim Staate oder bei einer Klasse erstrebt, […] bereitet zwangsläufig den Weg der Diktatur im Fühlen und Denken seiner Anhänger vor, wenn schließlich auch ein anderer den so vorbereiteten Weg der Diktatur beschreitet. Dass diese Entwicklung zwangsläufig ist, zeigt die Geschichte solcher Staaten, in denen Karl Marx der Messias und seine Lehre das Evangelium ist.» Die gleiche staatsabsolutistische Logik, so Adenauer weiter, liege auch dem Nationalsozialismus zugrunde. Dieser sei nämlich

> nichts anderes als eine bis ins Verbrecherische hinein vorgetriebene Konsequenz der sich aus der materialistischen Weltanschauung ergebenden Anbetung der Macht und Missachtung, ja Verachtung des Wertes des Einzelmenschen. In einem Volk, das so erst durch die preußische überspitzte und übertriebene Auffassung vom Staat, seinem Wesen, seiner Macht, den ihm geschuldeten unbedingten Gehorsam, dann durch die materialistische Weltanschauung geistig und seelisch vorbereitet war, konnte sich, begünstigt durch die schlechte materielle Lage weiter Volkskreise, verhältnismäßig schnell eine Lehre durchsetzen, die nur den tota-

> len Staat und die willenlos geführte Masse kannte, eine Lehre, nach der die eigene Rasse die Herrenrasse und das eigene Volk das Herrenvolk ist und die anderen Völker minderwertig, zum Teil vernichtungswürdig sind, nach der aber auch in der eigenen Rasse und im eigenen Volk der politische Gegner um jeden Preis vernichtet werden muss.

Mit Ausdrücken wie «willenlos geführte Masse» und «übertriebene Auffassung vom Staat» liest sich Adenauers bemerkenswerte Rede wie eine Paraphrase der Weihnachtsrundfunkansprache von Pius XII. aus dem Jahr 1944. Besonders auffällig sind dabei nicht nur die antimodernen Untertöne, sondern auch das kaum versteckte antipreußische und damit auch antiprotestantische Ressentiment. Adenauer hielt seine Rede in Köln – in der Stadt, dessen Oberbürgermeister er zwischen 1917 und 1933 war. Er konnte also mit einem weithin gleichgesinnten rheinländischen Publikum rechnen.[75] In Berlin oder Schleswig-Holstein hätte sich der brillante Taktiker wohl verhaltener geäußert. Die in der Rede des «Alten aus Rhöndorf» zum Vorschein kommenden, antipreußischen Vorbehalte waren unter den deutschen Katholiken jedenfalls weit verbreitet. Bereits in der Weimarer Republik attackierten einflussreiche katholische Politiker und Publizisten Preußen als Bastion des «materialistischen» Chauvinismus und Militarismus – ein Vorwurf, in dem auch noch die kollektive Erinnerung an Bismarcks Kulturkampf mitschwang.[76] Diese Feindseligkeit gegenüber Preußen «als gottlose Macht, die sich der Todsünde der Überheblichkeit schuldig gemacht hatte», behielten viele Katholiken bis weit in die 1950er Jahre bei.[77] Michael Horlacher, ein frühes Mitglied des CSU-Landesvorstandes, rief vor der Gründung der Bundesrepublik sogar dazu auf, das «deutsche Vaterhaus» dahingehend zu gestalten, «daß nicht noch einmal die reaktionären großpreußischen Herrschaftsschichten, diese reaktionäre Führerschicht in Deutschland, das Haupt erhebt.»[78] Der CSU-Politiker

Joseph Baumgartner, seines Zeichens Landwirtschaftsminister nach 1945, ging noch weiter: «Er wollte Bayern von preußischen Einflüssen ‹säubern›, darunter verstand er die Ausweisung der 400 000 Preußen, die im Freistaat lebten.»[79]

Die vermeintlich natürliche Verbindung zwischen Materialismus und Totalitarismus ließ viele katholische Unionspolitiker glauben, dass die «protestantisch-materialistischen Preußen» größere Schuld am Nationalsozialismus trugen als die «antimaterialistischen» Katholiken im Westen und Süden Deutschlands.[80] Dies, so eine populäre Sichtweise, könne man schon in der höheren Zustimmung der preußischen Protestanten zum Hitler-Regime ablesen, wohingegen die Katholiken stets zum Widerstand geneigt hätten. Adenauer selbst betonte kurz nach Kriegsende, dass das mehrheitlich katholische Köln das extreme Bombardement der Alliierten «von allen deutschen Großstädten [...] am wenigsten verdient [hatte]; denn nirgendwo ist dem Nationalsozialismus bis 1933 so offener und seit 1933 so viel geistiger Widerstand geleistet worden, nirgendwo waren die nationalsozialistischen Stimmen sogar noch bei den letzten freien Wahlen im Jahre 1932 prozentual so niedrig wie in Köln.»[81] Gleichzeitig sah man «die Preußen» auch als stark gefährdet, der Versuchung des Sowjet-Kommunismus zu erliegen, der wie die Nazi-Ideologie materialistisch grundiert war. Der CSU-Landesvorsitzende Josef Müller appellierte in diesem Sinne an seine Parteigenossen, «den Norden vor dem Abgleiten in den Osten zu schützen», was nur unter west- und süddeutscher Führung gelingen könne.[82] Laut Peter Altmeier, dem lange regierenden Ministerpräsidenten von Rheinland-Pfalz, müsse das politische und kulturelle Zentrum Deutschlands deshalb auf jeden Fall «am Rhein liegen, wo das nationalistische und zentralistische autoritäre Staatsdenken nie Wurzeln schlagen konnte.»[83] Zusätzliche argumentative Munition lieferten führende katholische Theologen wie der *Quadragesimo-anno*-Autor Oswald von Nell-Breuning, der behauptete, nur der Katholizismus könne garantieren, dass das den

Menschen vor den Gräueln des Totalitarismus schützende Naturrecht in vollem Umfang zum Tragen komme.[84]

In der Praxis verbreitete der Antiprotestantismus der Katholiken in den beiden Unionsparteien nicht nur schlechte Stimmung, sondern führte auch zu handfesten Konflikten über konkrete politische Maßnahmen. Das vielleicht beste Beispiel dafür ist der Streit um die von den katholischen Kräften geforderte Sicherung der sogenannten «Bekenntnisschule», also der konfessionell getrennten Volksschule. Da die Kulturpolitik für viele Katholiken «*das* zentrale Politikfeld» war, wurden bei diesem Thema die Grenzen katholischer Kompromissbereitschaft sehr deutlich.[85] Katholische Volksschüler sollten ganz selbstverständlich von katholischen Lehrern unterrichtet werden, die «alle Unterrichtsfächer im Geiste der katholischen Lehre zu gestalten hatten.»[86] Wie die nordrhein-westfälische Kultusministerin Christine Teusch erklärte, könne den Kindern nur so «die richtige geistige, moralische und religiöse Erziehung zuteil werden. Daraus entstehen dann sittliche Familien, die die Keimzelle des neuen Deutschlands sind.»[87] Überkonfessionelle Gemeinschaftsschulen wurden regelmäßig als «Tummelplatz der sozialistisch-atheistischen Lehrer» denunziert, und der konservative katholische Familienminister Franz-Josef Wuermeling warnte ausdrücklich davor, «das Gewissen der Eltern durch Einführung der simultanen Zwangseinheitsschule zu vergewaltigen.»[88] Das in diesem Zusammenhang lancierte «Elternrecht» auf freie Wahl der Schulform klingt im Prinzip nach einer recht liberalen Initiative der CDU-Katholiken; in Wahrheit ging es dabei jedoch darum, die Infiltrierung katholischer Milieus mit dem «materialistischen» Gedankengut protestantischer Milieus zu verhindern.

Illiberale Momente, rechte Appelle, eingeschränkte Demokratie

Obwohl es in ihren Reihen einige Sympathisanten mit dem Liberalismus aus dem Umfeld der am Ende der Weimarer Republik aufgelösten DDP und DVP gab, waren die frühen Unionsparteien also keine liberalen Parteien. Tonangebend waren vielmehr religiös fundierte Ideologieströmungen, die sich klar von säkularen Staats- und Gesellschaftsverständnissen abgrenzen wollten.[89] Die Historikerin Martina Steber zeigt, dass der Liberalismus noch in den späten 1950er Jahren «als unvereinbar mit den Grundsätzen, auf denen die Unionsparteien ruhten», galt.[90] Ähnlich wie der kategorische Antikapitalismus, der die Christdemokraten in ihrer Frühphase auszeichnete, mag das heute befremdlich wirken. Aber gerade im Arbeitnehmerflügel der CDU wurde der Antiliberalismus bis in die Ära des «Wirtschaftswunders» hinein lange hochgehalten. Noch beim Bundesparteitag 1958 polterte Hans Katzer, der Vorsitzende der Sozialausschüsse, in Richtung wirtschaftsliberaler CDU-Protestanten: «Die Christlich Demokratische Union ist stark geworden als Partei der Mitte. Sie ist stark geworden, weil sie sich gleichermaßen wehrte gegen den Sozialismus und *gegen den Liberalismus.*»[91] Dass Katzer für einen spezifisch sozialkatholischen Antiliberalismus steht, der als Möglichkeitsbedingung des sozialen Ausgleichs verstanden wird, ist eine Sache. Allerdings existierte gerade unter den katholischen Unionspolitikern auch ein ganz anderer, paternalistischer Antiliberalismus, der mitunter eine Politik hervorbrachte, die in frappierender Weise an die «illiberalen Demokratien» der Gegenwart erinnert.

Das Paradebeispiel aus dem deutschen Kontext ist die Spiegel-Affäre von 1962, deren Verlauf im Folgenden nicht im Detail wiedergegeben werden muss. Es genügt, kurz darauf hinzuweisen, dass der Angriff auf ein führendes deutsches Printmedium von zahlreichen Bürgern, Wissenschaftlern und Kommentatoren als deutliches «Bekenntnis des Bundeskanzlers» zu einem «vordemokratischen Denken» wahrgenommen wurde, «das in eine längst vergangen geglaubte Zeit gehöre.»[92] Bezeichnenderweise fand es Adenauer jedoch offenbar «ganz normal, dass die Strafverfolgungsbehörden ‹regelmäßig› alle verfügbaren Zeitungen lesen – ‹und zwar daraufhin, ob strafbare Handlungen› in Form von Veröffentlichungen ‹begangen wurden›.» Bis heute sei dies, so der Kanzler, «Gott sei Dank ‹bei uns in Deutschland eine alte Tradition›; das habe ‹mit Beschränkung der Pressefreiheit überhaupt nichts zu tun›.»[93] Wie der Biograf des kontroversen CSU-Politikers und damaligen Verteidigungsministers Franz Josef Strauß dargelegt hat, hatte sich der Kanzler tatsächlich immer wieder «mit der Frage beschäftigt, ob und wie man Landesverrat gesetzlich schärfer bedrohen sollte. Und in der Einschätzung, dass man der Justiz, wenn nötig, Beine machen müsse», stimmten Adenauer und Strauß auch «überein: ‹Wir leben in derartig bewegten Zeiten und auch das Rechtsgefühl bei den Richtern ist so wenig stark entwickelt› – der Justiz fehle zuweilen ‹der Sinn für die Notwendigkeiten des Staates›» – so Adenauer wörtlich in einem Brief an seinen Kanzleramtschef Hans Globke.[94]

Praktizierte Adenauer damit selbst eine Art «Staatsabsolutismus»? Der Vorwurf scheint nicht ganz aus der Luft gegriffen, wenngleich die autoritäre Veranlagung des CDU-Patriarchen von der totalitären Politik, die mit dem Begriff des Staatsabsolutismus herkömmlicherweise beschrieben wurde, denkbar weit entfernt ist. Zutreffend ist jedenfalls, dass die führenden Christdemokraten der Nachkriegsära eine Form der Demokratie bevorzugten, in der (gewisse) Bürgerfreiheiten und sogar der Gesetzgebungsprozess selbst von «oben» eingeschränkt werden dürfen und müssen, um die Stabilität der staatlichen Ordnung zu wahren.[95] Wir erinnern uns an die wiederholte Warnung vor dem destruktiven Potenzial der «willenlos geführten Masse»; um dieses nicht erneut zu entfesseln, sollte die «Entscheidungsfindung weitgehend vom Volk entfernt» werden.[96] Konkret wurde dies vor allem in eine «Schwächung der Parlamente übersetzt», «wobei man insbesondere die Fähigkeit der Gesetzgeber beschnitt, Macht zu delegieren – um sie, so die Hoffnung, an der Art von demokratischem Selbstmord zu hindern, den die Weimarer Republik und die Dritte Republik in Frankreich begangen hatten: Niemals wieder sollte ein Parlament einem Hitler oder einem Pétain die ganze Macht übertragen können.»[97] Zugleich wurden «unabhängige», also nicht gewählte Kontrollinstanzen wie Verfassungsgerichtshöfe und Verwaltungsbehörden eingerichtet und mit umfangreichen Befugnissen ausgestattet. Das Regieren sollte mit anderen Worten so weit wie möglich Experten überlassen werden, die nüchtern-kalkulierend Entscheidungen im Sinne des Gemeinwohls treffen. Die Bürger dürfen demzufolge zwar wählen, ihre eigentliche Rolle ist aber nicht das Mitentscheiden und schon gar nicht das Mobilisieren und Protestieren, sondern der Genuss der *quiet virtues* der Demokratie: in Frieden leben, seiner Arbeit nachgehen, konsumieren, Kinder kriegen.[98]

Da die nach dem Zweiten Weltkrieg so einflussreichen katholischen Christdemokraten das Verfassungsrecht «als eine Form des *Naturrechts*» betrachteten, war ihnen – neben den Verfassungen selbst – eine starke Verfassungsgerichtsbarkeit besonders wichtig.[99] Es ist also kein Zufall, dass gerade das deutsche Grundgesetz und die italienische Verfassung, zwei Nachkriegsverfassungen mit deutlicher christdemokratischer Handschrift, Verfassungsgerichte vorsehen, die befugt sind, Gesetze nicht nur aus verfahrenstechnischen, sondern auch aus materiellen Gründen zu kippen. Analog zum Naturrechtsgedanken sind die positiven staatlichen Gesetze nämlich nur dann legitim, «wenn sie sich an über- und vorstaatlichen sittlichen Grundgütern ausrichten.»[100] Adenauer selbst war zum Ende des Krieges der «tiefen Überzeugung», «dass nur eine Demokratie, die in der christlich-abendländischen Weltanschauung, in dem christlichen Naturrecht, in den Grundsätzen der christlichen Ethik wurzelt, die große erzieherische Aufgabe am deutschen Volke erfüllen und seinen Wiederaufstieg herbeiführen kann.»[101] Sein Standpunkt wurzelte dabei eher in «existenzieller Erfahrung» als philosophischer Reflexion: In seinem Denken wirkte «noch das Entsetzen über den totalitären Staat nach, der eben zusammengebrochen ist. Daraus [ergab] sich für den künftigen Staats- und Gesellschaftsaufbau als zwingende Ausgangsidee der Primat der Grundrechte.»[102] Die naturrechtlich begründeten Grundrechte sollten, zusammen mit substanziellen sittlichen Normen, in die Verfassung Eingang finden und vom Verfassungsgerichtshof auch gegen demokratische Mehrheiten durchgesetzt werden.

Die Bedeutung dieser Gedanken für die jüngere deutsche Verfassungsentwicklung ist kaum zu überschätzen. Zum einen zählt das Karlsruher Gericht heute zu den mächtigsten Verfassungsgerichten der Welt: «Alle seine Aussprüche erzeugen Verfassungsrecht und können den demokratischen Gesetzgeber binden.»[103] Zum anderen scheint auch die ursprünglich christdemokratische Idee, die richterliche Einschränkung der Demokratie als legitimes Mittel zur *Verteidigung* der Demokratie zu konzipieren, nach wie vor große Überzeugungskraft zu haben. Zumindest wird das deutsche Bundesverfassungsgericht weitgehend als *demokratischer* Akteur akzeptiert, was im internationalen Vergleich keineswegs eine Selbstverständlichkeit ist (in den skandinavischen Ländern werden Verfassungsgerichtshöfe beispielsweise als zutiefst undemokratisch empfunden, eben weil sie den Gesetzgeber in seinem Handlungsspielraum einschränken).[104] Eine prominente deutsche Kritikerin moniert: «Jede Kritik der real existierenden Verfassungsgerichtsbarkeit zieht hierzulande den Verdacht auf sich, außerhalb von Demokratie und Rechtsstaat zu stehen.»[105] Man könnte hinzufügen, dass diese Reaktion genauso üblich ist, wenn Kritik an der Europäischen Integration geübt wird – zumindest in Deutschland, und auch hier ist die Bundesrepublik eher eine Ausnahmeerscheinung. Nicht zufällig ist die Europäische Integration ebenfalls ein christdemokratisches Großprojekt der Nachkriegszeit, durch das der Entscheidungsspielraum nationaler Parlamente zugunsten supranationaler Zusammenarbeit beschränkt werden sollte.[106]

Der wahrscheinlich härteste Eingriff in demokratische Prozesse, der dem Verfassungsgericht der damals neuen Bundesrepublik ermöglicht wurde, war das Verbot politischer Parteien. Damit sollten jegliche extremistische und demokratiefeindliche Tendenzen bereits im Keim erstickt werden.[107] Von diesem Werkzeug machte das Gericht in den 1950er Jahren auch gleich zweimal Gebrauch, und nicht zufällig wurden Parteien mit «materialistischen» Ideologien verboten – die nationalsozialistisch orientierte Sozialistische Reichspartei (SRP) im Jahr 1952 und die Kommunistische Partei Deutschlands (KPD) im Jahr 1956. In beiden Fällen wurde das Verbot von der CDU über die Karlsruher Richter lanciert. Nach dem Ende der Ära Adenauer wurden in den Unionsparteien zwar weitere Verbotsverfahren diskutiert, insbesondere gegen die Mitte der 1960er Jahre in Ländern wie Hessen, Niedersachsen, Bayern und Baden-Württemberg reüssierende Nationaldemokratische Partei Deutschlands (NPD). Interessanterweise entschied man sich aber dafür, der neuen Rechten, die sich als Bannerträger des Antikommunismus und Antisozialismus inszenierte, «nicht konfrontativ, sondern verständnisvoll» zu begegnen. Vor allem der spätere Kanzler Kurt Georg Kiesinger «machte sich immer wieder für diesen Kurs stark. ‹Wir müssen also diese Leute nicht als Neonazis behandeln, sondern als Menschen, die aus verständlichem Ärger gegen dieses oder jenes handeln› […] es sind Leute, die unglücklich darüber sind, daß große Teile dieses Volkes sein [sic] nationales Selbstbewußtsein zu verlieren scheinen.»[108] Die euphemistische Rede vom «besorgten Bürger» feierte hier möglicherweise ihr Debüt. Um den Wählern des rechten Randes entgegenzukommen, plädierten Kiesinger und andere führende CDU-Politiker schließlich dafür, «das nationale Selbstbewusstsein stärker hervorzuheben und die deutsche Vergangenheit positiver herauszustellen»; der Vorstand der CDU in Niedersachsen beschloss sogar, drei NPD-Abgeordnete aufzunehmen.[109]

Der andere Westen: Bewunderung für Franco

Der indische Literaturkritiker und Essayist Pankaj Mishra bemerkte einmal, dass die «moderne Faszination für Mythen nie frei von einer illiberalen und antidemokratischen Agenda war.»[110] Das gilt zweifellos auch für den Mythos des «christlichen Abendlandes», der heute ein fester Bestandteil der Ideenwelt der extremen Rechten ist, ursprünglich aber eine wichtige Rolle im politischen Katholizismus und der Christdemokratie spielte. Die idealisierte Vorstellung Westeuropas als geschlossenen Kulturraums, dessen einendes Band der gemeinsame Glaube ist, findet sich bereits in Texten aus dem 15. und 16. Jahrhundert, die sich um eine kulturelle Abgrenzung Europas vom Osmanischen Reich bemühen.[111] Später brachten konterrevolutionäre Intellektuelle wie Novalis, François-René de Chateaubriand und Joseph De Maistre die Idee des mittelalterlichen Abendlandes als traditionalistische Gegenvision zu den Zumutungen des «neuen» Europas der Reformation und Aufklärung in Anschlag.[112] Durch Oswald Spenglers Buch *Der Untergang des Abendlandes* erfuhr der Abendland-Begriff schließlich einen neuen Popularisierungsschub in konservativen Kreisen, der in den frühen 1920er Jahren lebhafte Debatten in Gang setzte. Bewegt vom Trauma des Ersten Weltkrieges, entwarfen und diskutierten insbesondere katholische Intellektuelle Pläne zur Neuordnung des Kontinents nach christlichen Prinzipien.[113] Was den meisten von ihnen dabei vorschwebte, war «eine Art neokarolingische Rekonstitution Westeuropas, eine vor- oder antimoderne und antiindividualistische Utopie, die auf den zeitlosen religiösen Werten der mittelalterlichen Christenheit basierte.»[114]

Die Anziehungskraft dieses reaktionären Europa-Mythos scheint heute kaum nachvollziehbar (wobei manche christdemokratischen Politiker, wie etwa der ehemalige CDU-Kanzlerkandidat Armin Laschet, immer noch gerne ihre Bewunderung für Karl den Großen kundtun[115]). Umso bemerkenswerter ist der enorme Einfluss, den das Abendland-Denken auf die führenden christdemokratischen Politiker und Parteien der Nachkriegszeit hatte.[116] Dass auf einem der ersten CDU-Wahlplakate der Slogan «Rettet die abendländische Kultur» prangte, spricht eigentlich für sich selbst. Noch deutlicher wurde der christdemokratische «EU-Gründervater» Alcide De Gasperi, der sich nicht scheute, seine Europavision als «christdemokratisch aktualisierte Version einer karolingischen *res publica Christiana*» zu präsentieren.[117] Als sich nach 1945 allmählich der Beginn des Kalten Krieges abzeichnete, wurde der Begriff des christlichen Abendlandes schließlich stark antikommunistisch aufgeladen. Speziell die deutschen Christdemokraten, die sich der Mittellage ihres Landes zwischen Ost und West sehr wohl bewusst waren, stellten das christliche Abendland zunehmend als Bollwerk gegen den materialistischen Sowjet-Kommunismus dar, der im konservativen Spektrum weithin als neuer Erzfeind gesehen wurde.[118] Zeitgleich entstanden im bildungsbürgerlichen katholischen Milieu neue publizistische Organe wie die Zeitschrift *Neues Abendland*, in der auch Kanzler Adenauer programmatische Artikel veröffentlichte, sowie die streng konservative, teilweise explizit antidemokratische Bewegung «Abendländische Aktion». Die «Aktion» wurde trotz ihrer fraglichen politischen Ausrichtung von prominenten CDU- und CSU-Politikern wie Heinrich von Brentano, Franz-Josef Wuermeling und Richard Jaeger unterstützt.[119]

Vor diesem Hintergrund kam es in den frühen 1950er Jahren zu einer Annäherung der Bundesrepublik an das Spanien unter Franco, deren treibende Kraft die Unionsparteien waren. Das sich betont katholisch präsentierende Regime des autoritär regierenden *Caudillos* wurde von christdemokratischen Spitzenpolitikern als «strategisch bedeutsamer Partner gegen den ‹weltweiten Kommunismus›» mit echten ideologischen Gemeinsamkeiten wahrgenommen.[120] Adenauer, der Spanien trotz seiner diktatorischen Staatsform als Teil der christlich-abendländischen Wertegemeinschaft sah, versuchte dem international isolierten Land sogleich den Weg in die Europäische Integration zu ebnen. Mit dem Argument, Spanien sei ein «Garant antikommunistischer Stabilität», versuchte Adenauer den ebenfalls christdemokratischen italienischen Ministerpräsidenten Antonio Segni als Verbündeten für dieses Projekt zu gewinnen, woraufhin es im Sommer 1956 zu einem deutsch-italienischen Vorstoß kam, «Spanien an den ‹Sechsergesprächen›» über die gerade entstehende Europäische Wirtschaftsgemeinschaft (EWG) zu beteiligen – nach dem Preis von Spaniens angeblicher Stabilität «fragte der Kanzler indes nicht.»[121] Während dieses Vorhaben erfolglos blieb, trieb seit Mitte der 1950er Jahre «Franz Josef Strauß zunächst als Bundesminister für Atomfragen und schließlich als Verteidigungsminister die technische und militärische Kooperation mit Spanien entschieden voran. Eine Einbindung der Iberischen Halbinsel in die Rückzugs- und Nachschubplanungen des nordatlantischen Bündnisses erschien Strauß unverzichtbar, da für den Fall eines sowjetischen Angriffes von einem raschen Vordringen der gegnerischen Truppen über das Bundesgebiet hinaus und bis an die Pyrenäen ausgegangen wurde.»[122]

Man könnte solche Initiativen gewiss als Ausdruck eines außen- und sicherheitspolitischen Pragmatismus deuten, der wenig über die ideologischen Affinitäten zwischen den deutschen Christdemokraten und dem autoritären Franco-Regime aussagt – Adenauer war schließlich bekannt für akrobatische taktische Manöver in der Außenpolitik.[123] Es spricht jedoch einiges gegen diese Lesart. Zunächst wurde im Umfeld der «Abendländischen Aktion», zu dem eben CDU-Größen wie Außenminister von Brentano und Familienminister Wuermeling sowie der CSU-Bundestagsvizepräsident Jaeger zählten, direkt für Franco Partei ergriffen. Nachgewiesenermaßen herrschte bei den erzkonservativen Abendländlern eine regelrechte «Begeisterung» für Franco.[124] Dieser Enthusiasmus für das katholisch-autoritäre Regime wurde von den abendländisch-inspirierten christdemokratischen Politikern in der Regel mitgetragen. Insbesondere Jaeger betätigte sich national und international als «Spanien-Lobbyist» und verkündete *on the record*, dass Spanien zur europäischen Völkergemeinschaft gehöre und Deutschland wirklich keinen Grund habe, «einen seiner wenigen Freunde in der Welt zurückzustoßen, weil dieser in seiner eigenen, von unserer verschiedenen politischen Form lebt.»[125] Ab Mitte der 1950er Jahre wurde Jaeger auch regelmäßig im Rahmen der Tagungen des 1952 in Santander gegründeten *Centre Européen de Documentation et d'Information* (CEDI) von Franco persönlich empfangen, was seine Rolle als führender Lobbyist des Spanischen Regimes festigte.[126] Wiederholt versuchte er sogar, Adenauer zu einem offiziellen Madrid-Besuch zu bewegen, das Auswärtige Amt riet jedoch von einem Staatsbesuch ab. Der offizielle Besuch eines Diktators, so die Einschätzung, könne dem internationalen Ansehen Deutschlands schaden.

Das ultrakonservative CEDI, dem viele Christdemokraten der «Abendländischen Aktion» nahestanden, ermöglichte seit seiner Gründung einen laufenden Dialog zwischen dem Franco-Regime und christdemokratischen Politikern aus Westeuropa. Das war ganz im Sinne seines Gründungspräsidenten, dem österreichische Thronprätendenten und späteren CSU-Europaabgeordneten Otto von Habsburg, der Franco als «umsichtigen und demütigen Staatsmann» bewunderte und Spanien wieder zum Nabel des Abendlandes machen wollte.[127] Zur Gründergeneration des CEDI gehörte übrigens auch der in Kroatien geborene Österreicher Alfons Dalma, der ein glühender Fürsprecher Francos und gleichzeitig einer der «wichtigsten publizistischen Wegbegleiter» seines Duzfreundes Franz Josef Strauß war.[128] Generell verfolgte Strauß ganz im Sinne des CEDI ein «weltgeschichtliches Konzept: das Abendland nicht den strategischen Vorgaben der USA unterzuordnen, sondern als ‹dritte Kraft› in der Weltpolitik zu etablieren»; zu diesem Zweck war die Kooperation mit Spanien zentral.[129] Zuletzt reiste Konrad Adenauer 1967 im hohen Alter von 91 Jahren als «Kanzler a. D.» auf Einladung Francos nach Madrid und hielt im *Ateneo* eine Rede, in der er sich, ohne ein einziges Mal das Wort Demokratie zu erwähnen, erneut für die Aufnahme des autoritär regierten Landes in die EWG aussprach.[130] Das muss man nicht zwingend als ideologischen Treuebeweis interpretieren. Ein Akt des nüchternen Pragmatismus dürfte diese späte Aktion des greisen Altkanzlers aber auch nicht gewesen sein. Franco «verabschiedete Adenauer in der Hoffnung, dass er nicht nur als neuer Freund Spaniens abreise, sondern als sein ‹persönlicher, intimer Freund›. Adenauer nahm die Freundschaft mit ins Grab, auf der abschließenden Pressekonferenz teilte er seinen ‹sehr guten Eindruck von Franco› mit.»[131]

Die Selbstverständlichkeit, mit der sich viele bedeutende Christdemokraten in den 1950er Jahren für das Franco-Regime einsetzten, hat einen fahlen Beigeschmack. Von Parteien, die darauf erpicht waren, sich als aufrichtige Demokraten zu geben, würde man sich größere Berührungsängste mit einem autoritären Regime und seinen überzeugtesten ideologischen Fürsprechern erwarten. Dass es vor allem in den christdemokratischen Parteien Deutschlands und Österreichs «klare Unterstützer» des spanischen Weges gab, wirft in jedem Fall ein anderes Licht auf die Transformation des politischen Katholizismus nach 1945.[132] Bezeichnend sind in diesem Zusammenhang die Erinnerungen des österreichischen Diplomaten Wolfgang Schallenberg (dessen Sohn Alexander nach dem Rücktritt von Sebastian Kurz im Herbst 2021 für einige Wochen Kanzler war) an die frühe Spanien-Politik der ÖVP. Schallenberg zufolge gab es unter den führenden Parteieliten kaum «ideologische Hemmungen», Franco zu unterstützen – auch aus «historischen Gründen», schließlich waren die beiden Länder durch die Habsburger lange eng verbunden.[133] Vielleicht hatte der katholische Philosoph Jacques Maritain am Ende ja Recht, dass man einfach nicht so tun dürfe, «als ob […] der christliche Glaube jeden Gläubigen dazu verpflichtet, ein Demokrat zu sein», da «der demokratische Impuls» bloß eine «zeitweilige Manifestation» in der menschlichen Geschichte sei.[134] Maritains Beobachtung scheint zumindest geeignet, die Spanien-Politik vermeintlich demokratisch gesinnter katholischer Politiker erklären zu können.

Nebenbei bemerkt: Die Abendländler unter den Christdemokraten hatten mindestens genauso große Sympathien für den ebenfalls streng katholischen portugiesischen Diktator António Salazar. Dieser war in vieler Hinsicht ganz anders als Franco: ein hochgebildeter, asketisch lebender Technokrat, dem die konfliktgeladene Natur der Politik ebenso zuwider war wie die Mobilisierung der Massen. Aus Salazars Sicht störten «die politischen Parteien und ihre Streitsucht […] die natürliche Ordnung der Dinge […]. Freiheit und Gerechtigkeit, so glaubte er, würden am besten dadurch gewährleistet, dass der Einzelne sich in Selbstbeherrschung übe und sich einem begrenzten Staat anvertraue, der Ordnung und Sicherheit garantiert und sich nicht anschickt, die menschliche Natur neu zu definieren.»[135] Dieser selbsternannte Chefverwalter der «natürlichen Ordnung» genoss, wie zahlreiche Quellen belegen, allerhöchsten Respekt in der Führungsriege der Unionsparteien, und auch in der ÖVP bewunderten viele Salazars christlich-ständisches Staatsmodell, das viele Parallelen mit Dollfuß' autoritärem Korporatismus der Zwischenkriegszeit aufwies.[136] Als in den späten 1950er Jahren angesichts der fortschreitenden Dekolonisation eine kommunistische Machtübernahme in Portugal durchaus möglich schien, bemühte sich Westdeutschland intensiv um die politische Stabilität Portugals und die Stützung des Regimes. Der ÖVP-Politiker und kurzzeitige österreichische Außenminister Lujo

Tončić-Sorinj versuchte parallel dazu sicherzustellen, dass Österreich in den UNO-Gremien «so portugalfreundlich wie möglich» abstimme.[137] Salazar stand wegen seiner kompromisslosen Kolonialpolitik am Pranger der internationalen Gemeinschaft und war auf die Unterstützung seiner christdemokratischen Verbündeten angewiesen.

Apropos Kolonialismus: Nicht nur das autoritäre Portugal hielt noch lange nach 1945 an seinen Kolonien fest, auch die Regierungen einiger christdemokratischer Kernländer – insbesondere der großen Kolonialmächte Frankreich und Belgien – widersetzten sich zunächst der Dekolonisation. Ideologisch war das für die sozialkatholisch geprägten Christdemokraten jener Länder eine schwierige Gratwanderung. Schließlich stand die brutale Unterjochung anderer Länder in einem krassen Widerspruch zu den demokratischen und humanistischen Idealen, zu denen sich die neugegründeten Parteien bekannten. Trotzdem befürworteten sowohl der französische *Mouvement Républicain Populaire* als auch die belgische PSC/CVP letztlich die Aufrechterhaltung der Kolonialherrschaft. Der *Mouvement* entwickelte in den späten 1940er Jahren die Doktrin des «reformistischen Imperialismus», wonach «die humanistischen Werte der Partei und die Achtung der Würde des Einzelnen die Verpflichtung mit sich brächten, soziale und wirtschaftliche Reformen innerhalb der Französischen Union durchzuführen» – freilich ohne den Kolonien Unabhängigkeit zuzugestehen.[138] Die PSC/CVP verständigte sich wiederum intern auf eine dann doch sehr typisch christdemokratische *Integrationsstrategie*, die die schwarzen und weißen Gemeinschaften in Belgisch-Kongo miteinander versöhnen sollte. Letztendlich glaubten die belgischen Christdemokraten, dies würde «die Dauerhaftigkeit der Bindung zwischen Belgien und dem Kongo garantieren».[139] Normativer Stützpfeiler dieser Rechtfertigungen des Kolonialismus war bei beiden Parteien ein christlich inspirierter Eurozentrismus. Wie der Politologe R. E. M. Irving in seiner klassischen Studie des

Mouvement schreibt: «Paris sollte für die Französische Union das sein, was Rom für die katholische Kirche ist: geistige Heimat und oberste Autorität.»[140]

Die Liberalisierung der Christdemokratie

Trotz des großen Einsatzes der Christdemokraten konnten bekanntlich weder die koloniale Ordnung noch die autoritären Regime auf der Iberischen Halbinsel aufrechterhalten werden. Als die Kirche 1968 auf Distanz zu Franco ging, läutete sie das Ende der spanischen Diktatur ein. 1970 verstarb der von Schlaganfällen gezeichnete Salazar, was in Portugal lokalen Demokratisierungsbestrebungen Aufwind verschaffte. Ganz allgemein waren die 1960er Jahre eine Ära der gesellschaftlichen Veränderung, der sich auch die christdemokratischen Parteien nicht entziehen konnten. Alte Werte und Traditionen wurden zunehmend in Frage gestellt. Das konservative Familienbild, das den Wohlfahrtsstaaten der Nachkriegszeit eingeschrieben war, erschien immer weniger Menschen als normatives Ideal.[141] Frauen forderten mehr Rechte und die Teilhabe am Arbeitsleben. 1968 gingen allerorts Studenten mit radikalen Forderungen auf die Straße, und selbst die römisch-katholische Kirche erlebte mit dem Zweiten Vatikanischen Konzil eine Art Liberalisierungsschub.[142] Kurzum, der Zeitgeist wandte sich mehr und mehr gegen die Christdemokratie, die gerade in Deutschland und Italien von den Visionen – und vom Politikstil – von Männern des 19. Jahrhunderts wie Adenauer und De Gasperi geprägt war. Die wertkonservativ-paternalistische Linie der großen christdemokratischen Parteien und ihre autoritären innerparteilichen Strukturen erschienen immer mehr Wählern als unzeitgemäß. Und selbst innerhalb der Parteien zeichnete sich ein Generationenwandel ab: Liberalere Nachwuchspolitiker, die teilweise sogar mit einigen Zielen der Studentenbewegung sympathisierten,[143] forderten die Demokratisierung und Öffnung ihrer Parteien und zeigten einen «bisher unbekannten Partizipationswillen und ein neuartiges Programminteresse.»[144]

Die christdemokratischen Eliten reagierten zunächst ungeschickt auf diese neuen Herausforderungen. Die Studentenproteste und die vereinzelte Solidarisierung der Professorenschaft mit den Studierenden führten dazu, dass plötzlich wilde Verschwörungstheorien um sich griffen. In der CDU meinte Kurt Georg Kiesinger zu wissen, «dass ein Drittel der Professoren nicht mehr auf dem Boden des Grundgesetzes stehe. […] Die führenden Berliner Christdemokraten betonten ebenso wie Kiesinger, dass die Anführer der Studenten als Agenten aus der DDR eingeschleust würden.»[145] Schließlich leiteten die meisten europäischen christdemokratischen Parteien jedoch programmatische und organisatorische Reformen ein. In der italienischen DC konnten sich die Befürworter einer «christlichen Sozialdemokratie» durchsetzen, die noch stärker als zuvor auf Umverteilung und soziale Gleichheit setzten und Koalitionen mit linken Parteien zu bilden versuchten. Der christdemokratische Ministerpräsident Aldo Moro präsentierte die 1963 gebildete Koalitionsregierung mit den italienischen Sozialisten «als Teil jener großen Bewegung, die den Zielen von mehr Freiheit, Gerechtigkeit und Frieden zustrebt, […] als Kraft des gesellschaftlichen Fortschritts und der Erneuerung.»[146] Und auch in der CDU wurden progressivere Töne angeschlagen. Im «Berliner Programm» von 1968 war etwa von einer «Stärkung der Demokratie» die Rede, und es wurden kürzere Arbeitszeiten gefordert sowie mehr Unterstützung für berufstätige Frauen.[147] Die neue Generation der CDU-Politiker, zu der auch der spätere Kanzler Helmut Kohl zählte, hatte auch weniger Berührungsängste mit dem Liberalismus und mit wirtschaftsliberalen Ideen. Die großen politischen Aufgaben der Zeit anzupacken, erschien den meisten von ihnen wichtiger als die Fortsetzung ideologischer Grabenkämpfe.[148]

Diese Erneuerungstendenzen führten zweifellos zu einer tieferen Demokratisierung der Christdemokratie. Ihr hoher Preis war eine ideologische Entkernung, die schließlich in der «Überdehnung» der christdemokratischen Parteifamilie resultierte.[149] Angetrieben von machtpragmatischen Überlegungen, schmiedeten die etablierten christdemokratischen Kräfte eine Vielzahl von neuen Allianzen mit den absonderlichsten Parteien. Federführend waren hierbei Helmut Kohl und Franz Josef Strauß, die die Europäische Volkspartei von einem «Dachverband» der Christdemokraten in einen pan-europäischen Zusammenschluss *aller* konservativer Parteien umwandeln wollten. Initiativen wie diese sollten die Christdemokratie nachhaltig verändern.

IV Christdemokratie im neuen Europa

In den 1970er Jahren setzte sich der schleichende Bedeutungsverlust der Christdemokratie fort. In Deutschland und Österreich, zwei Ländern mit einer starken christdemokratischen Tradition, konnten sozialdemokratische Parteien mehr als ein Jahrzehnt die Regierung stellen. Die SPD bildete zusammen mit der FDP die sogenannte «sozialliberale Koalition», während die SPÖ in einer historischen Phase elektoraler Dominanz sogar allein regieren konnte. Gewiss profitierten die Sozialdemokraten von einem progressiveren Zeitgeist, der die Christdemokratie schon in den späten 1960er Jahren vor Herausforderungen gestellt hatte. Dessen waren sich auch viele führende Christdemokraten bewusst: Nach der verheerenden Wahlniederlage von 1972 gestand der kurzzeitige CDU-Parteivorsitzende Rainer Barzel ein, dass die Partei «nicht rechtzeitig auf die gesellschaftlichen Veränderungen der sechziger Jahre reagiert habe.»[1] Die Sozialdemokraten hatten aber auch einfach die markanteren Persönlichkeiten. Politiker wie Willy Brandt, Helmut Schmidt und Bruno Kreisky konnten die Wähler mehr begeistern als ihre oft farblosen christdemokratischen Rivalen. Einige christdemokratische Spitzenpolitiker jener Zeit, wie etwa der 1975 tödlich verunglückte ÖVP-Kanzlerkandidat Karl Schleinzer, sind inzwischen sogar völlig in Vergessenheit geraten. Selbst der spätere Kanzler Helmut Kohl, der 1973 den Bundesvorsitz der CDU übernahm, konnte anfangs nur wenig gegen die SPD ausrichten. Kohl wurde zwar bereits als Jungpolitiker von Medien und politischen Mitbewerbern unterschätzt; der mit bestechender Intelligenz und schneidiger Rhetorik auftretende Helmut Schmidt war ihm dennoch überlegen.

Einzig im katholischen Italien konnten die Christdemokraten auch in den turbulenten 1970er Jahren durchgehend an der Macht bleiben, wenngleich nur in volatilen Minderheitsregierungen. Die schrittweise Annäherung der DC an die Kommunistische Partei Italiens (KPI) spielte dabei eine zentrale Rolle. Der als *compromesso storico* (historischer Kompromiss) in die Geschichte eingegangene Pakt zwischen den beiden Parteien sollte in erster Linie die politische Lage stabilisieren, die durch den rechts- und linksextremen Terrorismus der sogenannten «bleiernen Jahre» völlig aus dem Gleichgewicht geraten war.[2] Unter den ursprünglich resolut antikommunistischen Christdemokraten war es vor allem der Linkskatholik Aldo Moro, der sich für eine verstärkte Zusammenarbeit einsetzte. 1976 kam es dann tatsächlich zu einer Minderheitsregierung der DC unter Duldung der KPI. In den Unionsparteien wurde diese Entwicklung mit Argwohn verfolgt. Henning Wegener, damals Leiter des Büros für Auswärtige Beziehungen der Bundesgeschäftsstelle der CDU, warnte Helmut Kohl, dass der «Widerstand der Democrazia Cristiana gegen eine kommunistische Regierungsbeteiligung» mit aller Wahrscheinlichkeit «zunehmend schwächer werden und möglicherweise zusammenbrechen» werde. Für Wegener war klar: «Die CDU muß sich überlegen, welche Schritte vom Ausland aus gegen eine solche Entwicklung unternommen werden können.»[3]

Wegeners Bemerkung zeigt, dass man in der CDU in *transnationalen* Zusammenhängen dachte. Politische Parteien investieren für gewöhnlich viel Zeit und Geld in die Vernetzung mit Gleichgesinnten aus anderen Ländern. In der Union wollte man darüber hinaus Einfluss auf die Entscheidungen der Kooperationspartner nehmen, insbesondere, wenn diese offenbar bereit waren, «rote Linien» zu überschreiten und sich mit kommunistischen Kräften zu verbünden. Im Falle der Zusammenarbeit zwischen der DC und der KPI erwog man sogar, die christdemokratische Fraktion im Europaparlament zu sprengen und sich für die Ausladung des italienischen Ministerpräsidenten von internationalen Wirtschaftsgipfeln einzusetzen.[4] Dabei hatten die deutschen Christdemokraten ein ambitioniertes Ziel vor Augen: die Etablierung und Konsolidierung eines starken paneuropäischen Netzwerks christdemokratischer und konservativer Parteien, dessen kleinster gemeinsamer Nenner der *Antisozialismus* sein sollte. Diesen Wunsch teilten sie vor allem mit ihren niederländischen, luxemburgischen und belgischen Schwesterparteien. Den als überaus handlungsfähig und ressourcenreich wahrgenommenen sozialistischen bzw. sozialdemokratischen Parteiennetzwerken wollte man «ein ähnlich mächtiges Netzwerk entgegenstellen.»[5] Viele entscheidende Weichenstellungen hierfür fielen in die Periode, in der die CDU in der Opposition und auf programmatischer Selbstsuche war. Will man die heutige europäische Christdemokratie verstehen, muss man zunächst auf diese Zeit des Umbruchs und Wandels zurückblicken. Damals begannen die Christdemokraten, unter machtstrategischen und geopolitischen Vorzeichen immer breitere Allianzen zu schmieden. Dadurch wurden sie zunächst liberaler, bezahlten dafür aber den hohen Preis einer ideologischen Entkernung und Orientierungslosigkeit, was sich spätestens in den 2010er Jahren rächen sollte.

Ideologische Krisen und neue Partnerschaften

Antonio Gramsci zufolge besteht eine Krise darin, dass das Alte stirbt und das Neue nicht geboren werden kann. Diese Beschreibung trifft, zum Teil wortwörtlich, auf die Lage der Unionsparteien in den späten 1960er Jahren zu. Die Kanzlerschaft des liberalen Protestanten Ludwig Erhard (1963–1966) und der Tod Adenauers (1967) hatten die ursprünglich tonangebenden christlich-sozialen Strömungen innerhalb der Partei massiv geschwächt. Wer an ihre Stelle treten und das ideologische Profil der Union forthin definieren sollte, war jedoch unklar. Erhards eigener Vorschlag, die seltsame Formel von der «formierten Gesellschaft», sollte sich schon früh als «einer der großen programmatischen Fehlschläge der CDU-Geschichte» erweisen.[6] Zum einen verstanden nicht einmal Erhards Parteigenossen, was genau eine formierte Gesellschaft sein sollte; zum anderen wurde der militaristisch klingende Begriff oft «in Zusammenhang gebracht mit früheren Vorstellungen von der deutschen Volksgemeinschaft», was ihn für die meisten Wähler nicht gerade attraktiver machte.[7] Wirklich bedeutsam für die politische Neuorientierung der Union war hingegen die parallel stattfindende innerparteiliche Debatte über Liberalismus und Konservatismus in der christdemokratischen Programmatik. Protestantische Christdemokraten wie Eugen Gerstenmaier und Gerhard Schröder befürworteten schon früh die Öffnung der Partei für liberales Gedankengut, und Franz Josef Strauß bemühte sich um eine heute eigentümlich anmutende Neudefinition des Konservatismus, die dem in den 1960er Jahren omnipräsenten Fortschrittsbegriff Rechnung tragen sollte («konservativ heißt, an der Spitze des Fortschritts zu marschieren»).[8]

Diese frühe Ideologiedebatte offenbarte vor allem eins: Es gab keinen Weg zurück in die katholisch und christlich-sozial geprägte Nachkriegschristdemokratie. Eine eindeutige neue Ausrichtung war zwar noch nicht erkennbar, ein schrittweises Abrücken von einigen ursprünglich maßgeblichen Ideen zeichnete sich aber deutlich ab. Viele waren etwa bereit, den religiös begründeten Antiliberalismus aufzugeben, der in katholischen CDU-Kreisen bis in die späten 1950er Jahre Konjunktur hatte. Hinzu kam, dass das *Christliche* angesichts fortschreitender Säkularisierungsprozesse allgemein an Bedeutung verlor. Ein internes Strategiepapier der Union konzedierte 1970, dass die «typisch ‹christliche› Substanz in den Programmen aller christlich-demokratischen Parteien Westeuropas» inzwischen «weitgehend verblasst» sei.[9] Daraus folgte natürlich nicht, dass man sich europaweit vom «C» trennen müsse. Der Zeitgeist verlangte jedoch nach mehr Offenheit für neue säkulare, liberale und konservative Impulse. Als interkonfessionelle Sammlungsbewegung war es für die Union leichter, sich auf ideologische Vielfalt einzulassen, als für «klassische» christdemokratische Parteien mit primär katholischer Prägung.[10] Diese Flexibilität ermöglichte auch die bilaterale Zusammenarbeit mit dezidiert nicht-christdemokratischen konservativen Parteien. Und sie machte eine multilaterale Parteienkooperation in Form eines breitgefächerten Netzwerks konservativer Parteien denkbar.

Eine gewisse pragmatische Offenheit für engere Partnerschaften mit Parteien ohne christdemokratische Tradition entwickelte sich in der Union bereits gegen Ende der Ära Adenauer, zeitgleich mit dem Einsetzen der Debatte um Liberalismus und Konservatismus. Besonders hervorzuheben ist dabei die schrittweise Annäherung an die britische Conservative Party, die in den 1970er Jahren Fahrt aufnahm. Der durch die Oppositionsrolle beider Parteien zusätzlich befeuerte Antisozialismus bildete die zentrale Grundlage für die Intensivierung der Zusammenarbeit. Obwohl die neue Parteivorsitzende der Conservatives, Margaret Thatcher, laut ihrem Parteikollegen Nigel Lawson eine «pathologische Abneigung gegen Deutschland und die Deutschen» hatte,[11] die durch ihre Begegnung mit dem CDU-Vorsitzenden Helmut Kohl noch verschlimmert wurde, setzte sie sich für eine gemeinsame «Allianz der Freiheit» ein. «Sie als Christdemokraten und wir als Konservative sind aus demselben Grund in die Politik gegangen. Wie Sie glauben wir, dass die Erweiterung der individuellen Freiheit das erste Ziel unserer Gesellschaften sein muss. Wie Sie sehen wir, dass die Freiheit überall bedroht ist und oft untergraben wird», betonte Thatcher in ihrer Rede am CDU-Parteitag im Mai 1976.[12] *Freiheit statt Sozialismus* – die CDU-Wahlkampfparole aus dem Bundestagswahlkampf 1976, gefiel der wirtschaftsliberalen britischen Oppositionsführerin und künftigen Premierministerin ausgezeichnet. Überdies existierten, wie es schien, zunächst noch viele Überschneidungen in der Europapolitik. Nach einem Besuch in der Parteizentrale der Conservatives schrieb Henning Wegener enthusiastisch an Kohl: «Alle führenden Vertreter der Partei stehen klar hinter den Zielen der Römischen Verträge und machen das Europa-Bekenntnis zu einer zentralen Aussage ihrer Parteiarbeit.»[13] Dass man sich vor allem wegen Europa bald voneinander entfremden würde, ahnten in den späten 70er Jahren nur wenige.

Ungefähr zeitgleich erhielt die transnationale Parteienzusammenarbeit der Christdemokraten mit der Gründung der Europäischen Volkspartei (EVP) im Juli 1976 eine stabilere institutionelle Grundlage. Welches ideologische Profil die neue europäische Partei haben und ob sie sich für nicht-christdemokratische Parteien öffnen sollte, war jedoch von Anfang an umstritten. Während die deutschen Unionsparteien emphatisch die Integration konservativer und liberaler Kräfte aus ganz Europa befürworteten, hielt die DC im Gleichschritt mit den holländischen und belgischen Christdemokraten dagegen.[14] Ihnen zufolge wären die «Identität der Partei, ihr politisches Profil und damit ihre Kohärenz und Effektivität […] hoffnungslos kompromittiert, würden die Konservativen in dieser entscheidenden Phase» beitreten.[15] CDU und CSU fügten sich zunächst dieser Entscheidung. Den Kampf für eine breitere Allianz der antisozialistischen «Parteien der Mitte» setzten sie mit anderen Mitteln fort: Mit der sogenannten Europäischen Demokratischen Union (EDU) visierten sie eine Parallelorganisation an, in der konservative und liberale Kräfte aus anderen EG-Ländern (wie die britischen Conservatives) sowie christdemokratische Parteien aus nicht-EG-Ländern (wie die österreichische ÖVP) zusammenfinden sollten. Die ÖVP war von dieser Idee besonders angetan und spielte eine führende Rolle in der Gründung der EDU im April 1978. In seiner Rede bei der Gründungstagung auf Schloss Klessheim bei Salzburg gab sich der CDU-Vorsitzende Helmut Kohl zufrieden und optimistisch:

> [M]it der Gründung der EDU vollzieht sich für uns auf internationaler Ebene etwa das, was die Christlich Demokratische Union auf nationaler Ebene nach dem Zweiten Weltkrieg vollzogen hat, die Zusammenführung christlich-demokratischen, konservativen und liberalen Gedankenguts. Wir haben mit diesem Zusammenschluss die Zerstrittenheit und Sektiererei der politischen Mitte in Deutschland überwunden, sind zu einer breit angelegten Volkspartei der Mitte geworden und haben unserem Lande nach dem Kriege politische Stabilität gegeben. Gerade weil auch die konservativen und liberalen Traditionen in unsere politische Haltung mit eingeflossen sind, können wir gemeinsam mit der CSU, gemeinsam auch mit den österreichischen Freunden versuchen, in Europa den Brückenschlag zwischen christlichen Demokraten, Konservativen und anderen Kräften der Mitte zu fördern.[16]

Kohls Wunsch, dass die übrigen europäischen Christdemokraten und Konservativen dem Beispiel der deutschen Unionsparteien folgen sollten, wurde von den EVP-Mitgliederparteien überwiegend negativ aufgenommen. Als Benigno Zaccagnini, der Parteisekretär der DC, Wind von der Idee der EDU bekam, schrieb er besorgt an Kohl, ein derartiger parteiübergreifender Zusammenschluss wäre der «Glaubwürdigkeit der EVP abträglich.»[17] Zaccagnini war überzeugt, die Gründung der EDU könne in der europäischen Christdemokratie «eine Krise auslösen, die mit großen Schäden für alle verbunden wäre.»[18] An eine Zusammenführung von EVP und EDU wollte er schon gar nicht denken. Widerstand kam jedoch auch aus einer anderen Richtung. Anders als Kohls Worte vermuten lassen, wurde nämlich in dieser Zeit ein brutaler Richtungsstreit innerhalb der Unionsparteien ausgefochten, der 1976 beinahe zur Trennung von CDU und CSU geführt hatte. Konkret wollte der CSU-Parteivorsitzende Franz Josef Strauß seine Partei als stramm konservative und antisozialistische Kraft positionieren, die sich auch von den «linken» sozial- und wirtschaftspolitischen Standpunkten ihrer Schwesterpartei CDU abgrenzt. Dementsprechend war Strauß auch die christlich-soziale EVP noch zu moderat: Vor allem die mangelnde «Abgrenzung zum Gedankengut der Sozialdemokratie» und das fehlende «Bekenntnis zur Selbstverantwortlichkeit» wurden scharf kritisiert.[19] Deshalb betrieb die CSU, ganz im Sinne der EDU, die Einigung der konservativen Kräfte in Europa «an allen parteidiplomatischen Fronten» – im Ausland suchte sie mitunter «die Konfrontation mit ihrer Schwesterpartei. Dies traf vor allem auf Spanien zu, wo die CDU die antifranquistischen christdemokratischen Kräfte stützte, während die CSU keine Scheu hatte, mit dem reformerischen Flügel der Franquisten zu kooperieren.»[20] Von der «Loyalität» der deutschen Christdemokraten zur EVP, die Kohl bei der EDU-Gründung betonte, war in der CSU wenig zu spüren.[21]

Die nationalen und transnationalen Konflikte um die EVP und EDU sollten sich als Vorboten neuer Spannungen innerhalb der deutschen und europäischen Christdemokratie erweisen. Oder anders gesagt: Die großen ideologischen Gegensätze der heutigen Christdemokratie lassen sich strukturell bis in die späten 1970er Jahre zurückverfolgen, als Christdemokraten und Konservative ihre eigene Politik neu zu definieren und neue Allianzen zu schmieden begannen. Auch in der jüngeren Vergangenheit sollten Konfrontationen wie jene zwischen der Kohl-CDU und Strauß-CSU aufbrechen und die christdemokratische Parteifamilie vor harte Proben stellen – etwa als Horst Seehofer im Mai 2016 ankündigte, bei der Bundestagswahl 2017 mit der CSU bundesweit antreten und eine deutlich restriktivere Flüchtlingspolitik als die Merkel-CDU verfolgen zu wollen. (Das ausdrückliche Ziel war, AfD-Wähler zurückzugewinnen, statt sich von der neuen Rechtsaußenpartei zu distanzieren.[22]) Die Auflösung der Fraktionsgemeinschaft, die 1976 erstmals im Raum stand, schien wieder möglich. Auch als Seehofers Vertrauter, der umstrittene ungarische Premierminister Viktor Orbán, 2018 erklärte, seine Partei stehe in der konservativen Tradition der europäischen Christdemokratie, ja seine Fidesz-Partei sei nichts weniger als die CSU der EVP und deshalb weit rechts eher anschlussfähig als links der Mitte, schien der Geist von Franz Josef Strauß präsent zu sein.[23] Ähnliches gilt auch für Orbáns oftmals wiederholte Drohung, es sei ein Kinderspiel für ihn, eine «eine neue Formation aus gleichgesinnten mitteleuropäischen Parteien – oder gar eine paneuropäische Anti-Einwanderungs-Formation» zu gründen, die auf europäischer Ebene *gegen die EVP* antreten würde. Nicht zufällig ist Orbán Franz-Josef-Strauß-Preisträger.[24]

Die folgenschwere Expansion einer Parteienfamilie

In den frühen 1980er Jahren wurden auch in der EVP allmählich die starken Vorbehalte gegen die breite Inklusion unterschiedlichster Parteien abgebaut. Aus der Sicht eines christdemokratischen Brüsseler Funktionärs stand die EVP damals vor einer fundamentalen Strategieentscheidung: «entweder eine ausschließlich christdemokratische Organisation bleiben und damit die politische Marginalisierung in der sich stetig erweiternden Europäischen Gemeinschaft riskieren, oder sich für ein breiteres Spektrum gleichgesinnter Parteien öffnen und die Chance haben, tatsächlich die europäischen Sozialisten zu überholen und die größte Parteienfamilie in Europa zu werden.»[25] Dass man sich schließlich für die zweite Strategie entscheiden würde, zeichnete sich bereits 1983 ab, als die EVP mit der griechischen *Néa Dimokratía* eine liberalkonservative Partei ohne jegliche christdemokratische Tradition aufnahm. Da die *Néa Dimokratía* eine klar proeuropäische Linie verfolgte und obendrein die Machtverhältnisse innerhalb der EVP unverändert ließ, gab es kaum internen Widerspruch.[26] Nach dem EG-Beitritt Spaniens und Portugals 1986 wurde die Mitgliederliste der EVP sogleich um vier ideologisch schwer definierbare iberi sche Kleinparteien erweitert. Als der ehemalige Franquist Manuel Fraga Iribarne in den späten 1980er Jahren ankündigte, seine ultrakonservative *Alianza Popular* zu einer Volkspartei der Mitte umbauen zu wollen, um der EVP beitreten zu können, wurden erstmals Rufe nach einer kohärenten Erweiterungsstrategie laut. Iribarnes Neuschöpfung, der liberal-konservative *Partido Popular*, wurde 1991 zum EVP-Vollmitglied; da weitere Zuwächse aufgrund der voranschreitenden Europäischen Integration wahrscheinlich schienen, sollten jedoch allgemeine Regeln für die Expansion der christdemokratischen Parteienfamilie aufgestellt werden.

Der Hauptarchitekt dieses Regelwerks und damit einer offeneren EVP war der Belgier Wilfried Martens, der 1990 zum Präsidenten der EVP gewählt wurde. Wie Helmut Kohl war Martens ein großer Befürworter einer pragmatischen Erweiterung der christdemokratischen Parteifamilie. Deshalb wollte er gemeinsam mit den anderen Parteien das Grundsatzprogramm der EVP überarbeiten und einen gemeinsamen Rahmen für die Aufnahme neuer Parteien schaffen.[27] Das Produkt dieser Ambitionen war das sogenannte «Athener Programm», das 1992 beim EVP-Parteitag in Athen ratifiziert wurde und den Weg für die Inklusion einer Vielzahl nicht-christdemokratischer Parteien freimachte. Bezeichnenderweise fiel das neue EVP-Programm deutlich marktfreundlicher aus als sein Vorgänger von 1978: Um wirtschaftsliberalen konservativen Parteien ein Zuhause bieten zu können, wurden viele Bezugnahmen auf die christlich-soziale Ideologie der Gründerparteien getilgt.[28] Zahlreiche katholische Europaabgeordnete blickten mit Sorge auf diese Entwicklungen, kamen gegen das Duo Kohl und Martens jedoch nicht an. Die beiden Alphatiere hatten sich fest vorgenommen, möglichst viele neue EVP-Mitglieder zu rekrutieren.[29]

Mitte der 1990er Jahre ging es dann Schlag auf Schlag. Mit der EU-Erweiterung von 1995 traten konservative Parteien aus Schweden und Finnland in die EVP ein. Zeitgleich wurde einer weiteren dänischen Partei, der *Konservative Folkeparti*, der Eintritt gewährt. Diese Parteien bezogen sich zwar alle auf christliche Werte, hatten mit der kontinentaleuropäischen Christdemokratie aber nicht zuletzt aus konfessionellen Gründen nur wenig gemein; die einzige wirklich christdemokratische Partei, die in jenen Jahren in die große Parteifamilie aufgenommen wurde, war die österreichische ÖVP. Hinzu kam, dass die italienische DC im Nachfeld des *Mani-Pulite*-Korruptionsskandals in eine schwere Krise geriet und 1994 aufgelöst wurde. In ihre Fußstapfen traten kleine und kurzlebige Splitterparteien wie etwa die *Cristiani Democratici Uniti* oder der *Centro Cristiano Democratico*, die unmittelbar nach dem Zusammenbruch der DC in die EVP integriert wurden.[30] Die erfolgreichste Parteineugründung aus dem Trümmerhaufen der DC war denn auch die umstrittenste: Silvio Berlusconis *Forza Italia* (FI). Die FI gewann in den Wahlen 1994 die Überzahl der ehemaligen DC-Anhänger für sich; allerdings wollte kaum einer in der EVP der Partei des zwielichtigen Medienmoguls die Mitgliedschaft anbieten. Kohl und Martens sprachen sich klar gegen eine Annäherung an die *Forza Italia* aus. Martens fasste rückblickend zusammen: «Ein großes Hindernis war vor allem das umstrittene Image von Berlusconi […]. Wir konnten […] die Tatsache nicht ignorieren, dass Berlusconi eine Koalition mit den sogenannten Separatisten und den Postfaschisten gebildet hatte.»[31] Dass Berlusconi regelmäßig über christliche Werte wie die Kernfamilie sprach, konnte seine Kritiker kaum beruhigen.

1997 veränderte sich die Lage drastisch, als Berlusconi in der Manier eines Franz Josef Strauß ankündigte, gemeinsam mit den französischen Neo-Gaullisten eine neue europäische Partei zu gründen. Der stets strategisch denkende EVP-Präsident Martens erkannte die Bedrohung:

> Ich war sprachlos […]. Die Gründung einer neuen Partei, eines dauerhaften Bündnisses rechts von uns, stellte eine ernsthafte Be-

> drohung für die zukünftige Existenz der EVP dar, da die Anziehungskraft solch einer Partei auf die aktuellen und zukünftigen Mitgliedsparteien der EVP nicht zu unterschätzen war. Außerdem würden die Bemühungen der EVP, nicht-christdemokratische, aber dennoch gleichgesinnte Parteien in die EVP aufzunehmen, damit völlig zunichte gemacht. Mehr als alle anderen fürchtete [Helmut] Kohl ein Szenario, in dem die EVP in einen linken und einen rechten Flügel gespalten würde. Man konnte das beste Programm haben, aber wenn man nicht die zahlenmäßige Stärke hatte, konnte man wenig tun, glaubte er. […] Es war sonnenklar, dass die EVP in die Gegenoffensive gehen musste. In erster Linie mussten wir eine dauerhafte Beziehung zur Forza Italia aufbauen.[32]

1999 wurde die Forza Italia schließlich tatsächlich Vollmitglied der EVP. Die französischen Neo-Gaullisten des *Rassemblement pour la République* folgten zwei Jahre später, lösten sich nach der Präsidentschaftswahl 2002 aber wieder auf und bildeten die *Union pour un mouvement populaire*, die mit Jacques Chirac und Nicolas Sarkozy gleich zwei aufeinanderfolgende Präsidenten stellen sollte. In dieser Hinsicht war die Ausdehnungsstrategie der einst homogenen christdemokratischen Parteienfamilie ein großer Erfolg: Am Beginn des 21. Jahrhunderts zählte sie einige der mächtigsten Parteien Europas zu ihren Mitgliedern und war auf europäischer Ebene die dominante Kraft. Dass ein Politiker wie Berlusconi – dessen demokratisches Selbstverständnis und persönliche Integrität schon damals als höchst zweifelhaft galten – nun unter dem Banner der Christdemokratie auftrat, wurde hingenommen. Er leistete schließlich auch seinen Beitrag zur Konsolidierung der Machtposition der EVP.

Die nächsten großen Mitgliederzuwächse folgten unmittelbar nach der ersten Osterweiterung der EU 2004, als Polen, Ungarn, Tschechien, Slowenien, die Slowakei, die baltischen Länder, sowie Malta und Zypern dem Bündnis beitraten. Direkt nach dem Zerfall des Ostblocks und der Sowjetunion bemühten sich die europäischen Christdemokraten um den Aufbau eines politischen Netzwerks in den neuen, unabhängigen Staaten Osteuropas. Insbesondere für Kohls CDU, die das «Rückgrat der EVP und der Europäischen Union» (so Martens) bildete,[33] war dies ein wichtiges Anliegen. Der christdemokratische deutsche Bundeskanzler befürwortete schon in den frühen 1990er Jahren die EU-Vollmitgliedschaft Polens, Tschechiens und Ungarns: «Europa soll nicht an unseren östlichen Grenzen enden», verkündete Kohl 1992.[34] Und im CDU-Grundsatzprogramm von 1994 hieß es: «Die Gemeinschaft muß offen sein für neue europäische Mitglieder, welche die politischen und wirtschaftlichen Voraussetzungen für den Beitritt erfüllen. Dabei wird ein Beitritt zum frühestmöglichen Zeitpunkt angestrebt.»[35] Die Ostexpansion der EVP war eine logische Folge dieser Entwicklung. Ein dichtes Netzwerk christdemokratischer Organisationen bereitete den Eintritt neuer Parteien vor. Neben dem in Budapest installierten Robert-Schuman-Institut und der lose organisierten Europäischen Union Christlicher Demokraten (EUCD) nutzte die EVP auch die Expertise der deutschen Konrad-Adenauer-Stiftung sowie ihre eigenen internen Arbeitsgruppen zur EU- und Parteienerweiterung.[36] 2004 wurden schließlich ganze 17 Parteien aus den neuen mittel- und osteuropäischen EU-Ländern als Vollmitglieder aufgenommen. Da es in diesen Ländern kaum Christdemokraten gab, handelte es sich hauptsächlich um konservative Parteien, deren Werte und Ziele sich mal mehr, mal weniger mit denen der EVP überlappten.

Eines der neuen Mitglieder war die ungarische Fidesz-Partei, die 1988 von einer Gruppe junger Liberaler – darunter auch der spätere Parteichef Viktor Orbán – gegründet worden war. Im Gegensatz zur kleinen und politisch relativ bedeutungslosen *Kereszténydemokrata Néppárt* (KDNP), die ebenfalls 2004 in die EVP aufgenommen wurde, konnte Fidesz auf keine christdemokratische Tradition zurückblicken.[37] Sie war zunächst eine liberale Studentenbewegung und sogar Mitglied der Liberalen Internationalen gewesen. Mitte der 1990er Jahre schlug Orbán jedoch zunächst aus wahltaktischen Gründen einen konservativen Weg ein. Besonders eindrücklich beschreibt der ungarische Journalist Paul Lendvai die Verwandlung der Partei:

> Zunehmend kleideten sich die einstmals bärtigen und leger gekleideten Rebellen «konservativ» und ließen sich die Haare ordentlich frisieren. In den Reden der Fidesz-Abgeordneten und vor allem in Orbáns eigener Rhetorik wurden aktuelle politische und wirtschaftliche Fragen zunehmend verwoben mit Bekenntnissen zur Nation und magyarischen Tradition, zu Vaterland und nationalen Interessen, zu Ehrbarkeit und bürgerlichen Werten, sowie zur Familie. Es war ein fließender Übergang, der sich immer schneller vollzog, da jene Politiker, die zuvor die konservativen Werte verachtet und karikiert hatten, nun begannen, Schulter an Schulter mit den katholischen und evangelischen Kirchen zu stehen und die Karte der Gründungsmythen der ungarischen Nation bewusst gegen ihre linken und liberalen Konkurrenten auszuspielen.[38]

Bis in die Führungsreihen der EVP war man überzeugt, Orbán wolle aus Fidesz eine «gemäßigte Volkspartei der rechten Mitte» machen.[39] Dass der einstige liberaler Revoluzzer zunehmend ein autoritäres politisches Projekt verfolgte, konnte oder wollte man nicht sehen. Als im Herbst 2006 in ganz Ungarn Demonstrationen gegen die Regierung des Sozialdemokraten Ferenc Gyurcsány stattfanden – Auslöser war eine geleakte Rede Gyurcsánys, in der er einräumte, Tag und Nacht über die ökonomische Lage des Landes gelogen und falsche Versprechen gemacht zu haben –, traten EVP-Präsident Martens und Viktor Orbán sogar gemeinsam vor den wütenden Massen auf.[40] Die massive Empörung über Gyurcsány und seine Partei bildeten die Grundlage für den Erdrutschsieg der Fidesz-Partei bei den Parlamentswahlen 2010.[41] Danach hatte

Orbán eine Zweidrittelmehrheit im Parlament und konnte ungestört den ungarischen Staat in eine «illiberale Demokratie» verwandeln.

«Hallo, Diktator!»

Die Szene hat sich ins Gedächtnis unzähliger Europäer eingebrannt: Beim EU-Gipfel in Riga 2015 begrüßt Kommissionspräsident Jean-Claude Juncker mit gewohnter Heiterkeit einzeln die Regierungschefs der Mitgliedsstaaten. Als der ungarische Premierminister Viktor Orbán sich nähert, sagt Juncker fröhlich «Der Diktator kommt!» – und hebt anschließend die Hand zu einem autoritär anmutenden Gruß.[42] Angesprochen auf den kuriosen Begrüßungsakt, verteidigte sich der luxemburgische Christdemokrat: «Über Jahre hinweg habe ich Orbán privat einen Diktator genannt, und er hat darüber gelacht.»[43] Es geht anscheinend humorvoll zu unter hochrangigen Christdemokraten. Ob Juncker die zahlreichen Verfassungsänderungen in Ungarn, die Orbán seit 2010 vorantrieb, keine Sorgen bereiteten? Juncker beschwichtigte: «Von Zeit zu Zeit erlauben sich bestimmte Länder einen gewissen Grad an Ungehorsam, je nachdem, wer gerade an der Macht ist und in welcher Phase des politischen Zyklus sie sich befinden. Aber ich bin zuversichtlich, dass uns diese Probleme in ein paar Jahren nicht mehr beunruhigen werden.»[44] Länder, die früher vom Sowjetregime unterjocht worden seien, bräuchten eben mehr Zeit, «um die Tatsache zu verinnerlichen, dass die Rechtsstaatlichkeit einer der grundlegenden Bausteine» der EU ist.

Dass Junckers Prophezeiungen sich bisher nicht bewahrheitet haben, muss kaum hinzugefügt werden. Seine Reaktion ist jedenfalls repräsentativ für das Verhältnis der EVP zum System Orbán. Von seiner Machtübernahme 2010 bis zum Sommer 2018 wurde Orbán von seinen christdemokratischen Verbündeten konsequent gegen Kritik verteidigt. Außerdem wurden auf EU-Ebene systematisch alle Versuche blockiert, das Land wegen des Rückbaus der liberalen Demokratie zu sanktionieren.[45] Mit Details zu Orbáns Staatsumbau könnte man ganze Bücher füllen. An dieser Stelle sei nur kurz an die wichtigsten politischen Veränderungen erinnert. Orbáns Fidesz-Partei konnte bei den Parlamentswahlen 2010 eine Zweidrittelmehrheit holen. Die neue Regierung nutzte ihre Macht, «um die Verfassung und die Wahlgesetze zu ihren Gunsten umzuschreiben. So führte sie ein Mehrheitswahlrecht ein, das die größte Partei, das heißt Fidesz, bevorteilte, und zog die Grenzen der Wahlbezirke neu, um die Zahl der eigenen Mandate zu maximieren. Schließlich verbot die Regierung den Wahlkampf in privaten Medien, sodass der Fernsehwahlkampf auf den von Fidesz-Anhängern geleiteten staatlichen Sender beschränkt wurde.»[46] Dies hatte schwerwiegende Folgen für den demokratischen Wettbewerb. Ein ungarischer Beobachter konzedierte resignativ: «Die beiden Wahlen, die in Ungarn nach 2010 abgehalten wurden, waren nur bedingt frei und in höchstem Maße unfair. Unter dem gegenwärtigen Regime hat die Opposition *ex ante* nur eine sehr geringe Chance, gegen die Regierungspartei zu gewinnen.»[47] Gleichzeitig wurden nominell unabhängige Behörden – das Verfassungsgericht, die Staatsanwaltschaft, der Rechnungshof, das Ombudsamt und das Zentrale Amt für Statistik – mit treuen Fidesz-Parteigängern besetzt. Innerhalb kurzer Zeit brachten Orbán und seine Gefolgsleute also praktisch den gesamten Staatsapparat unter ihre Kontrolle.

Der rücksichtslosen Politisierung des Verfassungsgerichts wurde international besonders viel Aufmerksamkeit geschenkt. Ein Verfassungsrechtler spricht von einem *smooth takeover*, also einer reibungslosen Übernahme des Gerichtshofes durch Fidesz-Loyalisten – nicht unbedingt eine Terminologie, die man mit funktionierenden Demokratien verbindet.[48] Dass Orbáns Plan aufging, ist unbestritten: «[D]a das Votum der meisten Verfassungsrichter weitgehend mit den politischen Ansichten ihrer Nominatoren übereinstimmt, unabhängig von dem jeweiligen verfassungsrechtlichen Problem oder dem Gegenstand des vom Gericht untersuchten Falles», wird die Politik der Regierung verlässlich von der obersten rechtlichen Instanz abgesegnet.[49] Die Richterschaft erhielt zu diesem Zweck auch gleich eine neue Verfassung, als deren Wächter sie agieren sollte. Diese wurde im Frühjahr 2011 im Eilverfahren durchs Parlament gepeitscht und trat am 1. Januar 2012 in Kraft. Mit ihr sollte Orbáns konservative Revolution symbolisch und substanziell vollendet werden. In der Präambel ist bereits das «nationale Bekenntnis» verankert: Ungarn wird als ethnische Nation definiert, zu deren Erhaltung das Christentum eine zentrale Rolle spielt. Als Trägerin der ungarischen Souveränität gilt die Stephanskrone – die Krone des ehemaligen Königreichs Ungarn (auf der die Worte *Christus Pantokrator* thronen). Nach dem ungarischen Grundgesetz ist sie «ein heiliges Symbol, dessen Verunglimpfung strafbar ist.»[50] Zudem finden sich in der Verfassung einige klassisch konservative Inhalte, die uns schon bei den christdemokratischen Verfassungen der Nachkriegszeit begegnet sind, etwa der Schutz der strikt heterosexuell definierten Ehe (Artikel L (1)). Um solche parteipolitischen Präferenzen weitgehend dem demokratischen Wettbewerb zu entziehen, wurden auch sämtliche sogenannte «Kardinalgesetze» eingeführt, die Bereiche wie die Informationsfreiheit, die Unabhängigkeit der Judikative oder die Funktionen des Verfassungsgerichtshof regeln und nur mit Zweidrittelmehrheit geändert werden können.[51] Besorgt warnte die mit Verfassungsfragen betraute Venedig-Kommission des Europarates:

> Je mehr politische Fragen jenseits der Befugnisse der einfachen Mehrheit verlagert werden, desto weniger Bedeutung werden zukünftige Wahlen haben und desto mehr Möglichkeiten hat eine Zweidrittelmehrheit, ihre politischen Präferenzen und die Rechtsordnung des Landes zu zementieren.[52]

Die Liste antidemokratischer Initiativen könnte noch lange fortgesetzt werden. Orbán und seine «gemäßigte Volkspartei der rechten Mitte» (Wilfried Martens) griffen zu ungewöhnlichen Mitteln, um ihre Macht zu konsolidieren. Auf europäischer Ebene diskutierte man bereits 2011, ob die umfassenden Verfassungsänderungen nicht im Widerspruch zu den Grundwerten der EU stünden. Laut Artikel 2 des Lissabon-Vertrages gründet sich die Union ja auf die «Achtung der Menschenwürde, Freiheit, Demokratie, Gleichheit, Rechtsstaatlichkeit und die Wahrung der Menschenrechte» – und zumindest zwei dieser Werte, Demokratie und Rechtstaatlichkeit, schienen in Ungarn akut bedroht. Wie alle anderen EU-Mitgliedsstaaten hatte sich Ungarn mit der Ratifizierung des Vertrags zur Wahrung dieser Werte verpflichtet. Man konnte das Orbán-Regime also zumindest offiziell zur Ordnung rufen. Doch dem stand die EVP im Weg. Orbáns Parteifreunde mobilisierten alle Kräfte, um die Verhängung von Sanktionen gegen die ungarische Regierung zu behindern. Ein interessantes Beispiel ist die konzertierte Ablehnung des sogenannten «Tavares-Reports» im Jahr 2013. Der vom Ausschuss für bürgerliche Freiheiten, Justiz und Inneres des Europäischen Parlaments vorgelegte Bericht kritisierte die enorme Machtkonzentration, die durch Orbáns Staatsumbau entstanden war, und formulierte eine Reihe von Empfehlungen zur Aufrechterhaltung von Rechtsstaatlichkeit, Demokratie und Grundrechten.[53] Auch die Verbesserung von Sanktionsmechanismen gegen EU-Mitgliedstaaten wurde angesprochen. Das Europaparlament nahm den Report an, die Mehrheit der EVP-Europaabgeordneten stimmte jedoch dagegen – was keine Nebensächlichkeit war, schließlich stellte die EVP die stärkste Fraktion im Parlament. Manfred Weber, CSU-Politiker und damals stellvertretender EVP-Vorsitzender, bezeichnete den Tavares-Report öffentlich als «Wunschliste der europäischen Linksparteien, die Ungarn ihre eigene politische Agenda aufzwingen wollen.»[54] Weber übernahm hier ungefiltert die Delegitimierungsrhetorik des ungarischen Premierministers.

2014 etablierte die Europäische Kommission unter José Manuel Barroso den sogenannten «Rahmen zur Stärkung des Rechtsstaatsprinzips». Angesichts der problematischen Entwicklungen in Ungarn sollte die EU mit wirksameren Instrumenten zur Sicherung von Demokratie und Rechtsstaatlichkeit in den Mitgliedsstaaten ausgestattet werden. Genauer gesagt sollte es der «Rahmen» ermöglichen, durch einen laufenden Dialog mit den betroffenen Mitgliedsstaaten aufkommenden Gefahren für die Rechtsstaatlichkeit gegenzusteuern. Durch Monitoring und Warnungen sollte Druck auf Regierungen ausgeübt werden, die systematisch Demokratie und Rechtsstaatlichkeit untergruben. Als das Europäische Parlament 2015 die Kommission aufforderte, das neue Verfahren gegen Ungarn einzuleiten, stimmte die EVP-Fraktion erneut dagegen.[55] Und in der Kommission, deren Präsidentschaft inzwischen Orbáns alter Freund Jean-Claude Juncker übernommen hatte, entschied man sich gegen die Einleitung des Verfahrens.[56] Währenddessen stand die Führungsriege der EVP geschlossen hinter Orbán. Der Franzose Joseph Daul, der 2013 Wilfried Martens als EVP-Parteivorsitzender nachgefolgt war, sagte über den ungarischen Regierungschef, er sei zwar das «*enfant terrible* der EVP-Familie, aber ich mag ihn.»[57] Kurz vor den ungarischen Parlamentswahlen 2018 reiste der CSU-Mann Manfred Weber nach Budapest und betonte vor lokalen Pressevertretern, dass er auf die Wiederwahl Orbáns hoffe: Dieser sei nämlich ein «starker Premierminister [...], der die politischen Debatten in Europa belebt.»[58] Wenig später gratulierte er Orbán auf Twitter zu seinem «klaren Sieg»[59] – die Wahlbeobachter der OSCE hatten die Wahlen als nach demokratischen Maßstäben unzureichend verurteilt und die «parteiische Medienberichterstattung», die «undurchsichtigen Regelungen zur Wahlkampffinanzierung» und den nahezu unbeschränkten Zugang der Fidesz-Partei zu staatlichen Ressourcen mit ungewöhnlich scharfen Worten kritisiert.[60]

Trotzdem wuchs auch in der EVP allmählich der Unmut über

den «illiberalen Demokraten» in Budapest. Lange Zeit nahmen Fidesz-kritische EVP-Mitgliederparteien – die meisten von ihnen nordeuropäische Konservative ohne christdemokratische Tradition – eine abwartende Haltung ein.[61] Man war unzufrieden mit der Duldung der Orbáns-Partei in den Reihen der EVP, wollte aber keinen großen internen Konflikt riskieren. Nachdem das ungarische Regime die vom liberalen Philanthropen George Soros finanzierte Central European University effektiv zum Umzug nach Wien gezwungen hatte,[62] fühlten sich jedoch immer mehr EVP-Mitglieder unwohl mit Orbáns offenen Angriffen auf die Grundwerte der Union. Einige gingen sogar so weit, den Ausschluss von Fidesz aus der EVP zu fordern. Als Reaktion darauf kündigte Manfred Weber 2018 an, dass er den «Sargentini-Report» des Europäischen Parlaments unterstützen würde, der forderte, gegen Ungarn eine Sanktionsprozedur nach Artikel 7 des Lissabon-Vertrags einzuleiten (dies kann etwa dazu führen, dass Mitgliedstaaten ihr Stimmrecht im Europarat verlieren).[63] Weber wollte unbedingt Spitzenkandidat der EVP bei den EU-Parlamentswahlen 2019 werden und sich mit dieser Aktion die Unterstützung der Orbán-Kritiker sichern. Gleichzeitig erklärte er aber, dass Fidesz *nicht* aus der EVP ausgeschlossen werde, selbst wenn das Parlament für die Empfehlungen des Sargentini-Reports stimmen sollte. Stattdessen, so Weber, würde die Mitgliedschaft der Partei vorübergehend auf Eis gelegt, wobei die EVP weiterhin die von Fidesz bei den Europawahlen gewonnenen Mandate für sich verbuchen können sollte.[64] Außerdem wollte die EVP-Spitze einen dreiköpfigen Weisenrat einsetzen, bestehend aus Herman van Rompuy, Hans-Gert Pöttering und dem früheren österreichischen Kanzler Wolfgang Schüssel.[65] Die drei ehemaligen Spitzenpolitiker sollten die Lage in Ungarn genauer prüfen. Mit dieser Aktion glaubte Weber, einen guten Kompromiss gefunden zu haben. Auf die wichtigen Mandate von Orbáns Partei wollte die Parteispitze der christdemokratischen Europapartei nicht verzichten. Fidesz war schließlich neben den

Unionsparteien und dem spanischen *Partido Popolar* die drittgrößte Kraft innerhalb der EVP.

Die innerparteiliche Stimmung kippte jedoch langsam zu Ungunsten Orbáns – auch in der Chefetage der EVP. Weber und Daul hatten mehrfach versucht, «rote Linien» zu formulieren, die Orbáns Regierung nicht überschreiten dürfe. Zum Beispiel sollte das De-facto-Verbot der Central European University zurückgenommen werden.[66] Alle Aufforderungen und Warnungen wurden indessen ignoriert.[67] Im September 2018 stimmte dann erstmals eine Mehrheit der EVP-Abgeordneten im Europaparlament für die Annahme des «Sargentini-Reports» und damit für ein Sanktionsverfahren gegen Ungarn.[68] Der Druck, auch innerhalb der EVP endlich Konsequenzen zu ziehen, stieg auch nach dem Votum weiter an. 2019 pflasterte Fidesz Ungarn mit Plakaten zu, auf denen fälschlicherweise behauptet wurde, Jean-Claude Juncker arbeite mit George Soros zusammen, um Ungarn mit Flüchtlingen zu überschwemmen.[69] Nun hatte sogar Juncker genug von dem Mann, den er liebevoll den «Diktator» nennt: Er stellte offen die Mitgliedschaft der Fidesz-Partei in der EVP-Fraktion in Frage.[70] Und im April 2020 unterzeichneten die Vorsitzenden von immerhin dreizehn EVP-Mitgliedsparteien einen Brief, in dem sie den Rauswurf von Orbáns Partei aus der Fraktion forderten.[71] Knapp ein Jahr später, am 3. März 2021, stimmte die EVP-Fraktion im EU-Parlament schließlich für eine Änderung der Geschäftsordnung, die den Ausschluss nationaler Parteidelegationen ermöglichen sollte. Orbán verstand das Signal und kündigte kurz darauf an, mit seiner Partei die EVP verlassen zu wollen. Selbst die Unterstützung der CSU hatte er zu diesem Zeitpunkt verloren. CSU-Chef Söder bemerkte lakonisch: «Reisende soll man nicht aufhalten.»[72]

Sollte man der größten Fraktion im Europaparlament zu dem Mut gratulieren, am Ende «eine klare Linie und einen klaren Kurs» (Markus Söder) gefahren zu haben? Umgekehrt könnte man auch fragen, warum es mehr als zehn Jahre gedauert hat, den Bruch mit

Orbán zu vollziehen. Dass die ungarische Regierung ein illiberal-autoritäres Großprojekt verfolgte, zeichnete sich nämlich schon sehr früh ab. Und dass Orbán durch die Einbettung in die EVP nicht «gezähmt» und zum liberalen Demokraten werden würde, hätten eigentlich auch die größten Optimisten rasch verstehen müssen. Wie lässt sich die langjährige Unterstützung erklären, die die EVP dem ungarischen Machthaber zuteilwerden ließ? Zum einen ging es um wahltaktische Kalküle.[73] Fidesz war, wie bereits ausgeführt, eine der größten Mitgliederparteien der EVP, die – nicht zuletzt aufgrund der Bevorteilung durch das neue ungarische Wahlrecht – verlässlich Mandate im Europaparlament gewann. Damit trug Orbáns Partei wesentlich dazu bei, dass die christdemokratisch-konservative Allianz auf europäischer Ebene an ihrer Machtposition festhalten konnte. Zum anderen standen gewichtige ökonomische Interessen auf dem Spiel. Das betrifft vor allem Deutschland. Die deutsche Autoindustrie profitiert enorm von den billigen Lohnkosten, den niedrigen Unternehmenssteuern und dem in Teilen fast inexistenten Arbeitnehmerschutz in Ungarn: Mercedes, Audi und Opel betreiben jeweils große Autowerke in der ersten «illiberalen Demokratie» Europas.[74] Kein Wunder also, dass sich die Unionsparteien mit Kritik an Orbán stets zurückhielten. Darüber hinaus darf man ideologische Gemeinsamkeiten aber nicht herunterspielen.[75] Gerade konservativere christdemokratische Parteien wie die CSU oder die ÖVP teilen (oder *teilten*) mit Orbán auch wert- und sicherheitspolitische Ziele, die etwa am Widerstand gegen Angela Merkels Flüchtlingspolitik deutlich wurden.[76] All das erklärt die Komplizenschaft der EVP bei der Aushöhlung von Demokratie und Rechtstaat in Ungarn.[77]

Ist Orbán *wirklich* ein Christdemokrat?

Als Orbáns Rückhalt in der EVP im Februar 2020 spürbar schwand, verfasste der ungarische Premierminister ein dreiseitiges «Memorandum über den Zustand der Europäischen Volkspartei».[78] Das Dokument wurde an die EVP-Parteispitze weitergeleitet und sollte die Partei aufrütteln. Der Inhalt ist so bemerkenswert, dass man ihn ungekürzt zitieren muss:

> Die EVP hat in den Stürmen der europäischen Debatten fest und mutig gestanden. [Sie] war früher entschieden pro-demokratisch, antikommunistisch, pro-marktwirtschaftlich, antimarxistisch, pro-national, für den Aufbau der [Europäischen] Union auf Basis der Nationen, pro-Subsidiarität, anti-bürokratisch, christlich inspiriert und eine engagierte Anhängerin des christlichen Familienmodells und der Ehe von Mann und Frau. Die EVP vertrat diese Werte mutig, stolz und erfolgreich gegen den Druck politischer Gegner, gesellschaftlicher Trends und der linksliberalen Medienmehrheit. […]
>
> Heute ist nichts mehr, wie es war. […]
>
> Statt des christlich-sozialen Rheinischen Kapitalismusmodells unterstützen wir egalitäre, sozialistische Gesellschaftstheorien. Statt Subsidiarität sind wir für eine weitere Zentralisierung und Stärkung der Bürokratie in Brüssel. […] Wir haben das Familienmodell aufgegeben, das auf der Ehe von Frau und Mann basiert, und sind auf die Gender-Ideologie reingefallen. Statt die Geburt von Kindern zu unterstützen, sehen wir die Masseneinwanderung als Lösung für unsere demographischen Probleme. […] Wir haben keine attraktive Alternative zu den Agenden unsrer politischer Gegner anzubieten und betrachten ihre Themen und Interpretationen als

> Bezugspunkte […]. Das ist heute aus uns, der Europäischen Volkspartei, geworden.[79]

Der calvinistische Premierminister eines mehrheitlich katholischen Landes mahnt die europäischen Christdemokraten also zur Rückbesinnung auf die «wahre», die ursprüngliche Christdemokratie. Abschließend appelliert er noch an das Erbe Wilfried Martens', der ihm und seiner Partei den Weg in die EVP geebnet hat – vermutlich auch, um seine Kritiker daran zu erinnern, dass die EVP von einer ihrer prägenden Persönlichkeiten als pluralistische Parteienallianz konzipiert wurde, in der eine Partei wie Fidesz sehr wohl ihren Platz habe.[80]

Mit der Diagnose, dass die gemäßigten christlichen Volksparteien Westeuropas schon lange keine traditionell christdemokratische Politik mehr betreiben würden, liegt Orbán zweifellos richtig. Und es ist schwer von der Hand zu weisen, dass die von ihm in Anschlag gebrachten Werte alles in allem die Grundwerte der Nachkriegschristdemokratie bezeichnen. Aber kann man Orbán selbst als Christdemokat bezeichnen? Der Politologe Jan-Werner Müller, der sich ausführlich mit dem ungarischen Regime auseinandergesetzt hat, hat daran Zweifel. Ihm zufolge sind die europäischen Christdemokraten zwar «die besten historischen Beispiele» dafür, dass man illiberal *und* Demokrat sein kann, und auch die konservative Familienpolitik der ungarischen Regierung trägt laut Müller christdemokratische Züge.[81] Wenn Orbán aber behauptet, «die Universalisierung des Christentums vollziehe sich stets durch den Erhalt der Nationen, nicht mittels ihrer Abschaffung», dann präsentiere er eine Vision, die «mit dem historischen Phänomen Christdemokratie […] wenig zu tun» habe; sein Nationalismus stelle vielmehr «einen Verrat am Erbe der christdemokratischen Gründerväter der europäischen Einigung dar, welche die Idee des souveränen Nationalstaats gerade überwinden wollten.»[82]

Die Sache ist jedoch nicht so glasklar, wie Müller suggeriert. Gewiss sollten die Nationalstaaten in der Vorstellungswelt eines Adenauers oder De Gasperi über kurz oder lang in einem geeinten Europa aufgehen. Dabei ging es jedoch in erster Linie um eine *konstitutionelle Transformation* der Staaten, nicht etwa die Überwindung nationaler Identitäten[83] – nach einer berühmten Wendung des Historikers Alan Milward bestand der Verdienst der von den Christdemokraten initiierten Europäischen Integration sogar in der *Rettung* des Nationalstaats.[84] Den Europäern ihre mannigfaltigen Sprachen und Kulturen abzugewöhnen, ist ja auch einigermaßen unrealistisch. Manche Christdemokraten, wie etwa Franz Josef Strauß, forderten sogar in regelmäßigen Abständen «etwas mehr nationales Bewusstsein, etwas mehr nationales Rückgrat»[85] ein – «für jedes andere Volk» sei sowas «eine Selbstverständlichkeit».[86] Solche Forderungen sind nicht so weit entfernt von Orbán, der die Europäische Einigung nicht kategorisch ablehnt (er erhält schließlich auch großzügige EU-Fördergelder, die er unter anderem an politische Günstlinge verteilt), sondern bloß Platz für nationale Folklore und rechte Identitätspolitik beansprucht.

Außerdem könnte man fragen, an welchem historischen Maßstab man Orbán überhaupt messen soll. Die Nachkriegschristdemokratie, auf die Müller anzuspielen scheint, war eine etwa 20-jährige Anomalie in der jüngeren europäischen Geschichte. Statt diese Phase christdemokratischer Politik als Bewertungsstandard zu verabsolutieren, könnte man Orbán beim Wort nehmen und seine Partei als eine Art «ungarische CSU» verstehen. Der Vergleich mit den bayerischen Christsozialen schärft den Blick für das distinktiv Christdemokratische an Orbán und Fidesz: Genau wie Franz Josef Strauß, der mit Franquisten und Neo-Faschisten gemeinsame Sache machte, um das Abendland gegen Sozialismus und Kommunismus zu verteidigen, ruft Orbán zur Zusammenarbeit mit nationalkonservativen bzw. «rechtspopulistischen» Parteien wie Matteo Salvinis Lega auf, um Europa vor dem vermeintlich zersetzenden Liberalismus zu beschützen. Nicht umsonst endet sein «Memorandum» für die EVP-Chefs mit der Mahnung, man möge alle Mitgliederparteien «dabei [...] unterstützen, nicht nur mit der Linken, sondern auch mit der Rechten [...] zu kooperieren und Koalitionen zu bilden.»[87] Und genau wie Strauß die EVP der späten 1970er Jahre als zu links und damit als unverlässlichen Partner im Kampf um die richtige Sache betrachtete, kreidet Orbán der EVP der 2010er Jahre an, die fehlgeleitete «Gender-Ideologie» und die «sozialistischen, egalitären Gesellschaftstheorien» der Linken übernommen zu haben. Rechnet man noch die konservative Kultur- und Familienpolitik dazu, die beide Parteien lange befürworteten, zeigen sich manifeste Parallelen mit einigen Spielarten der historischen Christdemokratie.[88]

Die historischen Lehren von 1945 vs. 1989

Dass Politiker wie Orbán der Nation und dem Nationalstaat einen größeren Stellenwert einräumen als die westeuropäischen Christdemokraten, hängt nicht zuletzt mit einem grundlegenden kulturellen Unterschied zwischen West- und Osteuropa zusammen, dessen politische Bedeutung zum Zeitpunkt der Ostexpansion der EVP wohl unterschätzt wurde. Der slowenische Politologe Peter Verovšek bringt es auf eine einfache Formel: «Während das Geschichtsbewusstsein Westeuropas nach wie vor von den Gräueltaten des Holocaust und der Niederlage des Faschismus 1945 geprägt ist, wird die kollektive Erinnerung in Ostmitteleuropa vom Fall des Kommunismus 1989 dominiert.»[89] Diese kontrastierenden Erfahrungen waren formgebend für Verfassungen und nationale Selbstbilder[90] und beeinflussten damit auch die ideologischen Standpunkte der west- bzw. osteuropäischen politischen Parteien. Die deutschen, belgischen, niederländischen und italienischen Christdemokraten waren, wie im letzten Kapitel gezeigt, im Wesentlichen ein Produkt des Zweiten Weltkriegs. Ihre politische Ausrichtung war klar proeuropäisch und (insbesondere in Deutschland) post-national: Nationalstaaten sollten weiterexistieren, aber nur als Teil eines geeinten Europas, dessen gemeinsame Spielregeln und Interdependenzen es ihnen verunmöglichten, gegeneinander Krieg zu führen.[91] Helmut Kohl, der auch eine tragende Rolle in der Erweiterung der EVP spielen sollte, verkörperte diese Vision Europas in Reinform. Der Pfälzer pflegte hochrangigen Politikern seine Familiengeschichte zu erzählen, um zu unterstreichen, welchen persönlichen Stellenwert das Friedensprojekt Europa für ihn habe.[92] Die Jugend im Nationalsozialismus und der im Krieg gefallene Bruder machten den langjährigen deutschen Kanzler zu einem «Herzenseuropäer», der die Europäische Integration um jeden Preis vorantreiben und den Supranationalismus stärken wollte.

Demgegenüber steht die osteuropäische Erfahrung des Zusammenbruchs der Sowjetunion und des Ostblocks. Die daraus gezogenen «Lehren von 1989» betreffen vor allem «die Bedeutung der Selbstverwaltung und die Ablehnung der Einmischung von außen in innere Angelegenheiten.»[93] Nach knapp vierzig Jahren Unterdrückung durch das kommunistische Regime in Moskau wurde der souveräne Nationalstaat nicht als potenzieller Konfliktauslöser gesehen, den es durch ein supranationales Regelkorsett zu disziplinieren gilt – sondern als Möglichkeitsbedingung von Freiheit und echter demokratischer Selbstbestimmung. Die postkommunistischen Verfassungen garantieren deshalb fast ausnahmslos «deutlich mehr Souveränitätsschutz als die meisten Verfassungen in Westeuropa.»[94] Nationalistischen Ritualen und Beschwörungen nationaler Identität und Einheit heftet in der Regel nichts Anrüchiges an. Dass der Region «jahrzehntelang eine gebetsmühlenartige kommunistische Propaganda aufgezwungen wurde, die reflexhaft jeglichen Nationalismus anprangerte», machte den Nationalismus zu einem Vehikel des Widerstandes.[95] Dies schlug sich nicht sofort in einer krass nationalistischen Parteipolitik nieder: Wie Ivan Krastev und Stephen Holmes korrekt beobachten, träumten in den frühen 1990er Jahren viele junge Politiker Osteuropas den «Traum von einer kollektiven Rückkehr nach Europa» – so übrigens auch der junge Viktor Orbán, der im Januar 1990 voller Tatendrang von seinem Studium in Oxford nach Budapest zurückkehrte.[96] Bereits wenige Jahre später bildete sich in zahlreichen neuen Staaten Osteuropas jedoch ein neuer Ethnonationalismus heraus, der nach 2000 immer mehr politische Mobilisierungskraft gewann.

Vor diesem Hintergrund ist es einigermaßen naiv zu glauben, dass die politischen Eliten der osteuropäischen EVP-Mitgliederparteien die gleiche Begeisterung für die Europäische Integration und den Supranationalismus aufbringen könnten wie ihre westeuropäischen Verbündeten. Als die EUCD und die EVP um 1990 begannen, Netzwerke in Osteuropa aufzubauen, glaubten ihre Vertreter, man könne die Politiker der neuen, unabhängigen Staaten kurzerhand zu guten Christdemokraten westeuropäischer Prägung erziehen. Der Holländer Wim van Velzen, der damals das Robert-Schuman-Institut in Budapest leitete, fasste die pädagogischen Ziele seiner Organisation folgendermaßen zusammen: «den neuen Politikern […] nicht nur grundlegende Informationen über die moderne christliche Demokratie und den Aufbau christlich-demokratischer Parteien zu geben, sondern auch Informationen über die Institutionen einer Demokratie, […] über verschiedene Bereiche der Politik, wie man eine Partei organisiert, wie man sie finanziert, was ihre Rolle als Regierungspartei beziehungsweise Oppositionspartei ist, wie man mit den Medien umgeht usw.» – und er schlussfolgerte ganz selbstverständlich, dass diese Mission ein großer Erfolg war.[97] Inzwischen wissen wir es natürlich besser. Natürlich kann man Jungpolitikern etwas über demokratische Institutionen und Christdemokratie erzählen; damit kann man aber kaum das wohl bedeutsamste politische Ereignis ihres politischen Lebens – den Fall des Kommunismus – ungeschehen machen. Deshalb darf man auch nicht überrascht sein, wenn die neue politische Garde Osteuropas andere normative Schlüsse aus der Vergangenheit zieht als ihre Verbündeten in Berlin, Amsterdam oder Brüssel. Man muss ihre Ansichten nicht teilen, um die oft polemischen Reaktionen gegen die vermeintliche Bevormundung aus Brüssel zumindest teilweise nachvollziehen zu können.[98]

Ideologiebefreite Opportunisten?

Einige der erfolgreichsten Politiker der Gegenwart, die sich als Christdemokraten ausgeben, werden regelmäßig des Opportunismus bezichtigt. Viktor Orbán, der die heimliche Hauptrolle in diesem Kapitel spielt, ist wieder einmal ein glänzendes Beispiel. Die kürzlich verstorbene ungarische Philosophin Ágnes Heller urteilte etwa, der starke Mann aus Budapest besitze «überhaupt keine Überzeugungen»[99] und sei bloß «besessen von der Macht.»[100] Aber auch demokratiepolitisch weniger verdächtige christdemokratische Politiker müssen sich immer wieder den Opportunismus-Vorwurf gefallen lassen – so etwa CSU-Chef Markus Söder, der aufgrund seiner ausgezeichneten Umfragewerte im Frühjahr 2021 sogar als möglicher Kanzlerkandidat der Union gehandelt wurde. Söder wird von politischen Gegnern wie Verbündeten nachgesagt, dass er letztlich «ideologiefrei» arbeite – was er auch selbst nie bestritten hat.[101] In der CSU hat das eine gewisse Tradition: Der legendäre Franz Josef Strauß war zwar einerseits ein strammer, antisozialistischer Konservativer, gleichzeitig war er aber oft bereit, es mit seinen politischen Überzeugungen nicht zu genau zu nehmen, beispielsweise als er 1983 einen Milliardenkredit für die DDR einfädelte. «Man muss seine Grundsätze so hoch hängen, dass man drunter durchschlüpfen kann», soll eines von Strauß' Mottos gewesen sein, und es trifft gewiss auch auf Söder zu.[102] Ein weiteres Beispiel ist der kürzlich über eine Korruptionsaffäre gestürzte österreichische Kanzler Sebastian Kurz, der lange Zeit die große Nachwuchshoffnung der europäischen Christdemokraten und

Konservativen war. Oft wurde behauptet, dieser sei ein «gewiefter postideologischer Taktiker, der alles politischen Opportunitäten unterordnet.»[103] Kritiker verweisen dabei gerne auf seine Positionen in der Flüchtlingskrise 2015: «Als es en vogue war, sich migrationskritisch zu äußern und sich von der Piefke-Kanzlerin politisch abzusetzen, tat er es im Wissen, damit ein Ticket ins Kanzleramt zu erhalten», wogegen Kurz wenige Jahre zuvor als Staatssekretär für Integration noch deutlich liberalere Töne anschlug.[104] Beifall bekam Kurz damals übrigens von den CSU-Männern Seehofer und Söder – ersterer lud bekanntlich auch Orbán zu migrationspolitischen Beratungen nach Bayern ein.[105]

Dass der vorschnelle Opportunismus-Verdacht auch problematisch sein kann, liegt auf der Hand. Schließlich können wir nicht in die Köpfe anderer Menschen hineinsehen und mit Treffsicherheit feststellen, was sie eigentlich denken. Vielleicht ist Orbán wirklich bloß ein machtbesessener Nihilist – vielleicht verinnerlicht er aber auch, wie der Ungarn-Kenner Paul Lendvai behauptet, mit voller Überzeugung all jene Prinzipien und Agenden, die seine Macht vermehren.[106] Vielleicht stellte sich Kurz tatsächlich nur aus wahlstrategischen Gründen gegen die Flüchtlingspolitik der deutschen Kanzlerin – oder aber er glaubte aufrichtig daran, dass die «Last» der vermeintlich vielen Flüchtlinge die europäischen Gesellschaften überfordern würde. Darüber hinaus stellt sich die Frage, ob es eigentlich wichtig ist, dass Politiker auch *wirklich* an das glauben, was sie tun und sagen. Intuitiv fühlen sich die meisten Menschen vermutlich bei Überzeugungstätern besser aufgehoben als bei Opportunisten. Allein: Es ist wohl kaum besser, aus voller Überzeugung den Karren an die Wand zu fahren, als frei nach dem Söder-Prinzip («Hab ich genau zugehört oder etwas übersehen?»[107]) einen alten Standpunkt zu revidieren, um eine bessere Entscheidung zu treffen. Gerade die Kehrtwende, die der CSU-Chef in den vergangenen Jahren in der Umweltpolitik vollzogen hat, könnte man als Beispiel für einen gelungenen Opportunismus anführen.

Wie ein Journalist des *Tagesspiegel* Ende 2020 mit einer Prise Ironie bemerkte: «[E]in Blick ins Parteiprogramm, und die anderen Parteien müssten blass werden. [...] Umwelt, Naturschutz, nachhaltiges Wirtschaften, Versöhnung von Ökologie und Ökonomie: Wer hat's erfunden? Im Zweifel die CSU.»[108]

Sucht man unter den Neo-Christdemokraten echte Überzeugungstäter, findet man sie vielleicht am ehesten im Umfeld des gestürzten und inzwischen aus der Politik ausgeschiedenen österreichischen Kanzlers. Nachdem Sebastian Kurz 2017 die altgediente «schwarze» ÖVP übernommen und als «türkise» Bewegung neu verpackt hatte, wurde jede noch so winzige Weichenstellung von einer kleinen Gruppe weitgehend unbekannter Menschen an der Parteispitze vorgenommen – eine zentralistisch-autokratische, völlig auf innerparteiliche Demokratie verzichtende Strategie. Und der Journalist Klaus Knittelfelder, der als intimer Kenner des Machtzirkels um Kurz gilt, bescheinigt, dass es sich hierbei «nicht um eine Truppe opportunistischer Bobos ohne politische Überzeugung handelt[e]. Die türkise Spitze [bestand] aus strammen Konservativen, wiewohl diese sich selbst ob ihrer marktorientierten Sichtweisen in wirtschaftspolitischen Fragen lieber als Liberale bezeichnen.»[109] Bernhard Bonelli, Kurz' ehemaliger Kabinettschef, der auch seine politischen Inhalte mitentwickelte, ist beispielsweise ein strenggläubiger, ultrakonservativer Katholik. Er studierte unter anderem an der IESE Business School der von der ebenfalls ultrakonservativen katholischen Organisation Opus Dei geführten Universität Navarra. Das passt auch gut zu Bonellis Weltbild: Genau wie viele Opus-Dei-Mitglieder verbindet der Mann, der über sich selbst sagt, er habe ein «einigermaßen regelmäßiges Gebetsleben», einen traditionalistischen katholischen Sozialkonservatismus mit ultra-liberalem Marktdenken.[110] Staatlichen Eingriffen und Sozialprogrammen steht er grundsätzlich skeptisch gegenüber. Ähnliche Positionen vertritt angeblich auch Markus Gstöttner, der einer der wichtigsten wirtschaftspolitischen Vordenker und Berater des Ex-

Kanzlers war. Auch Initiativen, die Abtreibungen erschweren sollen, werden von beiden begrüßt.[111] Ihr privater Freundeskreis besteht «zu einem beträchtlichen Teil aus Priestern.»[112]

Kurz' mächtigster Gefolgsmann, der ehemalige Finanzminister Gernot Blümel, ist im Gegensatz zu Bonelli und Gstöttner – zumindest auf dem Papier – ein Anhänger der katholischen Soziallehre. 2009 schloss er sein Philosophiestudium mit einer Arbeit über den «Personenbegriff in der Christlichen Soziallehre und -philosophie unter der besonderen Berücksichtigung von Vogelsang, Lugmayer und Messner» ab. Karl von Vogelsang, der uns schon im zweiten Kapitel begegnet ist, war einer der wichtigsten Vordenker des Sozialkatholizismus in Österreich und ein Ideengeber für die autoritäre Vorläuferpartei der ÖVP, die Christlichsoziale Partei. Seine Gedankenwelt war geprägt von antidemokratischer Mittelalterromantik und antisemitischen Vorurteilen (vor allem gegen die sogenannten «Reformjuden», die seiner Meinung nach für den Kapitalismus verantwortlich seien). Blümel vermeidet in seiner Abschlussarbeit elegant die Auseinandersetzung mit Vogelsangs Antisemitismus und Demokratieskepsis und resümiert, es sei «beeindruckend, [...] dass meine persönliche intuitive Einstellung zum Verhältnis Mensch – Gesellschaft sich weitestgehend mit der Ausformulierung der Grundprinzipien der Christlichen Soziallehre und -philosophie deckt.»[113] Harald Mahrer, ein weiterer enger Kurz-Vertrauter, hat sich ebenfalls mit programmatischen Statements zur Essenz des Christlich-Sozialen hervorgetan: «Christlich-Soziale verwechseln [...] mehr Gerechtigkeit nicht mit mehr Gleichheit.» Oder: «Christlich-soziales Denken und Handeln spielt schließlich Solidarität nicht gegen wirtschaftliche Freiheit aus.»[114] Bei so viel ideologischer Konsequenz darf es dann auch nicht verwundern, dass Sebastian Kurz im Rahmen der Großveranstaltung «Awakening Austria» tausende Menschen in der Wiener Stadthalle für sich beten ließ – oder dass die Kurz-ÖVP im Parlament eine Gebetsfeier abhält, die ein führender Verfassungsjurist als demokratisch zweifelhaftes Beispiel für «politischen Katholizismus» einstuft.[115]

Wohlgemerkt ist es kein Widerspruch, sich emphatisch zu bestimmten Grundwerten zu bekennen und gleichzeitig opportunistisch oder skrupellos zu handeln. Dafür gibt es in jeder Parteienfamilie prominente Beispiele. Sebastian Kurz gehörte höchstwahrscheinlich auch zu dieser Kategorie Politiker: Eiskalt-kalkulierend plante er die Machtübernahme in der Partei und den Einzug ins Bundeskanzleramt. Wie die neuesten Enthüllungen zeigen – darunter die vulgären Chats zwischen Kurz und seinem Team –, war dabei nahezu jedes Mittel recht. Sogar der eigene Parteichef, Kurz' Vorgänger Reinhold Mitterlehner, sollte mithilfe gekaufter Berichterstattung diskreditiert werden, um Kurz den Weg zur Macht zu ebnen. Der junge Ex-Kanzler war also wohl kein ideologiebefreiter, in jedem Fall aber ein skrupelloser Machtpolitiker, der auch die eigenen Parteifreunde auf dem Altar seines selbstzentrierten politischen Projekts zu opfern bereit war. Nun könnte man relativierend darauf verweisen, dass jeder erfolgreiche Politiker immer wieder ethische Grenzen überschreiten muss; anders sei Macht weder zu gewinnen noch zu erhalten. Bei all dem bleibt jedoch fraglich, ob es irgendwelche Grenzen gibt, die ein Politiker vom Typus Sebastian Kurz *nicht* im Namen der Macht überschreiten würde. Deshalb ist das Modell Kurz – wie nicht nur linke Kommentatoren urteilen – «für die Demokratie ausgesprochen gefährlich.»[116]

Der neue politische Katholizismus jenseits der Christdemokratie

Abseits gelegentlicher bizarrer religiöser Zeremonien und wiederkehrender Referenzen zum «Christlich-Sozialen» hielten sich Sebastian Kurz und sein Team allgemein mit religiöser Symbolik und

Sprache zurück. Dass viele von ihnen sich ohnehin «lieber als Liberale bezeichnen»[117] und auch als solche auftreten, ist aus strategischer Perspektive gut nachvollziehbar: Österreich ist bestimmt in vieler Hinsicht ein konservatives Land, die Ansichten eines Bernhard Bonelli dürften aber auch dort meilenweit vom Weltbild des durchschnittlichen (konservativen) Wählers entfernt sein. Ähnlich vorsichtig sind auch andere christdemokratische Parteien in Westeuropa: Die direkte und substanzielle Bezugnahme auf Gott oder den Glauben in öffentlichen Reden, Interviews oder Wahlkampagnen ist eher die Ausnahme als die Regel. Symbolpolitische Aktionen wie Markus Söders missglückter «Kreuzerlass», wonach in jeder bayrischen Behörde gut sichtbar ein Kreuz hängen soll, bleiben Einzelepisoden.[118] Dem Politologen Thomas Biebricher zufolge hat das – zumindest in Deutschland – auch wesentlich mit der «Erschöpfung» des (christlichen) Konservatismus zu tun:

> Fragte man in den letzten Jahren einen per Zufall ausgewählten Unionsfunktionär oder Mandatsträger, warum es ein konservatives Kernanliegen sei, die heterosexuelle Ehe von Mann und Frau zu schützen, so konnte man sich beinahe sicher sein, als Antwort den dürren Verweis auf den Schutz von Ehe und Familie im Grundgesetz zu erhalten […]. Doch wenn nominell Konservative nichts anderes mehr gegen die Gleichstellung gleichgeschlechtlicher Partnerschaften vorzubringen haben, dürfen sie sich eben auch nicht wundern, wenn diese dann […] Realität wird.[119]

Ob die Wiederbelebung klassischer religiös-konservativer Positionen in der westeuropäischen Christdemokratie überhaupt Erfolgschancen hat, ist eine andere Frage. Inzwischen haben nämlich nationalkonservative Parteien viele solcher Standpunkte übernommen und beanspruchen nicht ohne Erfolg die Deutungshoheit über ein ideologisches Terrain, das traditionell der Christdemokratie vorbehalten war. Damit sind wir beim letzten Thema dieses

Buches: dem neuen politischen Katholizismus jenseits der Christdemokratie.

Bei den meisten nationalkonservativen Parteien, die sich auf das katholische Christentum beziehen, kann von politischem Katholizismus streng genommen keine Rede sein. Matteo Salvinis Lega oder die österreichische FPÖ politisieren zwar religiöse Symbole und bedienen sich ehemals christdemokratischer Sujets (bei der EU-Wahl 2009 plakatierte die FPÖ etwa den Slogan «Abendland in Christenhand»).[120] Dabei geht es ihnen aber, so der Religionsforscher Olivier Roy, nicht so sehr um Religion, sondern um rechte Identitätspolitik und Kulturkampf: Das Christentum wird als Chiffre für eine gemeinsame kulturelle Identität gebraucht, die es gegen den Islam zu verteidigen gilt.[121] Als eigenständige Institution ist die Kirche den neuen Nationalkonservativen eher ein Dorn im Auge. Kirchenvertreter, die ihre Politik oder die politische Instrumentalisierung der Religion in Frage stellen, werden oft scharf attackiert. Salvini ging so weit, Papst Franziskus, der die harte Migrationspolitik des Lega-Chefs mehrfach kritisiert hatte, indirekt die Legitimität als Kirchenoberhaupt abzusprechen. *Il mio Papa è Benedetto* («mein Papst ist Benedikt») prangte bei einem Auftritt auf Salvinis T-Shirt – damit war Franziskus' Vorgänger Benedikt XVI. gemeint, der bei ultrakonservativen Katholiken nach wie vor als der bessere Papst gilt.[122] «Soll er sich um die Seelen sorgen, ich sorge mich um mittellose Italiener», schoss er bei einer anderen Gelegenheit abschätzig in Richtung Franziskus.[123] Ähnliche, wenngleich subtilere Verhaltensmuster zeigte übrigens auch die Kurz-ÖVP: Nachdem katholische Geistliche 2019 die Asylpolitik der ÖVP-FPÖ-Regierung kritisch hinterfragt hatten, entsandte man Parteifunktionäre aus dem Finanzamt, um dem Generalsekretär der Bischofskonferenz mit dem Entzug von kirchlichen Steuerprivilegien zu drohen.[124]

Allein die nationalkonservative polnische Partei für Recht und Gerechtigkeit (*Prawo i Sprawiedliwość*, kurz PiS) steht für einen genuinen politischen Katholizismus, in dem – ähnlich wie bei den historischen Vorläufern der Christdemokratie – Religion und Parteipolitik miteinander verschmelzen. Ermöglicht wird das durch eine Besonderheit Polens: Anders als im restlichen Europa hat dort das Christentum neben der kulturell-identitären Bedeutung nach wie vor *auch* eine religiöse Bedeutung; der Einfluss der katholischen Kirche auf die polnische Gesellschaft ist enorm. Und die seit 2016 regierende Partei des Orbán-Bewunderers Jarosław Kaczyński präsentiert sich immer mehr als politischer Arm der Klerus – wobei sie sich, im Gegensatz zu Fidesz in Ungarn, weder als christdemokratische Partei präsentiert noch in den transnationalen Netzwerken der europäischen Christdemokratie Anschluss sucht. Neben den allgemein bekannten Versuchen, den liberalen Rechtsstaat auszuhöhlen,[125] betreibt sie vor allem eine erzkonservative Wertepolitik: Frauen sollen ermutigt werden, zuhause zu bleiben und Kinder zu bekommen, Abtreibung wird mit drakonischen Strafen sanktioniert, gegen die angeblich korrosive und dekadente «LGBT-Ideologie» wird laufend polemisiert.[126] Gleichzeitig werden aber auch wohlfahrtsstaatliche Leistungen erhöht, insbesondere für Einkommensschwache und Arme. Selbst Kritiker der PiS wie der Krakauer Jesuitenpriester Jacek Prusak räumen ein: Die Wohlfahrtspolitik von Kaczyńskis Partei steht «im Geiste der katholischen Soziallehre.»[127] In ein klassisches Links-Rechts-Schema passt die PiS also nicht. Laut Prusak wird Religion aber vor allem als «Waffe im Kulturkampf» eingesetzt. Dabei pickt sich die Partei «die Aspekte der kirchlichen Lehre heraus, die sie bevorzugt.» Genau wie bei Salvini oder Orbán betrifft das vor allem die Flüchtlingspolitik. Hier vertritt die PiS sehr restriktive Positionen, die denen des aktuellen Papstes diametral entgegenstehen.

Der neue politische Katholizismus hat auch seine eigenen Intellektuellen und Vordenker. Die profundesten und radikalsten unter ihnen sind die sogenannten Neo-Integralisten, darunter der Harvard-Jurist Adrian Vermeule und der Politiktheoretiker Patrick

Deneen, dessen Buch *Warum der Liberalismus gescheitert ist* auch ins Deutsche übersetzt wurde.[128] Der katholische Integralismus fällt, wenn wir der im zweiten Kapitel entworfenen Typologie folgen, in die Kategorie des autoritären, antimodernen Konservatismus: Integralisten geht es um die Rücknahme der modernen Trennung von Staat und Kirche. Die prominentesten historischen Vertreter des Integralismus waren stramme Reaktionäre wie der Franzose Charles Maurras, der Anfang des 20. Jahrhunderts die antirepublikanische, antisemitische und monarchistische *Action Française* anführte. Neo-Integralisten wie Deneen und Vermeule sind ebenfalls antimodern eingestellt und zutiefst kulturpessimistisch. Ihr Hauptfeind ist der säkulare Liberalismus, den sie als aggressive, destruktive und traditionszersetzende Kraft beschreiben.[129] Ihr Ideal ist nichts anderes als ein konfessioneller Staat, in dem die Politik übernatürlichen Zielsetzungen und den Weisungen der Kirche untergeordnet ist. Manche Neo-Integralisten gehen noch weiter und fordern «ein Gesellschaftssystem, in dem Kirche und Staat so umfassend integriert sind, dass nicht mehr zwischen ihnen unterschieden werden kann».[130] Um diese Ziele zu verwirklichen, ruft Vermeule die Katholiken des 21. Jahrhunderts zum *ralliement* auf – der Begriff ist der Enzyklika *Au Milieu des Sollicitudes* (1892) entliehen, in der Leo XIII. die französischen Katholiken zur friedlichen Zusammenarbeit mit den Vertretern der Dritten Republik aufgerufen hatte. Demnach sollen Katholiken innerhalb der existierenden liberalen Demokratien darauf hinarbeiten, die liberale Ordnung von innen zu transformieren und schließlich «gänzlich zu überwinden».[131] Wen das an Ungarn oder Polen erinnert, der liegt nicht ganz falsch: Vermeule und Deneen sind große Bewunderer Viktor Orbáns, Deneen wurde 2019 sogar von Orbán zum persönlichen Austausch empfangen.[132] Fidesz war zu diesem Zeitpunkt noch Mitglied der EVP. Damit schließt sich der Kreis zur europäischen Christdemokratie.

V Schluss

Ende Herbst 2021 sind zwei gegenläufige Tendenzen festzustellen. Einerseits kommt die dunkle Seite der Christdemokratie wieder verstärkt zum Vorschein. In Österreich haben sich etwa bereits im Frühjahr 2021 zahlreiche Kommentatoren gefragt: «Wie viel Orbán steckt in Kurz?»[1] Die Wirtschafts- und Korruptionsstaatsanwaltschaft ermittelte seither gegen den jungen Kanzler wegen Falschaussage im parlamentarischen Untersuchungsausschuss zur «Ibiza-Affäre», die zum Bruch mit dem damaligen Koalitionspartner FPÖ geführt hatte. Auch Kabinettschef Bonelli soll mehrmals die Unwahrheit gesagt haben. Gleichzeitig setzte die ÖVP systematisch die Justiz unter Druck. Die Arbeit nominell unabhängiger Organe wurde immer wieder von den Christdemokraten behindert. Der ehemalige ÖVP-Vorsitzende Reinhold Mitterlehner – ein alteingesessener Christdemokrat – konstatierte daraufhin, Kurz und seiner Truppe fehle es an «Respekt gegenüber demokratischen und rechtlichen Institutionen».[2] Sabine Matejka, die Präsidentin der Vereinigung der Österreichischen Richterinnen und Richter, beurteilte die Lage noch dramatischer. «Ich möchte Österreich nicht mit Ungarn und insbesondere nicht mit Polen vergleichen», so Matejka in einem Fernsehinterview, «aber auch dort hat man sich am Anfang wahrscheinlich nichts gedacht und gemeint, es sind nur einzelne Vorfälle.»[3]

Wenige Monate später beantragte die österreichische Wirtschafts- und Korruptionsstaatsanwaltschaft Hausdurchsuchungen im Bundeskanzleramt, im Finanzministerium und in der Parteizentrale der ÖVP. Anfang Oktober 2021 kamen schließlich neue schwere Vorwürfe gegen Kurz und sein Team ans Licht: 2016 soll

Geld aus dem Finanzministerium zweckentfremdet worden sein, um wohlmeinende Berichterstattung über Kurz zu erkaufen. Dies sollte dem aufstrebenden Jungpolitiker den Weg an die Parteispitze und ins Bundeskanzleramt ebnen. Nach einigen Versuchen der ÖVP-Spitze, Kurz den Verbleib im Amt zu sichern, folgte am 9. Oktober der Rücktritt des Kanzlers. Sein unmittelbarer Nachfolger wurde der bisherige Außenminister Alexander Schallenberg, ein politisch konturloser Berufsdiplomat. Kurz degradierte sich selbst zum Klubobmann, also Fraktionsvorsitzenden der ÖVP im Parlament. Weil sich die innerparteiliche Macht daraufhin in Richtung der christdemokratischen Landeshauptleute verschob, zog sich der einst strahlende Newcomer am 2. Dezember 2021 komplett aus der Politik zurück. Neuer Kanzler wurde Karl Nehammer, der sich als Innenminister unter Kurz mit harten *Law-and-Order*-Ansagen profilierte, seither aber als moderater Versöhner auftritt. Im Innenministerium folgte ihm Gerhard Karner nach, der in der Gemeinde Texingtal in Niederösterreich tatsächlich ein Dollfuß-Museum betreibt![4]

Nach dem Abschied aus der Politik heuerte Sebastian Kurz als «Global Strategist» bei Thiel Capital an, dem Hedgefonds des deutsch-amerikanischen Tech-Investors Peter Thiel. Dieser zählt zu den schillerndsten und einflussreichsten Persönlichkeiten des Silicon Valley. Der bekennende Libertäre und Trump-Unterstützer wurde mit dem Online-Bezahldienst PayPal zum Multimillionär und finanzierte Unternehmen wie Facebook und Airbnb in ihrer Frühphase. Laut Max Chafkin, der eine vielbeachtete Biografie über Thiel verfasst hat und den Investor seit 15 Jahren journalistisch begleitet, muss man den neuen Job des Ex-Kanzlers auch als «Ausdruck von Thiels Bewunderung für Kurz verstehen»: Thiel sei nämlich begeistert von Kurz' Ambition, «eine Art Brücke zwischen der harten Rechten und dem Mainstream zu schlagen […] Die Nähe zu diesem ehemaligen Staatschef, dieser jungen interessanten Person, die die europäische Politik versteht, verleiht Thiel bei den populistischen Nationalisten, die er so gerne unterstützt, zusätzliche Glaubwürdigkeit.»[5] Wächst hier zusammen, was zusammengehört? Zumindest scheint Kurz wenig Berührungsängste mit einem Milieu zu haben, das – im krassen Gegensatz zur klassischen Christdemokratie – nicht nur den sozialen Ausgleich, sondern den Staat an sich ablehnt. Ein solches Weltbild hatten gewiss schon einige seiner engsten politischen Gefolgsleute, etwa Kurz' ehemaliger Kabinettschef Bernhard Bonelli. Thiel vertritt diese Positionen allerdings in radikalisierter Form. Der Investor «wettert gegen den Einsatz öffentlicher Gelder zur Verbesserung der Lebensbedingungen insbesondere der Armen. [...] Seiner Ansicht nach sollte jeder Einzelne frei darüber entscheiden dürfen, wo, wann und wie er Steuern entrichtet – und auch an wen.»[6] Was immer man davon hält – es steht fest, dass Kurz sich sehr weit vom politischen Mainstream entfernt hat, zu dem er mal zählte.

Selbstbewusst und umtriebig wie eh und je vernetzt sich auch der ungarische Premierminister Orbán innerhalb und außerhalb des politischen Mainstreams. Zwar ist seine Fidesz-Partei nicht mehr Mitglied der Europäischen Volkspartei; Orbán wurde jedoch Ende Oktober 2021 zum Vizepräsidenten der Christdemokratischen Internationalen (CDI) und damit in ein Amt gewählt, das er sich unter anderem mit CDU-Politiker Elmar Brok teilt. Darüber hinaus arbeiten Orbán und seine Gefolgsleute an neuen transnationalen Allianzen, etwa mit Matteo Salvinis Lega und der ultrarechten spanischen Vox-Partei, deren Vorsitzender Santiago Abascal Conde genau wie Orbán mit Vorliebe gegen liberale «Globalisten» wettert. Gleichzeitig werden auch alte Kontakte gepflegt: Obwohl sich CSU-Chef Markus Söder zuletzt kritisch gegenüber Orbán geäußert hat, bestehen jenseits der tagespolitischen Aufmerksamkeitsökonomie weiterhin enge Kontakte zwischen Bayerns Christsozialen und der ungarischen Regierungspartei. Minutiös dokumentiert etwa die ungarische Familienministerin Katalin Novák auf Twitter ihre zahlreichen Treffen mit führenden CSU-

Politikern. Dabei wird Novák nicht müde zu betonen, wie einig sich die beiden Parteien in vielen Angelegenheiten sind – etwa in der Familienpolitik und in der Forderung nach einer neuen rechten Parteienallianz in Europa. Ein kleiner Auszug:

> 20. Oktober 2021. Europa braucht wahre Mitte-rechts Parteien. Darin waren wir uns mit Thomas Kreuzer, dem Fraktionsvorsitzenden der @csu_lt, einig.[7]

> 20. Oktober 2021. Ein Gespräch mit Carolina Trautner, bayerische Staatsministerin für Familie. Es gibt viele Gemeinsamkeiten zwischen unserer Familienpolitik.[8]

> 27. Oktober 2021. @BerndPosselt, der Beauftragter der @CSU für Mittel- und Osteuropa, und ich sind uns einig, dass sich die Mitte-Rechts Parteien auch in Zukunft so für die christlichen Werte einsetzen müssen, dass sich die konzervativen [sic] Wähler wirklich verteten [sic] fühlen.[9]

> 9. November 2021. die ungarische Reg. und die Fidesz sind nicht isoliert. Unser Einsatz zur Stärkung der Familien, zur Formierung einer neuen, europäischen Rechte [sic] und das Wahren der christlichen Werte ist unanfechtbar. Darin bestärkten mich Dr. Werner J. Patzelt und CSU-Politiker @HolmPutzke[10]

Die zweite Tendenz in der europäischen Christdemokratie könnte als übergreifende Rat- und Orientierungslosigkeit bezeichnet werden. Sie herrscht vor allem innerhalb der ehemals stolzen CDU, die seit der dramatischen Niederlage bei der Bundestagswahl 2021 wie paralysiert wirkt. Der moderate, sozialkatholische Kanzlerkandidat Armin Laschet war an seiner enormen Unpopularität gescheitert. Erschwerend kamen die Querschüsse des CSU-Vorsitzenden Söder hinzu, der selbst Kanzler werden wollte und sich – nicht zu

Unrecht – auch bessere Chancen ausgerechnet hatte. Im Herbst 2021 stand die CDU schließlich vor einem Trümmerhaufen. Eine personelle Neuaufstellung und auch neue Inhalte sollten Abhilfe schaffen. Auf welche programmatischen Schwerpunkte die völlig ideenlos wirkende Partei eigentlich setzen will, ist allerdings nach wie vor auch Insidern verborgen. Genau wie im Frühjahr 2020 bewarb sich auch Friedrich Merz wieder um das Amt des Parteivorsitzenden – diesmal allerdings nicht mit der Ansage, das konservative Profil der Partei stärken zu wollen. Stattdessen präsentiert sich Merz seither als verantwortungsvoller Zeitgeistpolitiker, dem Klimawandel und soziale Gerechtigkeit am Herzen liegen. In seinem inzwischen dritten Anlauf beteuerte der Sauerländer, mit ihm werde es «keinen Rechtsruck in der Union geben, keine Achsenverschiebung.»[11] Anstelle der früher gebetsmühlenartig verkündeten Abkehr vom Merkel-Zentrismus soll nun weiterhin die Mitte der Gesellschaft angesprochen werden. Ähnlich positionierten sich die beiden anderen Kandidaten für den Parteivorsitz, Norbert Röttgen und Helge Braun.

Wenig überraschend machte Merz – zweifellos der bekannteste und charismatischste der drei Bewerber – am Ende das Rennen. Mitte Dezember 2021 setzte er sich beim ersten Mitgliederentscheid der Parteigeschichte gegen Röttgen und Braun durch. Im Januar 2022 wurde er auf dem CDU-Parteitag von den Delegierten offiziell zum neuen Parteivorsitzenden gewählt. An der Ambition, die Partei an der breiten gesellschaftlichen Mitte zu orientieren, hielt er einstweilen fest. Die großen Linien sollen in einem neuen Grundsatzprogramm definiert werden, das bis zur nächsten Bundestagswahl ausgearbeitet werden soll. Ob die programmatische Erneuerung langfristig gelingt, muss an dieser Stelle offen bleiben. Unmittelbar steht Merz jedenfalls vor der großen Herausforderung, als Mann des konservativ-wirtschaftsliberalen Flügels die ehemalige Volkspartei wieder zusammenzuführen. Nach der krachenden Wahlniederlage 2021 ist das Bedürfnis nach Einigung spürbar. «Wir brauchen jetzt eine starke Führungsfigur, die endlich wieder Geschlossenheit in der CDU herbeiführt», kommentiert ein CDU-Politiker – und hofft, dass Merz «in alter Kohlscher Tradition» für die ganze Breite der deutschen Christdemokratie stehen kann.[12] Dass Merz der Richtige dafür ist, kann mit gutem Grund bezweifelt werden. Zum einen lässt seine politische Vergangenheit als «Anti-Merkel» vermuten, dass es sich bei seinem neuen Mitte-Kurs bloß um eine rhetorische Größe handelt. Zum anderen signalisiert Merz' Entscheidung, den für seine soziale Orientierung bekannten Mario Czaja zum CDU-Generalsekretär zu machen, dass er sich seiner Schwächen als integrative Figur wohl bewusst ist. So sehr sich der neue Parteivorsitzende auch bemüht, den Sozialpolitiker kann er nicht glaubhaft geben.[13] Merz ist, ungeachtet seiner analytischen und rhetorischen Fähigkeiten, eben weder Merkel noch Kohl.

An dieser Stelle drängt sich eine Frage auf: Ist es notwendigerweise ein strategischer Fehler, wenn sich christdemokratische Parteien heute in einer ideologisch nur schwer greifbaren Mitte verorten? Ist der konservative Weg, von Kurz und Orbán in unterschiedlicher Form vorgelebt (und früher auch von Merz befürwortet), letztlich nicht erfolgversprechender? Sollte der Bruch mit dem moderaten Zentrumskurs bedeuten, sich wieder mehr auf die Tiefe der eigenen Tradition und den Kernbestand ursprünglich christdemokratischer Positionen zu besinnen, ist Vorsicht geboten. Nach der Lektüre des vorliegenden Buches sollte deutlich geworden sein: Die Ursprünge der Christdemokratie sind nichts, was man unbedingt wiederbeleben sollte. Nicht alles an der historischen Christdemokratie kann als antidemokratisch oder gar reaktionär bezeichnet werden. Doch hatte die Christdemokratie immer schon eine dunkle Seite. Wer sich nun also eine Renaissance der alten, vermeintlich echten Christdemokratie und christlich-konservative Politiker herbeiwünscht, die auf authentische Weise aus dem reichhaltigen Ideenrepertoire vergangener Tage schöpfen, könnte statt eines neuen Adenauer bloß einen weiteren Orbán bekommen.

Zudem dürften, *erstens*, auch viele der aus demokratiepolitischer Sicht eher unbedenklichen Kernpositionen der klassischen Christdemokratie wohl nur noch bei kleinen gesellschaftlichen Minderheiten Begeisterung entfachen. Mit einer konservativen, religiös begründeten Familienpolitik – um nur ein wichtiges Beispiel zu nennen – kommt man heute nicht mehr sehr weit. Eine emphatische Parteinahme zugunsten des klassischen, patriarchalen Familienmodells mag bei Orbáns Stammwählern im ländlichen Ungarn und vielleicht in einigen Alpendörfern enthusiastische Zustimmung finden; für die überwiegende Mehrheit potenzieller Wähler ist ein traditionelles Familienbild, wie es in den 1950er Jahren noch in ganz Europa akzeptiert war, realitätsfern und unattraktiv. *Zweitens* sind zahlreiche ursprüngliche Kernanliegen der Christdemokratie längst zu einem überparteilichen Konsens geworden. Die zentrale Forderung nach sozialem Ausgleich ohne revolutionäre Veränderung der Herrschaftsverhältnisse ist seit langem auch eine sozialdemokratische und grüne Position, das gleiche gilt für den Wunsch nach einer stetigen Vertiefung der Europäischen Integration. *Drittens* muss man festhalten, dass die christdemokratische Ideentradition so gut wie keine Antworten auf die großen Herausforderungen unserer Zeit geben kann. Bei den Themen wie Klimawandel und Digitalisierung bietet der Ideenfundus der historischen Christdemokratie nicht einmal vage Anhaltspunkte – ein weiterer Grund für Skepsis gegenüber der Forderung nach ideologischer Rückbesinnung.

Eine andere, zumindest formell konservative Strategie wäre, sich wieder stärker direkt von der Kirche inspirieren zu lassen. Immerhin äußerte sich Papst Franziskus auch ausführlich zu Fragen der Ökologie und Nachhaltigkeit – ausführlicher als jede christdemokratische Partei. In der 2015 veröffentlichten Umweltenzyklika *Laudato si'* geht das Oberhaupt der Kirche mit der «wuchernden» «oberflächlichen oder scheinbaren Ökologie» hart ins Gericht, die «eine leichtfertige Verantwortungslosigkeit unterstützt.»[14] Hier sollten sich auch christdemokratische Politiker angesprochen fühlen. Statt weiterhin einer «magischen Auffassung des Marktes» anzuhängen, der zufolge Wachstum und Innovation alle Probleme lösen könnten, müssen wir uns laut Franziskus «davon überzeugen, dass die Verlangsamung eines gewissen Rhythmus von Produktion und Konsum Anlass zu einer anderen Art von Fortschritt und Entwicklung geben kann.»[15] Doch solche Überlegungen passen eher zu *Fridays for Future* oder *Extinction Rebellion* als zu christlich-konservativen Volksparteien.

Man könnte auch ganz anders an die Frage nach der Zukunft der (deutschen) Christdemokratie herantreten: Möglicherweise sind politische Visionen und Programme am Ende überhaupt zweitrangig. Hängt politischer Erfolg allgemein mehr von *Persönlichkeiten* ab als von Inhalten? Der diffuse Zentrismus wurde bei der Bundestagswahl 2021 schließlich nicht abgewählt, indem sich die Wähler für einen *Sozialdemokraten* der diffusen Mitte entschieden. Olaf Scholz verkörpert die inhaltlich ausgehöhlte Sozialdemokratie des «dritten Weges» in Reinform, viele bescheinigten ihm jedoch großes Führungspotenzial – genau jene Qualität, die bei Armin Laschet selbst viele seiner Parteifreunde vermissten. Streng genommen scheint es also nicht so sehr um inhaltliche Positionierungen zu gehen. Der richtige Kopf an der Spitze kann augenscheinlich ein programmatisches Vakuum wettmachen. Das hat die ehemalige Kanzlerin schon über viele Jahre vorgemacht: Auch die effiziente Verwaltung des Status quo unter dem Vorzeichen der Alternativlosigkeit kann ein erfolgreiches politisches Rezept sein, solange man genug Sachverstand und Integrität ausstrahlt und gelegentlich mit spontanen, wertebasierten Entscheidungen signalisiert, tief im Inneren doch noch echte Überzeugungen zu haben.

Wenn der besondere Erfolg von Glaubhaftigkeit und Vertrauenswürdigkeit die eine große Lehre der Merkel-Ära ist, sollte die andere sein: Demokratische Politik muss nicht immer *mitreißend* sein, um zu überzeugen. Politik ist, wie Max Weber hellsichtig formulierte, das «langsame Bohren von harten Brettern», was neben Leidenschaft auch Disziplin, Ausdauer und einen moralischen Kompass verlangt. Politiker, die – wenn überhaupt – nur Leidenschaft mitbringen und sich ausschließlich für den raschen, möglichst medienwirksamen Aufstieg zur Macht interessieren, erscheinen in unserer schnelllebigen Zeit gewiss interessanter. Man sollte aber nicht davon ausgehen, dass diese Politiker längerfristig konstruktiv mit anderen zusammenarbeiten können oder verlässlich zwielichtigen Versuchungen widerstehen, sobald sie ganz oben angekommen sind. Die Karriere eines Sebastian Kurz, der sich, als sein System medialer und innerparteilicher Kontrolle plötzlich zerfiel, über Nacht beleidigt aus der Politik zurückzog, ist ein warnendes Beispiel, und zwar auch für all jene, die sich immer noch Markus Söder an der Spitze der Union wünschen – einen Mann, dem die eigene Karriere augenscheinlich wichtiger ist als der Erfolg der gesamtdeutschen Christdemokratie und der seine Meinungen zu fundamentalen politischen Fragen immer wieder revidiert, um keine kurzfristigen Popularitätsverluste zu erleiden.

Freilich sollten es die deutschen Christdemokraten künftig vermeiden, mit dem «Schlafwagen ins Kanzleramt» fahren zu wollen, wie Söder im Wahlkampf gegen Laschet stichelte. Genauso wenig sollten sie sich aber darauf verlassen, dass es letztlich *nur* um Personalfragen geht und politische Inhalte zweitrangig sind. Sicher, es bedarf markanter Persönlichkeiten, aber ohne Werte, Ziele und Ideen geht es auch nicht. Das setzt aufseiten der Christdemokratie zum einen eine ehrliche Auseinandersetzung mit ihrer dunklen Seite voraus, die eben nicht einfach verschwunden, sondern in der Form erfolgreicher ultrakonservativer Identitätspolitik wiedergekehrt ist. Zum anderen sollte man sich ein für alle Mal von der Prämisse verabschieden, die christdemokratische Politik der Gegenwart und Zukunft müsse unbedingt von der Vergangenheit inspiriert sein. Das heißt freilich nicht, dass die Geschichte der Christdemokratie keine Bedeutung für ihre Gegenwart hätte. Aber vielleicht sollten es die Christdemokraten tatsächlich wagen, «an der Spitze des Fortschritts zu marschieren», statt nach Ideen aus früheren Jahrhunderten zu kramen. Dass die Schlusspointe damit dem überzeugten Konservativen Franz Josef Strauß gehört, darf als gewollte Ironie aufgefasst werden.

Dank

Die Idee für dieses Buch entstand in Gesprächen mit meinem guten Freund und Kollegen Carlo Invernizzi-Accetti, der mich für die Bedeutung des Themas sensibilisiert hat. Seine eigenen Arbeiten zur Christdemokratie waren von unschätzbarem Wert für mein Verständnis der Materie. Großen Dank schulde ich auch Josef Hien und Kees van Kersbergen, die sich immer wieder Zeit genommen haben, mit mir zu diskutieren. Cecilia Bruzelius, Josef Hien, Lisa Hirsch, Philip Rathgeb und Evemarie Wolkenstein haben jeweils das gesamte Manuskript gelesen und mir sehr geholfen, meine Gedanken zu ordnen und meine Formulierungen zu präzisieren. Matthias Hansl danke ich für sein eingehendes Lektorat und die Betreuung des Projektes. Cecilia Bruzelius musste sich in den letzten Jahren mehr Kurzvorträge über die Christdemokratie anhören, als man einer Lebenspartnerin zumuten sollte. Ihr gebührt wie immer der größte Dank.

Wien, im Winter 2021 F. W.

Anmerkungen

Vorwort

1 Bis heute stammen die meisten Arbeiten zur Christdemokratie von christdemokratischen Parteigängern, vgl. Wolfram Kaiser, «Christian Democracy in Twentieth-century Europe», *Journal of Contemporary History* 39/1 (2004), 127–135, hier S. 128–129 bzw. Carlo Invernizzi-Accetti, *What is Christian Democracy? Politics, Religion and Ideology* (Cambridge, 2019), S. 26.

2 Das Motto übernehme ich aus Georg Simmels immer noch unerreichtem Aufsatz «Die Großstädte und das Geistesleben», in: Rüdiger Kramme, Angela Rammstedt und Otthein Rammstedt (Hrsg.), *Georg Simmel. Aufsätze und Abhandlungen 1901–1908. Band 1* (Frankfurt am Main, 1995), 116–131, hier S. 131.

3 Kritisch dazu: Adam Przeworski, *Crises of Democracy* (Cambridge, 2019); Philip Manow, *(Ent-)Demokratisierung der Demokratie* (Berlin, 2020).

4 Vgl. Steven Levitsky und Daniel Ziblatt, *Wie Demokratien sterben* (München, 2018).

5 Zusammengefasst in Daniel Ziblatt, *Conservative Parties and the Birth of Democracy* (Cambridge, 2017).

6 Martin Conway, «Christian Democracy: One Word or Two», *Historia y Religión* (2012), verfügbar unter: http://historiayreligion.com/wp-content/uploads/2012/11/Christian-Democracy-MConway.pdf (Zugriff am 3. April 2020).

7 Das Hauptwerk zum Thema ist unbestritten Wolfram Kaiser, *Christian Democracy and the Origins of European Union* (Cambridge, 2007). Zur unmittelbaren Nachkriegszeit und den Kontinuitäten mit der Zwischenkriegszeit, siehe Rosario Forlenza, «The Politics of the Abendland: Christian Democracy and the Idea of Europe after the Second World War», *Contemporary European History* 26/2 (2017), 261–286. Eine wichtige und theoretisch fundierte Reflexion über die Zeit nach 1980 liefert Carlo Invernizzi-Accetti, *What is Christian Democracy?*, Kapitel 8.

8 Müller, *Das demokratische Zeitalter. Eine politische Ideengeschichte Europas im 20. Jahrhundert* (Frankfurt am Main, 2018), S. 14.

9 Gerade in der Politikwissenschaft gab es auch einige historische Vorläufer, vgl. Mario Einaudi und François Goguel, *Christian Democracy in Italy and France* (Notre Dame, 1952); Michael P. Fogarty, *Christian Democracy in Western Europe, 1820–1953* (Abingdon, 1957); R. E.M Irving, *Christian Democracy in France* (London, 1973). Siehe außerdem: John H. Whyte, *Catholics in Western Democracies. A Study in Political Behaviour* (Dublin, 1981); Robert Leonardi und Douglas A. Wertman, *Italian Christian Democracy: The Politics of Dominance* (New York, 1989). Beinahe den Status von Klassikern haben inzwischen das Buch *Social Capitalism: A Study of Christian Democracy and the Welfare State* (1995) des niederländischen Politologen Kees van Kersbergen und die aufwendige wie erhellende Studie *The Rise of Christian Democracy in Europe* (1996) von Stathis Kalyvas. Vor allem *Social Capitalism* wurde zu einem wichtigen Referenzpunkt in der Vergleichenden Politischen Ökonomie, einer Subdisziplin der Politikwissenschaft, die sich primär mit Verteilungskonflikten und wohlfahrtsstaatlichen Arrangements beschäftigt. Kees van Kersbergen, *Social Capitalism: A Study of Christian Democracy and the Welfare State* (London und New York, 1995); Stathis N. Kalyvas, *The Rise of Christian Democracy in Europe* (Ithaca, 1996).

10 Z. B.: van Kersbergen, *Social Capitalism*; Evelyne Huber, Charles Ragin und John D. Stephens, «Social Democracy, Christian Democracy, Constitutional Structure, and the Welfare State», *American Journal of Sociology* 99/3 (1993), 711–749; Evelyne Huber und John D. Stephens, *Development and Crisis of the Welfare State: Parties and Policies in Global Markets* (Chicago, 2001); Kees van Kersbergen und Philip Manow (Hrsg.), *Religion, Class Coalitions, and Welfare States* (Cambridge, 2009); Kalyvas und van Kersbergen, «Christian Democracy»; Timo Fleckenstein, «The Politics of Ideas in Welfare State Transformation: Christian Democracy and the Reform of Family Policy in Germany», *Social Politics* 18/4 (2011), 543–571; Josef Hien, «Unsecular Politics in a Secular Environment: The Case of Germany's Christian Democratic Union Family Policy», *German Politics* 22/4 (2013), 441–460; Philip Manow, «Workers, farmers and Catholicism: A history of political class coalitions and the south-European welfare state regime», *Journal of European Social Policy* 25/1 (2015), 32–49.

11 Bekanntestes Beispiel ist die ansonsten hervorragende Studie *The Primacy of Politics: Social Democracy and the Making of Europe's Twentieth Century* (Cambridge, 2006) von Sheri Berman.

12 Müller, *Das demokratische Zeitalter*, S. 241. Am Ende könnte das relative Desinteresse der Politikwissenschaft aber auch einfach mit der Pfadabhängigkeit der Forschung zusammenhängen. Soll heißen: Das Thema Christdemokratie wurde einfach deswegen kaum aufgegriffen, weil es lange so gut wie keine Forschung dazu gab, auf die man selbst aufbauen hätte können. Diese These vertreten Kalyvas und van Kersbergen, siehe dies., «Christian Democracy», S. 186.

13 In diesem Zeitraum hat die Geschichtswissenschaft dafür mehr umfangreiche und anregende Studien über die Christdemokratie hervorgebracht als irgendeine andere Disziplin. Beeindruckend sind nicht nur die enorme Bandbreite der Beiträge und der Detailreichtum der Fallstudien; auch die Bereitschaft, disziplinäre Grenzen zu überschreiten, hebt die Geschichtswissenschaft positiv von der Politikwissenschaft ab. Vgl. David Hanley (Hrsg.), *Christian Democracy in Europe. A Comparative Perspective* (London, 1994); Hans-Joachim Veen (Hrsg.), *Christlich-demokratische und konservative Parteien in Westeuropa 4: Schweden, Norwegen, Finnland, Dänemark* (Paderborn, München, Wien und Zürich, 1994); Jean-Dominique Durand, *L'Europe de la Démocratie chrétienne* (Paris, 1995); Tom Buchanan und Martin Conway (Hrsg.), *Political Catholicism in Europe 1918–1965* (Oxford, 1996); Noel Cary, *The Path to Christian Democracy: German Catholics and the Party System from Windthorst to Adenauer* (Cambridge, 1996); Martin Conway, *Catholic Politics in Europe 1918–1945* (London, 1997); Bruno Dumons, «Between Religion and Politics», *Contemporary European History* 8/1 (1999), 141–147; Ellen L. Evans, *The Cross and the Ballot. Catholic Political Parties in Germany, Switzerland, Austria, Belgium and the Netherlands, 1785–1985* (Boston, 1999); Emiel Lamberts (Hrsg.), *Christian Democracy in the European Union* (1945/1995) (Leuven, 1997); Roberto Papini, *The Christian Democrat International* (Lanham, 1997); Pombeni, «The Ideology of Christian Democracy»; Hans-Joachim Veen (Hrsg.), *Christlich-demokratische und konservative Parteien in Westeuropa 5: Schweiz, Niederlande, Belgien, Luxemburg, Europäische Demokratische Union (EDU), Europäische Volkspartei (EVP)* (Paderborn, München, Wien und Zürich, 2000); Frank Bösch, *Die Adenauer-CDU. Gründung, Aufstieg und Krise einer Erfolgspartei 1945–1969* (Stuttgart und München, 2001); Michael Gehler, Wolfram Kaiser und Helmut Wohnout (Hrsg.), *Christdemokratie in Europa im 20. Jahrhundert* (Wien, 2001); Bösch, *Macht und Machtverlust: Die Geschichte der CDU*; Thomas Kselman und Joseph A. Buttigieg (Hrsg.), *European Christian Democracy: Historical Legacies and Comparative Perspectives* (Notre Dame, 2003); Wolfram Kaiser und

Martin Gehler (Hrsg.), *Christian Democracy in Europe since 1945* (London, 2004); Kaiser, *Christian Democracy and the Origins of European Union*; Rosario Forlenza, «A Party for Mezzogiorno: The Christian Democratic Party, Agrarian Reform and the Government of Italy», *Contemporary European History* 19/4 (2010), 331–349; Maria Mitchell, *The Origins of Christian Democracy: The Politics and Confession in Modern Germany* (Ann Arbor, 2012); Forlenza, «The Politics of the Abendland».

14 Die Arbeiten Wolfram Kaisers und Michael Gehlers zur Rolle transnationaler christdemokratischer Netzwerke in der Frühphase Europäischer Integration sind hier ebenso hervorzuheben wie die Forschung des italienischen Historikers Rosario Forlenza, der mit großer Gelehrtheit die Entwicklung der italienischen Christdemokratie in Bezug zu kollektiven Katastrophen- und Modernisierungserfahrungen setzt. Michael Gehler und Wolfram Kaiser, «Transnationalism and early European Integration: The Nouvelles Équipes Internationales and the Geneva Circle, 1947–1957», *The Historical Journal* 44/3 (2001); Kaiser, *Christian Democracy and the Origins of European Union*; siehe auch Michael Gehler, Wolfram Kaiser und Brigitte Leucht (Hrsg.), *Netzwerke im europäischen Mehrebenensystem. Von 1945 bis zur Gegenwart* (Wien, 2009). Forlenza, «A Party for Mezzogiorno: The Christian Democratic Party, Agrarian Reform and the Government of Italy»; Thomassen und Forlenza, «Catholic Modernity and the Italian Constitution»; siehe auch Rosario Forlenza und Bjørn Thomassen, *Italian Modernities: Competing Narratives of Nationhood* (New York, 2016).

15 Siehe überblickshaft: Rosario Forlenza, «New Perspectives on Twentieth-Century Catholicism», *Contemporary European History* 28/4 (2019), 581–595. Für das Thema das vorliegenden Buches besonders relevant sind zudem: Gerd-Rainer Horn, *The Spirit of Vatican II: Western European Progressive Catholicism in the Long Sixties* (Oxford, 2015); James Chappel, *Catholic Modern: The Challenge of Totalitarianism and the Remaking of the Church* (Cambridge, 2018); Piotr H. Kosicki, *Catholics on the Barricades: Poland, France, and «Revolution,» 1891–1956* (New Haven und London, 2018); Piotr H. Kosicki und Sławomir Łukasiewicz (Hrsg.), *Christian Democracy Across the Iron Curtain: Europe Redefined* (Cham, 2018); Giuliana Chamedes, *A Twentieth-Century Crusade: The Vatican's Battle to Remake Christian Europe* (Cambridge, Mass., 2020). Weitere wichtige historische Arbeiten, die in eine ähnliche Kerbe schlagen, sind Samuel Moyn, *Christian Human Rights* (Philadelphia, 2015); Marco Duranti, *The Conservative Human Rights Revolution: European Identity,*

Transnational Politics, and the Origins of the European Convention (Oxford, 2017).

16 Von besonderer Bedeutung sind die päpstlichen Enzykliken, deren Originaltext auf der offiziellen Website des Vatikans (http://www.vatican.va/holy_father/index_ge.htm) zugänglich ist.

17 Auch die Diskussion um die Liberalität der katholischen Kirche ist keineswegs zum Stillstand gekommen. Der innerkirchliche Konflikt zwischen Traditionalisten und Modernisierern, der ursprünglich auch den politischen Katholizismus geprägt hatte, ist noch lange nicht gelöst. Dies wurde in Fernando Meirelles' Film *The Two Popes* (2019) sogar popkulturell verarbeitet. Im Film führen der erzkonservative Kardinal und ehemalige Papst Joseph Ratzinger, gespielt von Anthony Hopkins, und der aktuelle, «sozialliberale» Papst Franziskus, gespielt von Jonathan Pryce, einen abendfüllenden Dialog über Zukunft und Gegenwart der katholischen Kirche.

18 Vgl. Martin Conway, *Western Europe's Democratic Age: 1945–1968* (Princeton, 2020).

19 Josef Hien und Fabio Wolkenstein, «Where does Europe end? Christian Democracy and the expansion of Europe», *Journal of Common Market Studies* 59/6 (2021), 1623–1639.

I Einleitung: Die Herausforderungen einstiger Volksparteien

1 Siehe dazu die folgenden Beiträge: Miklos Bánkuti, Gábor Halmai und Kim Lane Scheppele, «Disabling the Constitution», *Journal of Democracy* 21/3 (2012), 138–146; Jan-Werner Müller, *Wo Europa endet: Ungarn, Brüssel und das Schicksal der liberalen Demokratie* (Frankfurt am Main, 2013); Laurent Pech und Kim Lane Scheppele, «Illiberalism Within», *Cambridge Yearbook of European Legal Studies* 19 (2017), 3–47; András Bozóki und Dániel Hegedüs, «An externally constrained hybrid regime», *Democratization* 25/7 (2018), 1173–1189; Péter Krekó und Zsolt Enyedi, «Orbán's Laboratory of Illiberalism», *Journal of Democracy* 29/3 (2018), 39–51; Pablo Castillo-Ortiz, «The Illiberal Abuse of Constitutional Courts in Europe», *European Constitutional Law Review* 15/1 (2019), 48–72.

2 Levitsky und Ziblatt, *Wie Demokratien sterben*, S. 220.

3 Gemeint ist hier die postkommunistische Verfassung von 1989/90, die Verfassungsänderungen relativ einfach macht. Dies sollte dem Parla-

ment der noch jungen Demokratie ermöglichen, die Architektur des Staates dynamisch an neue Herausforderungen anzupassen – hat aber letztlich Orbán den großflächigen Umbau des Staates erleichtert. Siehe Kim Lane Scheppele, «The Rule of Law and the Frankenstate: Why Governance Checklists Do Not Work», *Governance* 26/4 (2013), 559–562.

4 Cabinet Office of the Hungarian Prime Minister, «Prime Minister Viktor Orbán's speech at a conference held in memory of Helmut Kohl» (16. Juni 2018), verfügbar unter: http://www.miniszterelnok.hu/prime-minister-viktor-orbans-speech-at-a-conference-held-in-memory-of-helmut-kohl/

5 Ebd.

6 2000 trat Fidesz schließlich der Europäischen Volkspartei bei.

7 CDU und CSU wurden deswegen sogar unabhängig voneinander als «letzte Volksparteien» bezeichnet. Mariam Lau, *Die letzte Volkspartei: Angela Merkel und die Modernisierung der CDU* (Stuttgart, 2009); Roman Deininger, *Die CSU: Bildnis einer speziellen Partei* (München, 2020).

8 Olivier Roy, *Is Europe Christian?* (London, 2019); siehe auch Stathis N. Kalyvas und Kees van Kersbergen, «Christian Democracy», *Annual Review of Political Science* 13 (2010), 183–209, insbesondere S. 203 ff.

9 Statt vielen: Hanspeter Kriesi, Edgar Grande, Martin Dolezal, Marc Helbling, Dominic Höglinger, Swen Hutter und Bruno Wüest, *Political Conflict in Western Europe* (Cambridge, 2012).

10 Wobei, so eine interessante These, es sich hier vielleicht wirklich nur um eine *Überlagerung* von primär ökonomischen Konflikten handelt. Siehe dazu Philip Manow, *Die Politische Ökonomie des Populismus* (Frankfurt am Main, 2018).

11 David Goodhart, *The Road to Somewhere: The Populist Revolt and the Future of Our Politics* (London, 2017). Wie Jan Werner-Müller in *Furcht und Freiheit. Für einen anderen Liberalismus* (Frankfurt am Main, 2019, S. 45–51) darlegt, sind sowohl Goodharts Unterscheidung als auch die Schlussfolgerungen, die der Autor daraus zieht, in vieler Hinsicht fraglich. Für meine Verwendung der *Somewheres-anywheres*-Unterscheidung ist diese Kritik allerdings nicht relevant.

12 So der Historiker Andreas Rödder in *Konservativ 21.0: Eine Agenda für Deutschland* (München, 2019), S. 8.

13 Thomas Biebricher, *Geistig-Moralische Wende: Die Erschöpfung des deutschen Konservatismus* (Berlin, 2019), S. 10.

14 Ebd.

15 Dazu erhellend: Jonathan White, «The Party in Time», *British Journal of Political Science* 47/4 (2017), 851–868.

16 Man denke an die schmerzhaften Konsequenzen der oft beklagten «Neoliberalisierung» der Sozialdemokratie, die in Deutschland von Gerhard Schröder angestrengt wurde, für die sozialdemokratischen Volksparteien. Vgl. das souveräne Überblickswerk von Stephanie L. Mudge, *Leftism Reinvented: Western Parties from Socialism to Neoliberalism* (Cambridge, MA, 2018).

17 Siehe oben.

18 Oliver Georgi, «Geissler zur Flüchtlingskrise: ‹CSU entwickelt sich zur Totengräberin der Union›», *FAZ.net*, 15.09.2016, verfügbar unter https://www.faz.net/aktuell/politik/fluechtlingskrise/heiner-geissler-kritisiert-csu-in-der-fluechtlingskrise-14436581.html?printPagedArticle=true#pageIndex_4 (Zugriff am 27. März 2020).

19 Rainer Bucher, «Angela Merkel – Protestantische Erneuerung der Christdemokratie?», *Feinschwarz.net*, verfügbar unter https://www.feinschwarz.net/angela-merkel-protestantische-erneuerung-der-christdemokratie/ (Zugriff am 25. März 2020).

20 Martina Steber, *Die Hüter der Begriffe: Politische Sprachen des Konservativen in Großbritannien und der Bundesrepublik Deutschland, 1945–1980* (Berlin, 2017), S. 166.

21 Cabinet Office of the Hungarian Prime Minister, «Prime Minister Viktor Orbán's speech at a conference held in memory of Helmut Kohl».

22 Zit. nach Frank Bösch, *Macht und Machtverlust: Die Geschichte der CDU* (Stuttgart, 2002), S. 27.

23 Besonders hervorzuheben ist Fanfanis Aufsatz «Partiti di ispirazione cristiana e Chiesa Cattolica», *Humanitas* 1/2 (1946), 381–385.

24 Die Christdemokratie ist, mit Norberto Bobbio gesprochen, das «einschließende Dritte» zwischen Links und Rechts, ein «sowohl-als-auch». Norberto Bobbio, *Rechts und Links. Gründe und Bedeutungen einer politischen Unterscheidung* (Berlin, 1994), S. 18.

25 Thomas Gutschker und Volker Zastrow, «Angela Merkel im Interview: Ich gebe unsere Prinzipien nicht auf», *FAZ.net*, 25.05.2016, verfügbar unter https://www.faz.net/aktuell/politik/im-interview-mit-angela-merkel-vor-tuerkei-besuch-14245795.html?printPagedArticle=true#pageIndex_2 (Zugriff am 1. März 2020).

26 Neben der österreichischen Christlichsozialen Partei unter Kanzler Dollfuß strebten übrigens auch Mussolini in Italien, Franco in Spanien und Salazar in Portugal die Verwirklichung eines Ständestaates an.

27 Pombeni, «The Ideology of Christian Democracy», S. 298; vgl. auch

Bjørn Thomassen und Rosario Forlenza, «Catholic Modernity and the Italian Constitution», *History Workshop Journal* 81/Spring issue (2016), 251–271. Wie zahlreiche Historiker gezeigt haben, hatte der christliche Personalismus darüber hinaus großen Einfluss auf das Menschenrechtsdenken der Nachkriegszeit. Siehe etwa Moyn, *Christian Human Rights*; Duranti, *The Conservative Human Rights Revolution.*

28 So etwa in seiner berühmten «Rede auf der 29. Freien Sommeruniversität in Bálványos», verfügbar unter: https://www.kormany.hu/en/the-prime-minister/the-prime-minister-s-speeches/viktor-orbans-rede-auf-der-29-freien-sommeruniversit-t-in-balvanyos (Zugriff am 3. April 2020).

29 Pombeni, «The Ideology of Christian Democracy», S. 299.

30 Thomassen und Forlenza, «Catholic Modernity and the Italian Constitution». Die Autoren weisen auch auf den dezidiert «post-liberalen» Charakter der italienischen Verfassung hin.

31 Carl Schmitt, *Römischer Katholizismus und politische Form* (Stuttgart, 1923), S. 9.

II Die antidemokratischen Wurzeln der Christdemokratie

1 Zit. nach Bösch, *Macht und Machtverlust*, S. 27.

2 Kalyvas und van Kersbergen, «Christian Democracy», S. 187; vgl. dazu auch van Kersbergen, *Social Capitalism*, Kapitel 2.

3 Vgl. Tom Gallagher, *Salazar: The Dictator Who Refused to Die* (London, 2020), S. 51.

4 Müller, *Das demokratische Zeitalter*, S. 228.

5 Dies wird ausführlich diskutiert bei Biebricher, *Geistig-Moralische Wende*, S. 50–51.

6 Kalyvas bringt es auf den Punkt: «wenn man heute auf die harmlosen christdemokratischen Parteien blickt, vergisst man leicht die illiberale und oft intolerante Natur der katholischen Bewegung, aus der sie hervorgingen». Kalyvas, *The Rise of Christian Democracy in Europe*, S. 258.

7 Wilfried Loth, *«Freiheit und Würde des Volkes.» Katholizismus und Demokratie in Deutschland* (Frankfurt am Main, 2018), S. 26–33, Zitat auf S. 29.

8 Vgl. van Kersbergen, *Social Capitalism*, Kapitel 2.

9 Leonardi und Wertman, *Italian Christian Democracy*, S. 53–54.

10 Irving, *Christian Democracy in France*, S. 86–91.

11 Franz Walter, *Im Herbst der Volksparteien? Eine kleine Geschichte vom Aufstieg und Rückgang politischer Massenintegration* (Bielefeld, 2009), S. 26.

12 Ebd.

13 Carlo Masala, «Die Democrazia Cristiana 1943–1963. Zur Entwicklung des partito nazionale», in: Gehler, Kaiser und Wohnout (Hrsg.), *Christdemokratie in Europa im 20. Jahrhundert*, 348–369, hier S. 349.

14 Online verfügbar unter: https://www.konrad-adenauer.de/quellen/reden/1946-03-24-uni-koeln (Zugriff am 10. Juni 2020).

15 Der beste wissenschaftliche Einführungsband in die katholische Soziallehre, der mir bekannt ist, ist Gerard V. Bradley und E. Christian Brugger (Hrsg.), *Catholic Social Teaching: A Volume of Scholarly Essays* (Cambridge, 2019). Die folgenden Ausführungen beziehen sich indirekt auf die in dem Band veröffentlichten Texte. Vgl. auch Paul Misner, *Social Catholicism in Europe. From the Onset of Industrialization to the First World War* (London, 1991).

16 Loth, «*Freiheit und Würde des Volkes*», S. 118–120.

17 Ebd., S. 119.

18 Leo XIII. *Rerum Novarum*, Ziffer 35, deutsche Übersetzung zitiert nach: http://www.kathpedia.com/index.php?title=Rerum_novarum_(Wortlaut)#Zweiter_Teil:_Die_wahre_L.C3.B6sung (Zugriff am 3. April 2020).

19 Ebd., Ziffer 15.

20 Ebd., Ziffer 16.

21 Rudolf Uertz, «Christliches Menschenbild und Weltverantwortung. Zur politischen Theorie der Christlichen Demokratie», *Historisch-Politische Mitteilungen* 11 (2004), S. 47–77, hier S. 61.

22 Loth, «*Freiheit und Würde des Volkes*», S. 128.

23 Laura Cerasi, «Rethinking Italian corporatism: crossing borders between corporatist projects in the late liberal era and the Fascist corporatist state», in: Antonio Costa Pinto (Hrsg.), *Corporatism and Fascism: The Corporatist Wave in Europe* (Abingdon, 2017), 103–123, hier S. 108–109.

24 Jonas Hagedorn, «Kapitalismuskritische Richtungen im deutschen Katholizismus der Zwischenkriegszeit», in: Matthias Casper, Karl Gabriel und Hans-Richard Reuter (Hrsg.), *Kapitalismuskritik im Christentum: Positionen und Diskurse in der Weimarer Republik und der frühen Bundesrepublik* (Frankfurt am Main, 2016), 111–141, hier S. 111.

25 Als Zweck des Schreibens notiert Pius XI. «die wahre Ursache der gegenwärtigen Störung der gesellschaftlichen Ordnung aufzudecken und damit zugleich den einzigen Weg zur Heilung aufzuzeigen, nämlich

die sittliche Erneuerung aus christlichem Geiste». Pius XI., *Quadragesimo anno*, Ziffer 15, deutsche Übersetzung zitiert nach: http://www.kathpedia.com/index.php?title=Quadragesimo_anno (Zugriff am 5. April 2020).

26 Paul Misner, «Catholic labour and Catholic action: The Italian context of *Quadragesimo Anno*», *The Catholic Historical Review* 90/4 (2004), 650–674, hier S. 650.

27 Engelbert Dollfuß, «Trabrennplatzrede am 11. September 1933», verfügbar unter: https://austria-forum.org/af/Wissenssammlungen/Symbole/Faschismus_-_die_Symbole/Trabrennplatzrede_1933 (Zugriff am 22. November 2021).

28 Josef Hien, «European integration and the reconstitution of socio-economic ideologies: Protestant ordoliberalism vs social Catholicism», *Journal of European Public Policy*, 27/9 (2020), 1368–1387. Zu Frankreich ausführlich, Irving, *Christian Democracy in France*, Kapitel 2.

29 Maurizio Cau, «Alcide de Gasperi: a political thinker or a thinking politician?», *Modern Italy* 14/4 (2009), 431–444, hier S. 441.

30 Carlo Masala, «Die Democrazia Cristiana 1943–1963», S. 352.

31 Emiel Lamberts, «The Zenith of Christian Democracy in Belgium. The Christelijke Volkspartij/Parti Social Chrétien 1945–1968», in: Gehler, Kaiser und Wohnout (Hrsg.), *Christdemokratie in Europa im 20. Jahrhundert*, 332–347, hier S. 342–344. Zu ähnlichen Entwicklungen im Deutschland der Nachkriegszeit, Karl Gabriel, «Die Bedeutung religiöser Traditionen für die Wohlfahrtsstaatsenwicklung in Deutschland: Die Subsidiaritätssemantik in der Weimarer Republik und in der frühen Bundesrepublik», in: Casper, Gabriel und Reuter (Hrsg.), *Kapitalismuskritik im Christentum*, 173–191.

32 Vgl. Hien, «European integration and the reconstitution of socio-economic ideologies».

33 CDU Nordrhein-Westfalen, «Christliche Soziallehre weist der Union bis heute den Weg», 13.05.2016, verfügbar unter: https://www.cdu-nrw.de/christliche-soziallehre-weist-der-union-bis-heute-den-weg (Zugriff am 28. Mai 2020).

34 Van Kersbergen, *Social Capitalism*, S. 28.

35 Leo XIII. *Rerum Novarum*, Ziffer 17, meine Hervorhebung.

36 Ebd., Ziffer 21.

37 Adam Przeworski, *Democracy and the Market: Political and Economic Reforms in Eastern Europe and Latin America* (Cambridge, 1991). In einer bekannten Wendung beschreibt Przeworski Demokratie als «organisierte Unsicherheit»: «The fact that uncertainty is inherent in demo-

cracy does not mean everything is possible or nothing is predictable. Contrary to the favorite words of conservatives of all kinds, democracy is neither chaos nor anarchy. Note that ‹uncertainty› can mean that actors do not know what can happen, that they know what is possible but not what is likely, or that they know what is possible and likely but not what will happen. Democracy is uncertain only in the last sense. Actors know what is possible, since the possible outcomes are entailed by the institutional framework; they know what is likely to happen, because the probability of particular outcomes is determined jointly by the institutional framework and the resources that the different political forces bring to the competition. What they do not know is which particular outcome will occur. They know what winning or losing can mean to them, and they know how likely they are to win or lose, but they do not know if they will lose or win. Hence, democracy is a system of ruled open-endedness, or organized uncertainty.» (S. 12–13)

38 Sidney Hook, *Reason, Social Myths and Democracy* (New York, 1940 [2009]), S. 76.

39 Schmitt, *Römischer Katholizismus und politische Form*, S. 14.

40 Paul E. Sigmund, «The Catholic Tradition and Modern Democracy», *The Review of Politics* 49/4, 530–548, hier S. 534. Zur Wiederentdeckung von Thomas von Aquin, siehe etwa Moyn, *Christian Human Rights.*

41 Karl-Egon Lönne, *Politischer Katholizismus im 19. und 20. Jahrhundert* (Frankfurt, 1986), S. 9.

42 Lönne, *Politischer Katholizismus*, S. 17.

43 Loth, *Freiheit und Würde des Volkes*, S. 117.

44 Lönne, *Politischer Katholizismus*, S. 36.

45 Gregor XVI., *Mirari Vos*, deutsche Übersetzung zitiert nach http://www.kathpedia.com/index.php?title=Mirari_vos_(Wortlaut) (Zugriff am 2. Juni 2020).

46 Während Lamennais in *Mirari* nicht namentlich genannt wird, trägt die Enzyklika *Singulari nos* von 1834 sogar den Untertitel «über die Irrtümer des Lamennais». Inhaltlich war die Stoßrichtung von *Singulari* mit der von *Mirari* ident: Es ging um die vehemente Ablehnung der Moderne und des Liberalismus.

47 Uertz, «Christliches Menschenbild und Weltverantwortung», S. 49.

48 Loth, *Freiheit und Würde des Volkes*, S. 26.

49 Pius IX., *Syllabus errorum*, deutsche Übersetzung zitiert nach http://www.kathpedia.com/index.php?title=Syllabus_errorum_(Wortlaut), (Zugriff am 2. Juni 2020).

50 Vgl. Hubert Wolfs ausgezeichnete neue Biografie *Der Unfehlbare.*

Pius IX. und die Erfindung des Katholizismus im 19. Jahrhundert (München, 2020).
51 Loth, *Freiheit und Würde des Volkes*, S. 38.
52 Zit. n. ebd., S. 42.
53 Ebd., S. 23.
54 Margaret Lavinia Anderson, «Interdenominationalism, Clericalism, Pluralism: The *Zentrumsstreit* and the Dilemma of Catholicism in Wilhemine Germany», *Central European History* 21/4 (1988), 350–378, hier S. 368.
55 Leo XIII., *Immortale Dei*, deutsche Übersetzung zitiert nach http://www.kathpedia.com/index.php?title=Immortale_Dei_(Wortlaut), (Zugriff am 10. Juni 2020).
56 Am Anfang seines Pontifikats äußerte sich Leo XIII. sogar noch eindeutig antidemokratisch. In seiner frühen Enzyklika *Diuturnum illud* (1881) hieß es etwa: «Wenn man sagt, sie [die politische Macht] hänge von der Willkür der Menge ab, so ist diese Meinung erstens falsch und zweitens lässt sie die Gewalt auf einem viel zu schwachen und wandelbaren Grund ruhen». Leo XIII., *Diuturnum illud*, deutsche Übersetzung zitiert nach http://www.kathpedia.com/index.php?title=Diuturnum_illud_(Wortlaut), (Zugriff am 10. Juni 2020).
57 John W. Boyer, «Catholics, Christians, and the Challenges of Democracy: The Heritage of the Nineteenth Century», in: Gehler, Kaiser und Wohnout (Hrsg.), *Christdemokratie in Europa im 20. Jahrhundert*, 23–59, hier S. 30–36.
58 Karl-Egon Lönne, «Politischer Katholizismus und Faschismus», in: Heiner Timmermann (Hrsg.), *Die Rolle des politischen Katholizismus im 20. Jahrhundert, Band 1* (Berlin, 2009), 76–90, hier S. 78–79.
59 Lönne, *Politischer Katholizismus*, S. 211.
60 Das Standardwerk zu Lueger ist John W. Boyer, *Karl Lueger (1844–1910). Christlichsoziale Politik als Beruf. Eine Biografie* (Wien, 2010).
61 Boyer, «Catholics, Christians, and the Challenges of Democracy», S. 38. Zur merkwürdigen «Gründung» der Partei, vgl. Boyer, *Karl Lueger (1844–1910)*, S. 112 ff.
62 Hannah Arendt, *The Origins of Totalitarianism* (London, 2017), S. 48.
63 Emmanuel Gerard, «The Emergence of a People's Party: The Catholic Party in Belgium 1918–1945», in: Gehler, Kaiser und Wohnout (Hrsg.), *Christdemokratie in Europa im 20. Jahrhundert*, 98–121, hier S. 98–99.
64 Ebd., S. 99.
65 Hans-Gert Pöttering, «Ludwig Windthorst – Begründer der Christlichen Demokratie in Deutschland», Rede bei der Festveranstaltung zu

Ehren des 200. Geburtsjubiläums von Ludwig Windthorst, 10. Februar 2012 online verfügbar unter: https://www.kas.de/c/document_library/get_file?uuid=9d4b6a2d-45f1-f647-7705-243da0364145&groupId=252038, (Zugriff am 20. Juni 2020).

66 Vgl. Chappel, *Catholic Modern.*

67 Diese Entwicklung ist in zahlreichen Werken beschrieben worden. Einen hilfreichen Überblick bietet Fergus Kerr, *Thomas Aquinas: A Very Short Introduction* (Oxford, 2009), S. 109–113. Ausführlicher dazu: John Finnis, «Aquinas as a Primary Source of Catholic Social Teaching», in: Bradley und Brugger (Hrsg.), *Catholic Social Teaching: A Volume of Scholarly Essays* (Cambridge, 2019), S. 11–33.

68 Tiziana Di Maio, «Zwischen Krise des liberalen Staates, Faschismus und demokratischer Perspektive. Die Partito Popolare Italiano 1919–1926», in: Gehler, Kaiser und Wohnout (Hrsg.), *Christdemokratie in Europa im 20. Jahrhundert*, 122–142, hier S. 125.

69 Cerasi, «Rethinking Italian corporatism», S. 108–109. Zu Vogelsangs Denken, siehe Erwin Bader (Hrsg.), *Karl v. Vogelsang. Die geistige Grundlegung der christlichen Sozialreform* (Wien, 1990).

70 Di Maio, «Zwischen Krise des liberalen Staates, Faschismus und demokratischer Perspektive», S. 128.

71 Ebd., S. 127.

72 Müller, *Das demokratische Zeitalter*, S. 226. Das Standardwerk dazu ist David I. Kertzer, *The Pope and Mussolini: The Secret History of Pius XI and the Rise of Fascism* (New York, 2014).

73 Di Maio, «Zwischen Krise des liberalen Staates, Faschismus und demokratischer Perspektive», S. 141.

74 Lönne, *Politischer Katholizismus*, S. 250.

75 Ebd., S. 221. Vgl. auch Conway, *Catholic Politics in Europe 1918–1945*, S. 35.

76 Chappel, *Catholic* Modern, S. 125–129.

77 Werner Biermann, *Konrad Adenauer. Ein Jahrhundertleben* (Berlin, 2017), S. 135.

78 Zit. nach Loth, *Freiheit und Würde des Volkes*, S. 191–192.

79 Jürgen Elvert, «Gesellschaftlicher Mikrokosmos oder Mehrheitsbeschaffer im Reichstag? Das Zentrum 1918–1933», in: Gehler, Kaiser und Wohnout (Hrsg.), *Christdemokratie in Europa im 20. Jahrhundert*, 160 180, hier S. 167.

80 Loth, *Freiheit und Würde des Volkes*, S. 192.

81 Uertz, «Christliches Menschenbild und Weltverantwortung», S. 64.

82 Ebd.

83 Leo XIII., *Graves de communi*, Ziffer 7, deutsche Übersetzung zitiert nach http://www.kathpedia.com/index.php?title=Graves_de_communi_(Wortlaut), (Zugriff am 10. Juni 2020).

84 Helmut Wohnout, «Bürgerliche Regierungspartei und weltlicher Arm der katholischen Kirche. Die Christlichsozialen in Österreich 1918–1934», in: Gehler, Kaiser und Wohnout (Hrsg.), *Christdemokratie in Europa im 20. Jahrhundert*, 181–207, hier S. 186.

85 Ebd.

86 Zit. nach ebd.

87 Ebd.

88 Moyn, *Christian Human Rights*, S. 44.

89 Ebd., S. 39–43.

90 Jacques Maritain, *Christianity and Democracy & The Rights of Man and the Natural Law* (San Francisco, 1943 [2011]), S. 21, meine Hervorhebung.

91 Conway, *Catholic Politics in Europe 1918–1945*, Kapitel 3.

92 Chappel, *Catholic* Modern, S. 59–69.

93 Elvert, «Gesellschaftlicher Mikrokosmos oder Mehrheitsbeschaffer im Reichstag?», S. 171.

94 Ruldolf Morsey, «Die katholische Volksminderheit und der Aufstieg des Nationalsozialismus 1930–1933», in: Rainer Bendel (Hrsg.), *Die katholische Schuld? Katholizismus im Dritten Reich – Zwischen Arrangement und Widerstand* (Berlin, 2019), 47–59, hier S. 53.

95 Dieter Grimm, «Weimars Ende und Untergang», in: Horst Dreier und Christian Waldhoff (Hrsg.), *Das Wagnis der Demokratie. Eine Anatomie der Weimarer Reichsverfassung* (München, 2018), 263–288, hier S. 264.

96 Elvert, «Gesellschaftlicher Mikrokosmos oder Mehrheitsbeschaffer im Reichstag?», S. 171

97 Loth, *Freiheit und Würde des Volkes*, S. 195.

98 Conway, *Catholic Politics in Europe 1918–1945*, S. 62.

99 Pius XI., *Quadragesimo anno*, Ziffer 82, deutsche Übersetzung zitiert nach http://www.kathpedia.com/index.php?title=Quadragesimo_anno, (Zugriff am 26. Juni 2020).

100 Ebd., Ziffer 78.

101 Ebd., Ziffer 81.

102 Ebd., Ziffer 84. Pius XI. beruft sich an dieser Stelle explizit auf Thomas von Aquin, dessen Philosophie sein Vorgänger Leo XIII. wieder ins Zentrum des katholischen Denkens führen wollte.

103 Zit. nach: Lucien Blau, «Der ‹christlich-berufsständische Staat›: Das Reformprogramm des J. B. Esch», *Forum* 90 (Oktober 1986), S. 37–39, hier S. 37–38, meine Hervorhebung.

104 Conway, *Catholic Politics in Europe 1918–1945*, S. 58.

105 Erhellend sind dazu auch die Briefwechsel zwischen Dollfuß und Mussolini, abgedruckt in: Wolfgang Maderthaner und Michaela Maier (Hrsg.), *«Der Führer bin ich selbst» Engelbert Dollfuß – Benito Mussolini Briefwechsel* (Wien, 2004), insbes. S. 30–36.

106 Emmerich Tálos, *Das austrofaschistische Österreich 1933–1938* (Wien, 2017), S. 58.

107 Ebd., S. 119.

108 Gallagher, *Salazar*, S. 142–144.

109 Tálos, *Das austrofaschistische Österreich*, S. 110–126.

110 Ebd., S. 126.

111 Chappel, *Catholic Modern*, Kapitel 2.

112 Wohnout, «Bürgerliche Regierungspartei und weltlicher Arm der katholischen Kirche», S. 196.

113 Ebd., S. 197.

114 Zu Spann, siehe Bertrand Michael Buchmann, *Insel der Unseligen. Das autoritäre Österreich 1933–1938* (Wien, 2019), S. 36–39. Buchmann bezeichnet Spann, dessen in den 20er Jahren stark rezipiertes Buch *Der Wahre Staat* (1921) eine ständisch-autoritäre Staatsordnung skizziert, als «Ideenbringer» (S. 36) der ständestaatlichen Verfassung.

115 Grimm, «Weimars Ende und Untergang», S. 267.

116 Thomassen und Forlenza, «Catholic Modernity and the Italian Constitution», S. 238–242.

117 Chappel, *Catholic* Modern, S. 39.

118 So Missong in «Diskussionsbeitrag zu einer Rundfrage der ‹Österreichischen Monatshefte›: Wie kam es 1933/38 zur Krise der österr. Demokratie?», in Alfred Missong jun. (Hrsg.), *Alfred Missong. Christentum und Politik in Österreich. Ausgewählte Schriften 1924–1950* (Wien, 2006), S. 345–347, hier S. 347. Man beachte, dass in der «Rundfrage» von einer «Krise» der Demokratie die Rede ist. Das ist angesichts der Ausschaltung des Parlaments ein kaum haltbarer Euphemismus.

119 Janek Wasserman, *Black Vienna: The Radical Right in the Red City, 1818–1838* (Ithaca, 2014), S. 143–144.

III Selbstbewusste Volksparteien, gute Demokraten?

1 Einer, der seinen Widerstand mit dem Leben bezahlen sollte, war der im letzten Kapitel erwähnte Luxemburger Theologe Jean-Baptiste Esch. Dieser war zwar bei weitem kein Demokrat, das totalitäre Regime Hitlers lehnte er aber entschieden ab.

2 Martin Conway, «Belgium», in: Tom Buchanan und Martin Conway (Hrsg.), *Political Catholicism in Europe 1918–1965* (Oxford, 1996), S. 187–219, zum neugewonnenen Optimismus der belgischen Katholiken, siehe insbesondere S. 207.

3 Zit. nach: Conway, «Belgium», S. 209.

4 Paul Luykx, «The Netherlands», in: Tom Buchanan und Martin Conway (Hrsg.), *Political Catholicism in Europe 1918–1965* (Oxford, 1996), 220–248, hier S. 236. Zum Fortbestand des Korporatismus in Italien, siehe Mariuccia Salvati, «The Long History of Corporatism in Italy: A Question of Culture or Economics?», *Contemporary European History* 15/2 (2006), S. 223–244; Maurizio Cau, «An inconvenient legacy: corporatism and Catholic culture from Fascism to the Republic», *Tempo/Niterói* 25/1 (2019), S. 219–238. Ein umfangreiches und lehrreiches Essay zur Geschichte des Korporatismus im 20. Jahrhundert im Allgemeinen ist Philippe C. Schmitter, «Still the Century of Corporatism?», *The Review of Politics* 36/1 (1974), S. 88–131.

5 Johannes Großmann, *Die Internationale der Konservativen. Transnationale Elitenzirkel und private Außenpolitik in Westeuropa seit 1945* (Oldenbourg, 2014), S. 47.

6 Ebd., S. 48.

7 Paolo G. Carozza und Daniel Philpot, «The Catholic Church, Human Rights, and Democracy: Convergence and Conflict with the Modern State», *Logos: A Journal of Catholic Thought and Culture* 15/3 (2012), S. 15–43, hier S. 22.

8 Masala, «Die Democrazia Cristiana 1943–1963», S. 352–357.

9 Reinhart Koselleck, *Zeitgeschichten. Studien zur Historik* (Frankfurt am Main, 2003), S. 267.

10 Bösch, *Macht und Machtverlust*, S. 12–13; zum west- und süddeutschen Sozialkatholizismus, siehe etwa Gabriel, «Die Bedeutung religiöser Traditionen für die Wohlfahrtsstaatsenwicklung in Deutschland».

11 Mitchell, *The Origins of Christian Democracy*, S. 85.

12 Bösch, *Macht und Machtverlust*, S. 15; Walter, *Im Herbst der Volksparteien?*, S. 26.

13 Peter Siebenmorgen, *Franz Josef Strauß. Ein Leben im Übermaß* (München, 2015), S. 32–44.

14 Online verfügbar unter: https://www.konrad-adenauer.de/quellen/reden/1946-03-24-uni-koeln (Zugriff am 10. Juni 2020).

15 So Franz Josef Strauß in seinen Erinnerungen, siehe ders., *Die Erinnerungen* (Berlin, 2015), S. 80–81.

16 Mary Ann Glendon, «The Influence of Catholic Social Doctrine on Human Rights», in: Roland Minnerath, Ombretta Fumagalli Carulli und Vittori Possenti (Hrsg.), *Catholic Social Doctrine and Human Rights* (Vatikanstaat, 2010), S. 67–82, siehe insbes. S. 68–69.

17 *Quadragesimo anno*, Ziffer 83. Analog dazu ist in der ein Jahr zuvor erschienenen Familienenzyklika *Casti connubii* von der Würde der Familie als sozialer Einheit die Rede.

18 Moyn, *Christian Human Rights*, S. 36–38.

19 Pius XI., *Divini redemptoris*, Ziffer 34, deutsche Übersetzung zitiert nach http://www.kathpedia.com/index.php?title=Divini_redemptoris (Zugriff am 10. März 2021).

20 Ebd., Ziffer 10.

21 Zwei enorm einseitige, aber gerade deswegen interessante Darstellungen des Verhältnisses christlicher Lehren zu allgemeinen Menschenrechten sind: Jozef Punt, *Die Idee der Menschenrechte: Ihre geschichtliche Entwicklung und ihre Rezeption durch die moderne katholische Sozialverkündigung* (Paderborn, 1987) und Alexander Saberschinsky, *Die Begründung universeller Menschenrechte* (Paderborn, 2002).

22 Paul O'Shea, «Eugeno Pacelli – Man and Pope», *Harvard Theological Review* 106/3 (2013), S. 357–369.

23 Pius XII., *Con sempre. Grundlegende Normen für eine innere Ordnung der Staaten und Völker*, Ziffer 39, deutsche Übersetzung zitiert nach http://www.kathpedia.com/index.php?title=Con_sempre_(Wortlaut) (Zugriff am 19. März 2021).

24 Ebd., Ziffer 30.

25 Moyn, *Christian Human Rights*, S. 52; Samuel Moyn, «Personalism, Community, and the Origins of Human Rights», in: Stefan-Ludwig Hoffmann (Hrsg.), *Human Rights in the Twentieth Century* (Cambridge, 2010), S. 85–106.

26 Pius XII., *Benignitas et humanitas – über Demokratie und Weltfrieden*, Ziffer 7, deutsche Übersetzung zitiert nach http://www.kathpedia.com/index.php?title=Benignitas_et_humanitas (Zugriff am 11. März 2021).

27 Pius XII., *Benignitas et humanitas*, Ziffer 12.

28 Siehe dazu: Sigmund, «The Catholic Tradition and Modern Demo-

cracy», S. 541; Raymond F. Cour, «The Political Teaching of Pope Pius XII», *The Review of Politics* 22/4 (1960), S. 482–495. Allgemein zur historischen Bedeutung von Pius' Rede: Carozza und Philpot, «The Catholic Church, Human Rights, and Democracy», S. 21 f.

29 Pius XII., *Benignitas et humanitas*, Ziffer 22.

30 Pius XI., *Divini redemptoris*, Ziffer 16 (Überschrift). Das Argument lautet: «Um erklären zu können, wie es dem Kommunismus gelang, sich bei sehr großen Arbeitermassen durchaus prüfungslos durchzusetzen, hat man im Auge zu behalten, dass diese darauf durch die Vernachlässigung ihres religiös-sittlichen Lebens unter den Forderungen der liberalen Wirtschaft bereits vorbereitet waren: mit den Arbeitsschichten auch an Sonntagen ließ man ihnen nicht einmal zur Erfüllung der schwersten religiösen Pflichten an Sonn- und Festtagen Zeit. Man dachte nicht daran, in der Nähe der Arbeitsstätten Kirchen zu bauen, oder die Arbeit des Seelsorgers zu erleichtern. Ja, man fuhr sogar fort, den Laizismus zu fördern und zu pflegen. Heute sieht man die Früchte jener Irrtümer reifen, die von unseren Vorgängern und von Uns selbst oft genug gekennzeichnet wurden, und man darf sich nicht wundern, dass in einer Welt, die schon weithin dem Christentum entfremdet worden ist, die kommunistische Irrlehre um sich greift».

31 Pius XII., *Benignitas et humanitas*, Ziffer 24.

32 Anne O'Hare McCormick, *Vatican Journal* (New York, 1957), S. 125.

33 Einen guten Überblick liefert Invernizzi-Accetti, *What is Christian Democracy?*, Kapitel 2.

34 Jacques Maritain, *Humanisme intégral. Problèmes temporels et spirituels d'une nouvelle Chrétientè* (Paris, 1939); Maritain, *Christianity and Democracy & The Rights of Man and the Natural Law.*

35 Vgl. Rudolf Uertz, «Die Christliche Demokratie im politischen Ideenspektrum», *Historisch-Politische Mitteilungen* 9 (2002), S. 31–62, hier S. 44.

36 Großmann, *Die Internationale der Konservativen*, S. 46.

37 Zit. nach Conway, «Belgium», S. 209.

38 Zum «dritten Weg» der Christdemokraten, siehe Paul Misner, «Christian Democratic Social Policy: Precedents for Third-Way Thinking», in: Kselman und Buttigieg (Hrsg.), *European Christian Democracy*; Invernizzi-Accetti, *What is Christian Democracy?*, S. 63–66.

39 Dieter A. Binder, «Von der ‹Rettung des christlichen Abendlandes› und ‹Europa in uns›. Die Österreichische Volkspartei nach 1945», in: Gehler, Kaiser und Wohnout (Hrsg.), *Christdemokratie in Europa im 20. Jahrhundert*, 399–424, hier S. 399.

40 Ebd.

41 Forlenza und Thomassen, *Italian Modernities: Competing Narratives of Nationhood*, S. 183.

42 Vgl. Anthony A. J. Williams, *Christian Socialism as Political Ideology: The Formation of the British Christian Left, 1877–1945* (London, 2020); Mark Bevir, *The Making of British Socialism* (Princeton, 2011), insbes. Kap. 14.

43 Bevir, *The Making of British Socialism*, S. 281.

44 Bösch, *Macht und Machtverlust*, S. 18.

45 Zonenausschuss der CDU für die britische Zone, *Ahlener Programm*, verfügbar online unter: https://www.kas.de/c/document_library/get_file?uuid=76a77614-6803-0750-c7a7-5d3ff7c46206&groupId=252038 (Zugriff am 12. März 2021).

46 Bösch, *Macht und Machtverlust*, S. 17.

47 Ebd., S. 18.

48 Das Standardwerk dazu ist van Kersbergen, *Social Capitalism.* Zu Deutschland, siehe etwa Gabriel, «Die Bedeutung religiöser Traditionen für die Wohlfahrtsstaatsenwicklung in Deutschland»; zu Katholizismus und politischer Ökonomie im Besonderen siehe Giuliana Chamedes, «The Catholic Origins of Economic Development After World War II», *French Politics, Culture & Society* 33/2 (2015), S. 55–75; James Chappel, «Catholicism and the Economy of Miracles in West Germany, 1920–1960», *New German Critique* 42/3 (2015), S. 9–40. Zur thomistischen Herleitung des Eigentumsrechts in der katholischen Soziallehre, siehe etwa Ziffer 19 in *Rerum Novarum*: «Das Privateigentum gründet sich, wie wir gesehen haben, auf die natürliche Ordnung, und dieses Recht zu gebrauchen, ist nicht bloß erlaubt, sondern es ist auch im gesellschaftlichen Dasein eine Notwendigkeit. ‹Es ist erlaubt›, so drückt der hl. Thomas es aus, ‹daß der Mensch Eigentum besitze, und es ist zugleich notwendig für das menschliche Leben›».

49 James Chappel, «Nuclear Families in a Nuclear Age: Theorising the Family in 1950s West Germany», *Contemporary European History* 26/1 (2017), S. 85–109, hier S. 87. Zur Pfadabhängigkeit dieses Denkens, siehe Chappel, *Catholic Modern*, Kap. 2.

50 Wolfgang Streeck, *Gekaufte Zeit. Die vertagte Krise des demokratischen Kapitalismus* (Frankfurt am Main, 2015), S. 14.

51 Reuters, «Hungarian PM sees shift to illiberal Christian democracy in 2019 European vote», verfügbar unter: https://www.reuters.com/article/us-hungary-orban-idUSKBN1KI0BK (Zugriff am 22. März 2021).

52 Ausführlich dazu: Thomassen und Forlenza, «Catholic Modernity and

the Italian Constitution». Zum «religiösen Konstitutionalismus» der Katholiken, siehe Moyn, *Christian Human Rights*, S. 28–33.

53 Michael Stolleis, «Die Sprache unserer Verfassungen», *Merkur* 74 (2020), S. 86–91, hier S. 88–89.

54 Ebd., S. 86. Stolleis' wichtiger Zusatz: «Dieses Reden ist die Kommunikation über die Regeln, aus denen das Gemeinwesen besteht und die es zusammenhalten».

55 Die Unterscheidung zwischen «negativer» und «positiver» Freiheit geht bekanntlich auf Isaiah Berlin zurück. Berühmt geworden ist die emphatische Verteidigung positiver Freiheit des kanadischen Philosophen Charles Taylor, der nicht zufällig praktizierender Katholik ist. Siehe Charles Taylor, «What's wrong with negative liberty», in: ders., *Philosophy and the Human Sciences: Philosophical Papers 2* (Cambridge, 1985), S. 211–229.

56 Zit. nach Thomassen und Forlenza, «Catholic Modernity and the Italian Constitution», S. 243.

57 Ebd.; siehe auch Masala, «Die Democrazia Cristiana 1943–1963», S. 357–361.

58 Zit. nach ebd., S. 234.

59 Chamedes, *A Twentieth-Century Crusade*, S. 252–257.

60 Paul Ginsborg, *A History of Contemporary Italy, 1943–1980* (London, 1990), S. 101.

61 Chamedes, *A Twentieth-Century Crusade*, S. 255.

62 Müller, *Das demokratische Zeitalter*, S. 238.

63 Franca Bimbi, «The Family Paradigm in the Italian Welfare State (1974–1996)», *South European Politics and Society* 4/2 (1999), S. 72–88, hier S. 75; Ginsborg, *A History of Contemporary Italy*, S. 76 f.

64 Chamedes, *A Twentieth-Century Crusade*, S. 253.

65 Zit. nach Ginsborg, *A History of Contemporary Italy*, S. 76 f.

66 Masala, «Die Democrazia Cristiana 1943–1963», S. 356.

67 Ginsborg, *A History of Contemporary Italy*, S. 49. Eine neue Betrachtung von De Gasperis Rolle in der Entwicklung der italienischen Verfassung bietet Bruce Ackerman, *Revolutionary Constitutions: Charismatic Leadership and the Rule of Law* (Cambridge, Mass., 2019), S. 136–140.

68 Müller, *Das demokratische Zeitalter*, S. 237. Deutschsprachige Biografien über De Gasperi gibt es nicht viele. Eine erwähnenswerte ist Adolf Kohler, *Alcide de Gasperi 1881–1954. Christ, Staatsmann, Europäer* (Bonn, 1979). Einen guten Überblick (jedoch ohne politisch «unangenehme» Details) bietet Rudolf Lill, «Zur Erinnerung an Alcide De Gasperi (1881–1954)», *Historisch-Politische Mitteilungen* 11 (2004), 171–181. Das italieni-

sche Standardwerk ist Paolo Pombeni, *Il primo* De Gasperi. *La formazione di un leader politico* (Bologna, 2007).

69 Der politische Einfluss katholischer Schlüsseldenker wie Maritain und Mounier war in Deutschland auch relativ gering. Vgl. Heinz Hürten, «Der Einfluss Jacques Maritains auf das politische Denken in Deutschland», *Jahrbuch für Christliche Sozialwissenschaften* 26 (1985), S. 25–39.

70 Walter, *Im Herbst der Volksparteien?*, S. 22.

71 Vgl. Uertz, «Die Christliche Demokratie im politischen Ideenspektrum», S. 53–56.

72 Mitchell, *The Origins of Christian Democracy*, S. 7.

73 Ebd., S. 86–87. Zur Ideologie der «Rechristianisierung» in Italien vgl. Bjørn Thomassen und Rosario Forlenza, «Christianity and political thought: Augusto Del Noce and the ideology of Christian Democracy in post-war Italy», *Journal of Political Ideologies* 21/2 (2016), S. 181–199.

74 Siehe oben, Fußnote 14. Adenauer bezieht sich in seiner Rede bewusst auf den Protestanten Hegel als Vordenker des Staatsverständnisses, das den Staat als Verkörperung von «Vernunft und Sittlichkeit» begreift und damit die «Überhöhung des Staates» auf Kosten der Einzelperson ermöglicht. Hegel selbst behauptete wohlgemerkt, es sei eine «Torheit […] die Staatsverfassungen unabhängig von der Religion erfinden und ausführen zu wollen. Die katholische Konfession, obgleich mit der protestantischen gemeinschaftlich innerhalb der christlichen Religion, läßt die innere Gerechtigkeit und Sittlichkeit des Staates nicht zu, die in der Innigkeit des protestantischen Prinzips liegt.» G. W. F. Hegel, *Vorlesungen über die Philosophie der Geschichte* (Frankfurt am Main, 1986), S. 71 f.

75 Vgl. Rudolf Lill, «Über die Anfänge der CDU in Köln 1945–1948», *Historisch-Politische Mitteilungen* 12 (2005), S. 157–172.

76 Vgl. Richard Faber, *Abendland: Ein «politischer Kampfbegriff»* (Hildesheim, 1979); Vanessa Conze, *Das Europa der Deutschen. Ideen von Europa in Deutschland zwischen Reichstradition und Westorientierung 1920–1970* (München, 2005), Kapitel II; Loth, *Freiheit und Würde des Volkes*, Kapitel 4.

77 Mitchell, *The Origins of Christian Democracy*, S. 95.

78 Zit. nach Alf Mintzel, *Geschichte der CSU. Ein Überblick* (Opladen, 1977), S. 275.

79 Zit. nach Deininger, *Die CSU*, S. 87.

80 Dass dies der interkonfessionellen Zusammenarbeit nicht gerade zuträglich war, versteht sich von selbst. Siehe dazu Anne Martin, *Die Entstehung der CDU in Rheinland-Pfalz* (München, 1995), insbes. S. 88.

81 Siehe oben, Fußnote 14.

82 Zit. nach Mintzel, *Geschichte der CSU*, S. 276.

83 Zit. nach Mitchell, *The Origins of Christian Democracy*, S. 98. Im Rheinland gab es zunächst auch beachtlichen Widerstand gegen die Gründung einer interkonfessionellen Partei, siehe etwa Anne Martin, «Die französische Besatzungspolitik und die Gründung der CDU in Rheinland-Pfalz», *Historisch-Politische Mitteilungen* 2 (1995), S. 131–148, hier S. 134 f.

84 Oswald von Nell-Breuning, *Zur Programmatik politischer Parteien* (Köln, 1946), S. 17 ff.

85 Bösch, *Die Adenauer-CDU*, S. 127.

86 Ebd.

87 Zit. nach Mitchell, *The Origins of Christian Democracy*, S. 111.

88 Bösch, *Die Adenauer-CDU*, S. 128. Zu Wuermelings Familien- und Gesellschaftsbild im Allgemeinen, siehe Chappel, «Nuclear Families in a Nuclear Age».

89 Vgl. Uertz, «Christliches Menschenbild und Weltverantwortung», S. 65–70.

90 Steber, *Die Hüter der Begriffe*, S. 166.

91 Zit. nach ebd., S. 167. Meine Hervorhebung.

92 Siebenmorgen, *Franz Josef Strauß*, S. 248.

93 Ebd., S. 219 f.

94 Ebd., S. 220.

95 Zu diesen Tendenzen in Italien, siehe Ginsborg, *A History of Contemporary Italy*, S. 142.

96 Martin Conway, «Democracy in Postwar Western Europe: The Triumph of a Political Model», *European History Quarterly* 32/1 (2002), S. 59–84, hier S. 65 f.

97 Müller, *Das demokratische Zeitalter*, S. 250.

98 Mark Mazower, *Dark Continent: Europe's Twentieth Century* (London, 1998), S. xi; Chappel, *Catholic Modern*, Kapitel 4 und 5.

99 Robert Irving, *The Christian Democratic Parties of Western Europe* (London, 1979), S. 39. Siehe auch Invernizzi-Accetti, *What is Christian Democracy?*, S. 105 ff.; Moyn, *Christian Human Rights*, S. 28–33.

100 Uertz, «Christliches Menschenbild und Weltverantwortung», S. 56.

101 Siehe oben, Fußnote 14.

102 Hans-Peter Schwarz, *Adenauer. Der Aufstieg: 1876–1952* (Stuttgart, 1986), S. 495 f.

103 Christoph Möllers, «Legalität, Legitimität und Legitimation des Bundesverfassungsgerichts», in: Matthias Jestaedt, Oliver Lepsius, Christoph Möllers und Christoph Schönberger (Hrsg.), *Das entgrenzte Gericht.*

Eine kritische Bilanz nach sechzig Jahren Bundesverfassungsgericht (Berlin, 2011), S. 281–408, hier S. 284.

104 Vgl. Marlene Wind, «The Nordics, the EU and the Reluctance Towards Supranational Judicial Review», *Journal of Common Market Studies* 48/4 (2010), S. 1039–1063. Ein dänischer Klassiker zum Thema ist Hal Koch, *Hvad er demokrati?* (Kopenhagen, 1960), vgl. S. 56–66.

105 Ingeborg Maus, *Justiz als gesellschaftliches Über-ich – Zur Position der Rechtsprechung in der Demokratie* (Frankfurt am Main, 2018), S. 18.

106 Forlenza, «The Politics of the Abendland», S. 279–280; Invernizzi-Accetti, *What is Christian Democracy?*, S. 109–110. Vgl. dazu auch Signe Rehling Larsen, «Varieties of Constitutionalism in the European Union», *Modern Law Review* 84/3 (2021), S. 477–502.

107 In der Fachsprache werden solche Maßnahmen in der Regel mit dem Begriff der «wehrhaften Demokratie» beschrieben, der auf den deutschen Politologen Karl Loewenstein zurückgeht. Heute gibt es eine umfassende theoretische und empirische Literatur zum Thema. Für einen Überblick, siehe Jan-Werner Müller, «Protecting Popular Self-Government from the People? New Normative Perspectives on Militant Democracy», *Annual Review of Political Science* 19 (2016), S. 249–265.

108 Bösch, *Die Adenauer-CDU*, S. 399.

109 Ebd., S. 399 und 401 f.

110 Pankaj Mishra, *Bland Fanatics. Liberals, Race and Empire* (London, 2020), S. 126.

111 Noel Malcolm, *Useful Enemies: Islam and the Ottoman Empire in Western Political Thought, 1450–1750* (Oxford, 2019), insbesondere Kapitel 3.

112 Forlenza, «The Politics of the Abendland», S. 263 f. Vgl. Conze, *Das Europa der Deutschen*, S. 27 ff.

113 Dagmar Pöpping, *Abendland: Christliche Akademiker und die Utopie der Antimoderne 1900–1945* (Berlin, 2002).

114 Forlenza, «The Politics of the Abendland», S. 265.

115 Laschet glaubt sogar, mit dem Frankenkönig persönlich verwandt zu sein. Siehe *Spiegel Online*, «Familie Laschet glaubt an Abstammung von Karl dem Großen», 16. September 2020, verfügbar online unter: https://www.spiegel.de/politik/deutschland/armin-laschet-familie-glaubt-an-abstammung-von-karl-dem-grossen-a-e91b3e59-aa7b-4663-88cf-06430abac8e5 (Zugriff am 11. März 2021).

116 Vgl. Hien und Wolkenstein, «Where does Europe end?».

117 Zit. nach Kaiser, *Christian Democracy and the Origins of European Union*, S. 244.

118 Forlenza, «The Politics of the Abendland», S. 280.

119 Vanessa Conze notiert etwa, dass bei den «Abendländlern die republikanisch-parlamentarische Demokratie keine Begeisterung wecken konnte», weshalb «um so häufiger in die Monarchie all das projiziert [wurde], was man sich von einem Staate wünschte und was die Republik nicht geben konnte und wollte: Autorität, Hierarchie und ‹echter› Adel als Elite, Geschichtsbewußtsein und Symbolik, Naturrecht statt Volkssouveränität». Conze, *Das Europa der Deutschen*, S. 146. Vgl. auch Axel Schildt, *Zwischen Abendland und Amerika. Studien zur westdeutschen Ideenlandschaft der 50er Jahre* (Oldenbourg, 1999), Kapitel 1; Rudolf Uertz, «Konservative Kulturkritik in der frühen Bundesrepublik Deutschland. Die Abendländische Akademie in Eichstätt (1952–1956)», *Historisch-Politische Mitteilungen* 8 (2001), S. 45–71.

120 Walter Lehmann, *Die Bundesrepublik und Franco-Spanien in den 50er Jahren* (München, 2006), S. 54.

121 Ebd., S. 60.

122 Großmann, *Die Internationale der Konservativen*, S. 207.

123 Vgl. Ronald J. Granieri, *The Ambivalent Alliance: Konrad Adenauer, the CDU/CSU, and the West, 1949–1966* (New York, 2003).

124 Conze, *Das Europa der Deutschen*, S. 147; Schildt, *Zwischen Abendland und Amerika*, S. 64.

125 Zit. nach Lehmann, *Die Bundesrepublik und Franco-Spanien in den 50er Jahren*, S. 70.

126 Conze, *Das Europa der Deutschen*, S. 182 f.

127 Großmann, *Die Internationale der Konservativen*, S. 208, 135, 149 f. Otto von Habsburg äußerte sich auch zur «Reichsidee» als «Leitbild» auf dem Weg zu einem geeinten Europa, vgl. ders. *Die Reichsidee. Geschichte und Zukunft einer übernationalen Ordnung* (Wien, 1986).

128 Ebd., S. 208 f. Nach dem Fall des Franco-Regimes leistete Franz Josef Strauß übrigens weiterhin antidemokratischen und neofaschistischen Parteien in Spanien finanzielle Unterstützung. Für ihn war ausschlaggebend, dass sich diese gegen den Kommunismus einsetzten. Siehe *Der Spiegel*, «Dann kommt alles ins Rollen», 9/1980.

129 Dimitrios Kisoudis, «Der andere Westen», verfügbar unter: https://www.deutschlandfunk.de/der-andere-westen.1184.de.html?dram:article_id=185487 (Zugriff am 20. September 2020).

130 Konrad Adenauer, «Rede im Ateneo in Madrid» (1967), verfügbar unter: https://www.konrad-adenauer.de/quellen/reden/1967-02-16-rede-madrid (Zugriff am 11. November 2020).

131 Kisoudis, «Der andere Westen».

132 Stefan A. Müller, David Schriffl und Adamantios T. Skordos, *Heimliche*

Freunde. Die Beziehungen Österreichs zu den Diktaturen Südeuropas nach 1945: Spanien, Portugal, Griechenland (Wien, 2016), S. 14.

133 Ebd., S. 35 f.

134 Maritain, *Christianity and Democracy & The Rights of Man and the Natural Law*, S. 21.

135 Gallagher, *Salazar*, S. 160.

136 Vgl. Ana Mónica Fonseca und Daniel Marcos, «Cold War Constraints: France, West Germany and Portuguese Decolonization», *Portuguese Studies* 29/2 (2013), S. 209–226, hier S. 215; Lucile Dreidemy, *Der Dollfuß-Mythos. Eine Biographie des Posthumen* (Wien, 2014), S. 226; Gallagher, *Salazar*, S. 193; Müller, Schriffl und Skordos, *Heimliche Freunde*, S. 14 ff. Zur Bewunderung Salazars in den Kreisen der «Abendländischen Bewegung», vgl. Schildt, *Zwischen Abendland und Amerika*, S. 64 f.

137 Müller, Schriffl und Skordos, *Heimliche Freunde*, S. 15.

138 Martin Thomas, «The Colonial Policies of the Mouvement Républicain Populaire, 1944–1954: From Reform to Reaction», *The English Historical Review* 118/476 (2002), S. 380–411, hier S. 389, 388.

139 Guy Vanthemsche, *Belgium and the Congo, 1885–1980* (Cambridge, 2012), S. 84.

140 Irving, *Christian Democracy in France*, S. 200.

141 Vgl. Till van Rahden, *Demokratie. Eine gefährdete Lebensform* (Frankfurt am Main, 2019), Kapitel III.

142 Vgl. Horn, *The Spirit of Vatican II.*

143 Die Rolle junger Christdemokraten in der Studentenbewegung von 1968 ist noch wenig erforscht. Eine wichtige Ausnahme sind die Arbeiten von Anna von der Goltz, siehe dies., «Other 68ers in West Berlin: Christian Democratic Students and the Cold War City», *Central European History* 50 (2017), S. 86–112.

144 Bösch, *Macht und Machtverlust*, S. 30.

145 Bösch, *Die Adenauer-CDU*, S. 405.

146 Zit. nach Invernizzi-Accetti, *What is Christian Democracy?*, S. 215. In den 70er Jahren trieb Moro die als *compromesso storico* bekannte Annäherung der DC an den *Partito Communista Italiano* (PCI) voran.

147 Christdemokratische Union (CDU), *Berliner Programm* (1968), verfügbar unter: https://www.kas.de/c/document_library/get_file?uuid=48998652-a937-c1b0-6283-f98950 32bca3&groupId=252038, hier S. 78 und 91.

148 Wie etwa der hitzige Konflikt zwischen «Gaullisten» und «Atlantikern» in den 1960er Jahren. Vgl. Hien und Wolkenstein, «Where does Europe end?».

149 Jan-Werner Müller, «The End of Christian Democracy: What the Movement's Decline Means for Europe», *Foreign Affairs* (2014), verfügbar unter: https://www.foreignaffairs.com/articles/western-europe/2014-07-15/end-christian-democracy (Zugriff am 23. Juni 2020). Vgl. Hien, «European integration and the reconstitution of socio-economic ideologies».

IV Christdemokratie im neuen Europa

1 Bösch, *Macht und Machtverlust*, S. 33.

2 Invernizzi-Accetti, *What is Christian Democracy?*, S. 215 f.

3 Vermerk Henning Wegeners für Helmut Kohl und Heiner Geißler, 7.5. 1979. Alle im Folgenden zitierten internen Dokumente sind dem Band *Transnationale Parteienkooperation der europäischen Christdemokraten und Konservativen. Dokumente 1965–1979* entnommen (Hrsg. Michael Gehler, Marcus Gonschor, Hinnerk Meyer und Hannes Schönner, Berlin, 2018).

4 Ebd.

5 Steber, *Die Hüter der Begriffe*, S. 402; vgl. Kaiser, *Christian Democracy and the Origins of European Union*, S. 316.

6 Bösch, *Macht und Machtverlust*, S. 27.

7 *Der Spiegel*, «Können Sie Bundeskanzler werden? Spiegel-Gespräch mit dem Ersten Stellvertretenden Vorsitzenden der CDU, Rainer Barzel», 28.3.1966, verfügbar unter: https://www.spiegel.de/politik/koennen-sie-bundeskanzler-werden-a-c99f4ef9-0002-0001-0000-000046266211 (Zugriff am 11. Mai 2021).

8 Steber, *Die Hüter der Begriffe*, S. 216 f, 396 f.

9 Zit. nach ebd., S. 404.

10 Anders als diese konnte sie sich für ein «gemeinsames Handeln von Christen und Nichtchristen» einsetzen und zur Freiheit als Grundwert bekennen, ohne parteiinternen Widerstand zu provozieren. Vgl. CDU Grundsatzprogramm «Freiheit, Solidarität, Gerechtigkeit» (1978), Präambel, Ziffer 5.

11 Zit. nach Hans-Peter Schwarz, *Helmut Kohl. Eine politische Biographie* (Berlin, 2012), S. 363.

12 Zit. nach Steber, *Die Hüter der Begriffe*, S. 411.

13 Henning Wegener and Helmut Kohl und andere, 29.8.1977.

14 Kaiser, *Christian Democracy and the Origins of European Union*, S. 316.

15 Thomas Jansen und Steven Van Hecke, *At Europe's Service: The Origins and Evolution of the European People's Party* (Heidelberg, 2011), S. 40.

16 Helmut Kohl, «Im Dienst der europäischen Bürger», 24.4.1978.
17 Benigno Zaccagnini and Helmut Kohl, 6.12.1977
18 Ebd.
19 Friedrich Zimmermann an Franz Josef Strauß, 29.7.1977.
20 Steber, *Die Hüter der Begriffe*, S. 408; vgl. *Der Spiegel*, «Kreuth international», 20. März 1977, verfügbar unter: https://www.spiegel.de/politik/kreuth-international-a-25ff6ed3-0002-0001-0000-000040941748?context=issue (Zugriff am 11. Mai 2021).
21 Kohl, «Im Dienst der europäischen Bürger».
22 *Die Welt*, «Seehofer plant für 2017 eigenen Wahlkampf der CSU», 7. Mai 2016, verfügbar unter: https://www.welt.de/politik/deutschland/article155127983/Seehofer-plant-fuer-2017-eigenen-Wahlkampf-der-CSU.html (Zugriff am 13. Mai 2021).
23 Cabinet Office of the Hungarian Prime Minister, «Prime Minister Viktor Orbán's speech at a conference held in memory of Helmut Kohl».
24 Vgl. https://www.fjs.de/wuerdigungen/fjs-preis/ (Zugriff am 15. Mai 2021).
25 Roland Freudenstein, «Unity in diversity: the EPP's two and a half decades of expansion», *European View* 11 (2012): 133–140, hier S. 134.
26 Jansen und Van Hecke, *At Europe's Service*, S. 49.
27 Wilfried Martens, *Europe: I Struggle, I Overcome* (Berlin, 2009), S. 123.
28 Hien, «European integration and the reconstitution of socio-economic ideologies», S. 1377 f.
29 Einen ausgezeichneten Überblick über diese Strategie bietet Karl Magnus Johansson, *Transnational Party Alliances. Analysing the Hard-Won Alliance between Conservatives and Christian Democrats in the European Parliament* (Lund, 1997).
30 Jansen und Van Hecke, *At Europe's Service*, S. 63 f.
31 Martens, *Europe: I Struggle, I Overcome*, S. 140. Laut Martens wurde auch Berlusconis Unwille, seine Partei als *Partei* zu bezeichnen, als problematisch wahrgenommen. In der Forschungsliteratur wird die FI oft als paradigmatisches Beispiel für einen neuen Typus Partei gesehen, die sogenannte *business firm party*. Ihr Markenzeichen sind hochprofessionelle Kommunikation (was in Berluconis Fall dadurch erleichtert wurde, dass er selbst über viel Geld und ein Medienimperium verfügte) sowie starke Zentralisierung um den «CEO» der Partei. Vgl. Jonathan Hopkin und Caterina Paolucci, «The business firm model of party organisation: Cases from Spain and Italy», *European Journal of Political Research* 35 (1999), S. 307–339. Zu Berlusconis späteren politischen Parteien und der Weiterentwicklung seines Parteienkonzepts, vgl. Duncan

McDonnell, «Silvio Berlusconi's Personal Parties: From Forza Italia to the Popolo Della Libertà», *Political Studies* 61/1 (2013), S. 217–233.

32 Martens, *Europe: I Struggle, I Overcome*, S. 141.

33 Ebd., S. 185.

34 Zit. nach Schwarz, *Helmut Kohl*, S. 713; vgl. Hien und Wolkenstein, «Where does Europe end?».

35 CDU, *Freiheit in Verantwortung. Grundsatzprogramm der Christlich Demokratischen Union Deutschlands.* Beschlossen vom 5. Parteitag, Hamburg, 20.–23. Februar 1994, S. 88.

36 Jansen und Van Hecke, *At Europe's Service*, S. 70 f; vgl. Robert Schuman Institute, *15 Years for Developing Democracy in Central and Eastern Europe* (Budapest, 2006). Die EUCD verlor in den 1990er Jahren zunehmend an Bedeutung und fusionierte 1998 mit der EVP.

37 Zur historischen Christdemokratie in Ungarn vgl. Jenö Gergely, «Christdemokratie in Ungarn 1944–1949», in: Gehler, Kaiser und Wohnout (Hrsg.), *Christdemokratie in Europa im 20. Jahrhundert*, 464–482.

38 Paul Lendvai, *Orbán: Europe's New Strongman* (London, 2017), S. 36.

39 Martens, *Europe: I Struggle, I Overcome*, S. 193.

40 Ebd.

41 Vgl. Ágnes Heller, *Orbanismus. Der Fall Ungarn* (Berlin, 2020), S. 26 ff.; Lendvai, *Orbán*, S. 65–90.

42 Vgl. https://www.youtube.com/watch?v=1hl83Jpd_OI (Zugriff 5. Mai 2021).

43 *Politico.eu*, «Jean-Claude Juncker: Viktor Orbán ‹has always been a hero›», 28. April 2019, verfügbar unter: https://www.politico.eu/article/jean-claude-juncker-viktor-orban-has-always-been-a-hero/ (Zugriff am 20. Mai 2021).

44 Ebd.

45 2018 urteilten die Verfassungsjuristen Christoph Möllers und Linda Schneider: «Die Einleitung des Art. 7 EUV–Verfahrens scheiterte bislang […] daran, dass sich die Europäische Volkspartei […], die die größte Fraktion im EP stellt und zu der auch die *Fidesz* gehört, gegen Maßnahmen gegen Ungarn gesträubt hatte». Christoph Möllers und Linda Schneider, *Demokratiesicherung in der Europäischen Union* (Tübingen, 2018), S. 63.

46 Levitsky und Ziblatt, *Wie Demokratien sterben*, S. 105; vgl. Cas Mudde, *The Far Right Today* (Cambridge, 2019), S. 126 ff.

47 János Kis, «Das Rätsel der ‹illiberalen Demokratie› und was es über unseren Begriff der liberalen Demokratie verrät», in: Ludger Hagedorn,

Katharina Hasewend und Shalini Randeria (Hrsg.), *Wenn Demokratien demokratisch untergehen* (Wien, 2019), S. 73–94, hier S. 73

48 Castillo-Ortiz, «The Illiberal Abuse of Constitutional Courts in Europe», S. 57.

49 Zsoltán Szente, «The political orientation of the members of the Hungarian Constitutional Court Between 2010 and 2014», *Constitutional Studies* 1/1 (2016), S. 123–149, hier S. 146.

50 Lendvai, *Orbán*, S. 102.

51 Gábor Halmai, «A Coup Against Constitutional Democracy», in: Mark A. Graber, Sanford Levinson und Mark Tushnet (Hrsg.), *Constitutional Democracy in Crisis?* (Oxford, 2018), S. 243–256, hier S. 246.

52 European Commission for Democracy Through Law (Venice Commission), Opinion on the Constitution of Hungary, Adopted by the Venice Commission at its 87th Plenary Session (Venice, 17–18. June 2011) (CDL-AD (2011)016), S. 6.

53 European Parliament, Report on the situation of fundamental rights: standards and practices in Hungary (pursuant to the European Parliament resolution of 16 February 2012) (2012/2130(INI)), Committee on Civil Liberties, Justice and Home Affairs.

54 EPP Group, «EP Report on Hungary: EPP Group Rejects the Use of Double Standards», 3. Juli 2013, verfügbar unter: http://www.eppgroup.eu/press-release/EPP-Group-rejects-the-use-of-double-standards (Zugriff am 11. August 2020).

55 R. Daniel Kelemen, «Europe's Other Democratic Deficit: National Authoritarianism in Europe's Democratic Union», *Government & Opposition* 52/2, S. 211–238, hier S. 226. Zum Abstimmverhalten der EVP-Europaabgeordneten zu Demokratie- und Rechtsstaatlichkeitsfragen im Europaparlament, vgl. Maurits J. Meijers und Herman van der Veer, «MEP Responses to Democratic Backsliding in Hungary and Poland: An Analysis of Agenda-Setting and Voting Behaviour», *Journal of Common Market Studies* 57/4 (209), S. 838–856.

56 Dass das nicht nur oder unbedingt Junckers Schuld war, zeigen Dimitry Kochenov und Laurent Pech, «Better Late than Never? On the European Commission's Rule of Law Framework and its First Activation», *Journal of Common Market Studies* 54/5 (2016), S. 1062–1074, hier S. 1067–1071.

57 Zit. nach Cécile Barbière, «Daul. ‹Orbán is the Enfant Terrible of the EPP Family, but I Like Him›», *Euractiv*, 3. Juli 2015, verfügbar unter: https://www.euractiv.com/section/uk-europe/interview/daul-orban-is-the-enfant-terrible-of-the-epp-family-but-i-like-him (Zugriff am 23. Mai 2021).

58 *Hungary Journal*, «Weber wants Orbán re-elected», 30. März 2018, verfügbar unter: https://thehungaryjournal.com/2018/03/30/weber-wants-orban-re-elected/ (Zugriff am 23. Mai 2021).

59 Vgl. https://twitter.com/ManfredWeber/status/983237947221794816 (Zugriff am 23. Mai 2021).

60 Organization for Security and Co-operation in Europe (OSCE), ODIHR final report on Hungary's parliamentary elections points to inadequate separation between party and state activities, offers recommendations to improve electoral process, 27. Juni 2018, verfügbar unter: https://www.osce.org/odihr/385953 (Zugriff am 22. Mai 2021).

61 Maia De la Baume und Lili Bayer, «Europe's Center Right Gears Up for Orbán Test», *Politico Europe*, 7. September 2018, verfügbar unter: https://www.politico.eu/article/epp-gears-up-for-fidesz-viktor-orban-test-european-parliament (Zugriff am 20. Mai 2021).

62 Eine ernüchternde Analyse der Forschungsfreiheit in Orbáns Ungarn bietet Zsolt Enyedi, «Democratic Backsliding and Academic Freedom in Hungary», *Perspectives on Politics* 16/4 (2018), S. 1067–1074.

63 European Parliament, Report on a proposal calling the Council to determine, pursuant of Article 7(1) of the Treaty on European Union, the existence of a clear risk of a serious breach by Hungary of the values on which the Union is founded (2017/2131(INL)), Committee on Civil Liberties, Justice and Home Affairs.

64 R. Daniel Kelemen, «The European Union's authoritarian equilibrium», *Journal of European Public Policy* 27/3 (2020), S. 481–499, hier S. 488.

65 *Euractiv*, «EPP votes to suspend Hungary's Fidesz party membership», 20. März 2019, verfügbar unter: https://www.euractiv.com/section/future-eu/news/epp-votes-to-suspend-hungarys-fidesz-party-membership/ (Zugriff am 28. Mai 2021).

66 Vgl. European People's Party, Prime Minister Orbán to comply with EU laws and EPP values following meeting with EPP presidency, 29. April 2017, verfügbar unter: https://www.epp.eu/press-releases/prime-minister-orban-to-comply-with-eu-laws-and-epp-values-following-meeting-with-epp-presidency/ (Zugriff am 19. Mai 2021).

67 R. Daniel Kelemen und Laurent Pech, «Of Red Lines and Red Herring: The EPP's Delusions about Restraining Orbán», *Verfassungsblog*, 15. März 2019, verfügbar unter: https://verfassungsblog.de/of-red-lines-and-red-herring-the-epps-delusions-about-restraining-orban/ (Zugriff am 19. Mai 2021).

68 Fabio Wolkenstein, «Why did the EPP vote against Orbán?», *LSE European Politics and Policy (EUROPP) Blog*, 18. September 2018.

69 Jennifer Rankin, «Brussels accuses Orbán of peddling conspiracy theory with Juncker poster», *The Guardian*, 19. Februar 2019, verfügbar unter: https://www.theguardian.com/world/2019/feb/19/brussels-orban-jean-claude-juncker-poster-george-soros-hungary (Zugriff am 15. Mai 2021).

70 Dw.com, «EU's Jean-Cleaude Juncker slams Viktor Orban over Soros migrant poster», https://www.dw.com/en/eus-jean-claude-juncker-slams-viktor-orban-over-soros-migrant-poster/a-47591986 (Zugriff am 15. Mai 2021).

71 Zu den Unterzeichnern gehörten unter anderem Ulf Kristersson von der schwedischen *Moderaterna*, Rutger Ploum von der niederländischen *Christen-Democratisch Appèl* und Kyriakos Mitsotakis von der griechischen *Néa Dimokratía*.

72 Robert Roßmann, «Söder bricht mit Fidesz», *Süddeutsche Zeitung*, 5. März 2021, verfügbar unter: https://www.sueddeutsche.de/politik/evp-csu-soeder-fidesz-orban-1.5226558?utm_source=Twitter&utm_medium=twitterbot&utm_campaign=1.5226558 (Zugriff am 22. Mai 2021).

73 Vgl. Kelemen, «The European Union's authoritarian equilibrium»; Kelemen, «Europe's Other Democratic Deficit».

74 Vgl. Silviu Mihai, «Gnadenlos günstig», *Die Zeit*, 11. März 2019, verfügbar unter: https://www.zeit.de/wirtschaft/2019-03/ungarn-autoindustrie-deutsche-unternehmen-arbeitsgesetze?utm_referrer=https%3A%2F%2Fwww.google.com (Zugriff am 25. Mai 2021).

75 Lise Esther Herman, Julian Hoerner und Joseph Lacey, «Why does the European Right accommodate backsliding states? An analysis of 24 European People's Party votes (2011–2019)», *European Political Science Review* 13/2 (2020), S. 169–187.

76 Vgl. *Zeit Online*, «Seehofer lädt Orbán ein», 11. September 2015, verfügbar unter: https://www.zeit.de/politik/deutschland/2015-09/seehofer-merkel-orban-ungarn-fluechlinge (Zugriff am 28. Mai 2021).

77 Vgl. Fabio Wolkenstein, «European Political Parties' Complicity in Democratic Backsliding», *Global Constitutionalism* 11/1 (2022), 55–82; Fabio Wolkenstein, «Transnational Complicity in Democratic Backsliding», *Global Justice: Theory, Practice, Rhetoric* 12/2 (2020), S. 117–140; vgl. Möllers und Schneider, *Demokratiesicherung in der Europäischen Union*, S. 63 f.

78 Die ungarische Familienministerin Katalin Novák machte das Dokument auf Twitter öffentlich zugänglich, vgl. https://twitter.com/katalinnovakmp/status/1229758395806253056?lang=da (Zugriff am 28. Mai 2021).

79 Fidesz, Memorandum on the State of the European People's Party, Februar 2020. Anm.: Ich habe die Übersetzung zur besseren Lesbarkeit leicht modifiziert. Inhaltlich wurden keine Veränderungen vorgenommen.

80 «Wilfried Martens vereinte erfolgreich Mitte-Rechts- und Rechtsparteien unterschiedlicher Herkunft und geographischer Hintergründe, er bildete ein Bündnis zwischen traditionellen, kontinentalen Christdemokraten und nordeuropäischen Konservativen und schaffte es, die christlichen, rechtsgerichteten, national orientierten Parteien der ehemaligen kommunistischen Länder mit einer offensiven Erweiterungspolitik in die EVP einzubinden. Dies half uns, die damals so starke sozialistische Linke im Europäischen Parlament zu überholen».

81 Jan-Werner Müller, «Was ist und zu welchem Zweck studiert man die ‹illiberale Demokratie›?», in: Hagedorn, Hasewend und Randeria (Hrsg.), *Wenn Demokratien demokratisch untergehen*, S. 59–72, hier S. 67.

82 Ebd., S. 67 f. Vgl. Jan-Werner Müller, «Christdemokratie oder illiberale Demokratie?», *Project Syndicate*, 20. Januar 2020, verfügbar unter: https://www.project-syndicate.org/commentary/christian-democracy-or-viktor-orban-illiberalism-by-jan-werner-mueller-2020-01/german (Zugriff am 28. Mai 2021).

83 Brilliant dazu: Signe Rehling Larsen, *The Constitutional Theory of the Federation and the European Union* (Oxford, 2021); vgl. auch Christopher J. Bickerton, *European Integration: From Nation-States to Member States* (Oxford, 2012) und zuletzt Armin von Bogdandy, *Strukturwandel des öffentlichen Rechts. Entstehung und Demokratisierung der europäischen Gesellschaft* (Frankfurt am Main, 2022).

84 Alan S. Milward, *The European Rescue of the Nation-State* (London, 1992).

85 Zit. nach Steber, *Die Hüter der Begriffe*, S. 297.

86 Strauß, *Die Erinnerungen*, S. 533.

87 Fidesz, Memorandum on the State of the European People's Party.

88 Zur ungarischen Familienpolitik, siehe Eva Fodor, *The Gender Regime of Anti-Liberal Hungary* (Cham, 2022).

89 Peter J. Verovšek, «Caught between 1945 and 1989: collective memory and the rise of illiberal democracy in postcommunist Europe», *Journal of European Public Policy*, i. E., S. 3.

90 Vgl. Larsen, «Varieties of Constitutionalism».

91 In einem CDU-Grundsatzprogramm heißt es etwa, die Partei «wurde von Menschen gegründet, die nach dem Scheitern der Weimarer Repu-

blik, den Verbrechen des Nationalsozialismus und angesichts des kommunistischen Herrschaftsanspruchs nach 1945 die Zukunft Deutschlands mit einer christlich geprägten, überkonfessionellen Volkspartei gestalten wollten». CDU, *Freiheit in Verantwortung*, S. 3 f.; vgl. Forlenza, «The Politics of the Abendland», S. 274.

92 Schwarz, *Helmut Kohl*, S. 353.

93 Verovšek, «Caught between 1945 and 1989», S. 7.

94 Anneli Albi, *EU Enlargement and the Constitutions of Central and Eastern Europe* (Cambridge, 2005), S. 24.

95 Ivan Krastev und Stephen Holmes, «Osteuropa erklären», *Merkur* 73 (Januar 2019), S. 17; vgl. Aleksander Smolar und Magdalena Potocka, «History and Memory: The Revolutions of 1989–91», *Journal of Democracy* 12/3 (2001), S. 5–19, hier S. 16.

96 Ebd., S. 23.

97 Robert Schuman Institute, *15 Years for Developing Democracy in Central and Eastern Europe*, S. 10.

98 Dass man «uns vorschreiben will, was wir zu denken und zu tun haben», beklagte Orbán einmal, dies wecke «schlechte Erinnerungen» bei «uns, den Ländern, die den Kommunismus erlebt haben.» Cabinet Office of the Hungarian Prime Minister, «Prime Minister Viktor Orbán's speech at a conference held in memory of Helmut Kohl.»

99 Heller, *Orbanismus*, S. 45.

100 Ágnes Heller, *Paradox Europa* (Wien, 2019), S. 47. Laut Heller sind auch in Orbáns Gefolgschaft inzwischen «nur gehorsame Lakaien, zynische Opportunisten und schlichte Schurken» zu finden. Vgl. Müller, «Was ist und zu welchem Zweck studiert man die ‹illiberale Demokratie›?»

101 Anna Clauß, *Söder. Die andere Biographie* (Hamburg, 2021), S. 158. Etwas härter ins Gericht geht Rainer Zitelmann, «Opportunist Söder und der Machtkampf ohne Inhalt», *The European*, 18. April 2021, verfügbar unter: https://www.theeuropean.de/rainer-zitelmann/soeder-ist-der-prototyp-des-prinzipienlosen-opportunisten/ (Zugriff am 5. Mai 2021).

102 Zit. nach Deininger, *Die CSU*, S. 112.

103 Cornelius Lehnguth, «Sebastian Kurz oder: Der Sieg des Opportunismus», *Blätter für deutsche und internationale Politik*, Juni 2019, verfügbar unter: https://www.blaetter.de/ausgabe/2019/juli/sebastian-kurz-oder-der-sieg-des-opportunismus (Zugriff am 29. Mai 2021)

104 Ebd.

105 *Financial Times*, Bavarian leader under fire for inviting Viktor Orban, 5. Januar 2018, verfügbar unter: https://www.ft.com/content/13b9cdb0-f20b-11e7-b220-857e26d1aca4 (Zugriff am 17. Mai 2021).

106 Vgl. Lendvai, *Orbán.*

107 Clauß, *Söder*, S. 144.

108 Stephan-Andreas Casdorff, «Der erfrischende Opportunismus der CSU», *Der Tagesspiegel*, 14. November 2020, verfügbar unter: https://www.tagesspiegel.de/politik/markus-soeder-passt-sich-an-der-erfrischende-opportunismus-der-csu/26624820.html (Zugriff am 17. Mai 2021).

109 Klaus Knittelfelder, *Inside Türkis. Die neuen Netzwerke der Macht* (Wien, 2020), S. 45.

110 Zit. nach *Datum*, «Macht und Glaube», September 2020, verfügbar unter: https://datum.at/macht-und-glaube/ (Zugriff am 29. Mai 2021). Der Schweizer Opus-Dei-Priester Martin Rhonheimer ist einer von vielen prominenten Exponenten dieser eigentümlichen Kombination aus Neoliberalismus. Das Opus Dei lehnt demnach auch die katholische Soziallehre ab bzw. kritisiert das ihr zugrunde liegende Gerechtigkeitsdenken scharf. Ein mehr oder weniger aktuelles Beispiel dafür ist Rhonheimers Kritik an den wirtschafts- und sozialpolitischen Positionen von Papst Franziskus, vgl. Martin Rhonheimer, «Welche Wirtschaft tötet?», *Frankfurter Allgemeine Zeitung*, 27. Mai 2016, verfügbar unter: https://www.faz.net/aktuell/wirtschaft/wirtschaftswissen/gastbeitrag-welche-wirtschaft-toetet-14235888.html (Zugriff am 29. Mai 2021).

111 Knittelfelder, *Inside Türkis*, S. 120.

112 Ebd.

113 Gernot Blümel, Der Personenbegriff in der Christlichen Soziallehre und -philosophie unter der besonderen Berücksichtigung von Vogelsang, Lugmayer und Messner, Diplomarbeit, Universität Wien, September 2009, S. 108.

114 Harald Mahrer, «Die notwendige Konjunktur des Christlich-Sozialen», *Der Standard*, 6. Januar 2019, verfügbar unter: https://www.derstandard.at/story/2000095402719/harald-mahrer-die-notwendige-konjunktur-des-christlich-sozialen (Zugriff am 30. Mai 2021). Die Parteiakademie der ÖVP, die *Politische Akademie*, veröffentlichte 2021 sogar ein rund 450 Seiten starkes Buch mit dem Titel *Christlich-soziale Signaturen*, in dem die Aktualität christlich fundierter Politik aus unterschiedlichen Perspektiven diskutiert wird. Vergleichbar ernsthafte Ideologieschriften von anderen christdemokratischen Parteien sind dem Autor nicht bekannt. Vgl. Bettina Rausch und Simon Varga (Hrsg.), *Christlich-soziale Signaturen. Grundlagen einer Politischen Debatte* (Wien, 2021).

115 *Der Standard*, «Nach Gebetsfeier im Parlament warnt Verfassungsjurist vor ‹politischem Katholizismus›, 10. Dezember 2020, verfügbar unter:

https://www.derstandard.at/story/2000122362849/nach-gebetsfeier-im-parlament-warnt-verfassungsjurist-vor-politischem-katholizismus (Zugriff am 31. Mai 2021).

116 Jan-Werner Müller, «Konservatismus ohne Eigenschaften», *Der Standard*, 15. Oktober 2021, verfügbar unter: https://www.derstandard.at/story/2000130433218/konservatismus-ohne-eigenschaften (Zugriff am 2. Dezember 2021).

117 Knittelfelder, *Inside Türkis*, S. 45.

118 Vgl. Deininger, *Die CSU*, S. 48 f.

119 Biebricher, *Geistig-Moralische Wende*, S. 289.

120 Zu Salvini vgl. Mattia Ferraresi, «How the Catholic Church lost Italy to the far right», *New York Times*, 4. Juli 2019, verfügbar unter: https://www.nytimes.com/2019/07/04/opinion/catholic-church-italy.html (Zugriff am 31. Mai 2021).

121 Roy, *Is Europe Christian?*, S. 118–214; vgl. Mudde, *The Far Right Today*, S. 41 ff.

122 Vgl. Anna Momigliano, «Papa, Don't Preach», *Foreign Policy*, 20. Juni 2019, verfügbar unter: https://foreignpolicy.com/2019/06/20/papa-dont-preach-italy-matteo-salvini-pope-francis-vatican-immigration-league-lega/ (Zugriff am 31. Mai 2021). Die Begeisterung für Benedikt XVI. hängt nicht nur damit zusammen, dass dieser grundsätzlich konservativer war als sein Nachfolger. Wie Olivier Roy analysiert, war Benedikt XVI. wie sein Vorgänger Johannes Paul II. ein großer Fürsprecher der Idee eines «christlichen Europas.» «Beide wollten Glaube und Identität miteinander versöhnen, aber mit ersterem als Ausgangspunkt. Für sie gab es keinen inhärenten Gegensatz zwischen Identität und Werten. […] Die beiden Päpste sahen Werte, da sie durch das Naturrecht gestützt werden, als Brücke zwischen Glauben und Identität, aber auch als etwas Geistiges, das nur dem Glauben und nicht der Identität entspringen kann. Identität […] ist ein zu schwacher und zu instabiler Begriff, um daraus ‹wahre› Werte abzuleiten. Deshalb glaubten diese Päpste nicht, dass man sich auf säkulare Vermittlungsinstanzen wie christdemokratische Parteien verlassen könne, um die Aufrechterhaltung der wesentlichen Werte zu gewährleisten.» Roy, *Is Europe Christian?*, S. 111.

123 *ilGiornale.it*, «Salvini sul Papa: ‹Lui pensa alle anime, io agli italiani poveri›», 17. Februar 2019, verfügbar unter: https://www.ilgiornale.it/news/politica/salvini-sul-papa-lui-pensa-anime-io-agli-italiani-poveri-1646866.html (Zugriff am 31. Mai 2021).

124 Katholische Kirche Österreich, «Kritik an ÖVP-FPÖ-Regierung brachte Kurz gegen Kirche auf», verfügbar unter: https://www.katholisch.at/ak-

tuelles/133753/medien-kritik-an-vp-fp-regierung-brachte-kurz-gegen-kirche-auf (Zugriff am 31. Mai 2021).

125 Neil Buckley and Henry Foy, «Poland's new government finds a model in Orban's Hungary», *Financial Times*, 6. Januar 2016, verfügbar unter: https://www.ft.com/content/0a3c7d44-b48e-11e5-8358-9a82b43f6b2f (Zugriff am 31. Mai 2021). Zu den illiberalen Verfassungsreformen in Polen, vgl. Wojciech Sadurski, «Constitutional Crisis in Poland», in: in: Graber, Levinson und Tushnet (Hrsg.), *Constitutional Democracy in Crisis?*, S. 257–276.

126 Gavin Rae, «In the Polish mirror», *New Left Review* 124 July/August 2020, S. 89–104, hier S. 99 f; vgl. Guglielmo Meardi und Igor Guardiancich, «Back to the familialist future: the rise of social policy for ruling populist radical right parties in Italy and Poland», *West European Politics*, i. E.

127 Zit. nach Julian Coman, «Family, faith, flag: the religious right and the battle for Poland's soul», *The Guardian*, 5. Oktober 2019, verfügbar unter: https://www.theguardian.com/world/2019/oct/05/family-faith-flag-catholic-religious-right-battle-polands-soul (Zugriff am 31. Mai 2021).

128 Patrick J. Deneen, *Why Liberalism Failed* (New Haven, 2018); Adrian Vermeule, «A Christian Strategy», *First Things*, November 2017, verfügbar unter: https://www.firstthings.com/article/2017/11/a-christian-strategy (Zugriff am 1. Juni 2021); Adrian Vermeule, «Integration from within», *American Affairs*, II/1 (2018), verfügbar unter: https://americanaffairsjournal.org/2018/02/integration-from-within/ (Zugriff am 1. Juni 2021); Vgl. Thomas Crean und Alan Fimister, *Integralism: A Manual of Political Philosophy* (Neunkirchen-Seelscheid, 2020); Thomas Pink, «In Defence of Catholic Integralism», *Public Discourse*, 12. August 2018, verfügbar unter: https://www.thepublicdiscourse.com/2018/08/39362/ (Zugriff am 1. Juni 2021); Schmitt, *Römischer Katholizismus und politische Form*; Edmund Waldstein, «What Is Integralism Today?», *Church Life Journal*, 31. Oktober 2018, verfügbar unter: https://churchlifejournal.nd.edu/articles/what-is-integralism-today/ (Zugriff am 1. Juni 2021); Edmund Waldstein, «An Integralist Manifesto», *First Things*, Oktober 2017, verfügbar unter: https://www.firstthings.com/article/2017/10/an-integralist-manifesto (Zugriff am 1. Juni 2021). Kritisch dazu: Micah Schwartzman und Jocelyn Wilson, «The Unreasonableness of Catholic Integralism», *San Diego Law Review* 56 (2019), S. 1038–1068; Timothy Troutner, «The New Integralists: What they get wrong, and why we can't ignore them», *Commonweal*, 28. Oktober 2020, verfügbar unter: https://

www.commonwealmagazine.org/new-integralists (Zugriff am 1. Juni 2021).

129 Vgl. Vermeule, «A Christian Strategy»; Pink, «In Defence of Catholic Integralism.»

130 Schwartzman und Wilson, «The Unreasonableness of Catholic Integralism», S. 1041.

131 Adrian Vermeule, «Ralliement: Two Distinctions», *Josias*, 16. März 2018, verfügbar unter: https://thejosias.com/2018/03/16/ralliement-two-distinctions/ (Zugriff am 1. Juni 2021).

132 *Hungary Today*, «Orbán meets conservative US political scientist Deneen», 15. November 2019, verfügbar unter: https://hungarytoday.hu/orban-meets-conservative-us-political-scientist-deneen/ (Zugriff am 1. Juni 2021). Orbán hat natürlich auch seine eigenen konservativen Ideologen, so etwa den Politikwissenschaftler András Lánczi, vgl. ders. *Political Realism and Wisdom* (New York, 2015).

V Schluss

1 *Der Standard*, «Wie viel Orbán steckt in Kurz?», 29. Mai 2021, verfügbar unter: https://www.derstandard.at/story/2000127003215/wie-viel-orban-steckt-in-kurz (Zugriff am 8. Juni 2021).

2 *Süddeutsche Zeitung*, «Es fehlt an Respekt gegenüber demokratischen und rechtlichen Institutionen», 14. Mai 2021, verfügbar unter: https://www.sueddeutsche.de/politik/sebastian-kurz-falschaussage-mitterlehner-interview-1.5293416?reduced=true (Zugriff am 2. Juni 2021).

3 *ORF Zeit in Bild* 2, 30. Mai 2021.

4 Zum Dollfuß-Museum in Texing vgl. die zeitgeschichtliche Kontextualisierung von Dreidemy, *Der Dollfuß-Mythos*, S. 303–310.

5 Sarah Kriesche, «Peter Thiel – Der neue Chef von Sebastian Kurz», *OE1 Matrix*, 21. Januar 2022, verfügbar unter: https://oe1.orf.at/artikel/690803/Peter-Thiel-Der-neue-Chef-von-Sebastian-Kurz (Zugriff am 23. Januar 2022).

6 David Runciman, «Wettbewerb ist für Verlierer», in: *Merkur* 871 (Dezember 2021), 5–16, hier S. 15, 14.

7 https://twitter.com/KatalinNovakMP/status/1450859133528334338 (Zugriff am 1. Dezember 2021)

8 https://twitter.com/KatalinNovakMP/status/1450929106011496450 (Zugriff am 1. Dezember 2021)

9 https://twitter.com/KatalinNovakMP/status/1453309651710320647 (Zugriff am 1. Dezember 2021)

10 https://twitter.com/KatalinNovakMP/status/1458084746693578757 (Zugriff am 1. Dezember 2021)

11 Michael Schlieben, «Plötzlich fast ein Sozi», *Die Zeit Online*, 16. November 2021, verfügbar unter: https://www.zeit.de/politik/deutschland/2021-11/friedrich-merz-cdu-klimapolitik-parteivorsitz?utm_referrer=https%3A%2F%2Fwww.google.com%2F (Zugriff am 28. November 2021).

12 Zit. nach: Reinhard Bingener, Reiner Burger, Oliver Georgi und Matthias Wyssuwa, «Wohin führt Merz die CDU?», *FAZ+*, 21. Januar 2022, verfügbar unter: https://www.faz.net/aktuell/politik/inland/merz-als-cdu-vorsitzender-eine-richtung-fuer-die-partei-ist-noetig-17744476.html?premium (Zugriff am 22. Januar 2022).

13 Diese Sorge haben auch prominente Mitglieder des immer noch starken Sozialflügels der CDU, wie der EU-Abgeordnete und stellvertretende Bundesvorsitzende der Christlich-Demokratischen Arbeitnehmerschaft Dennis Radtke.

14 Papst Franziskus, *Laudato Si'. Über die Sorge für das gemeinsame Haus* (Vatikanstadt, 2015), Ziffer 59.

15 Ebd., Ziffer 191.

Personenregister